# Nah dran ... 6

*Hauswirtschaft und Sozialwesen*
*Technik und Naturwissenschaft*
*Wirtschaft und Verwaltung*

**Autoren:**
**Tanja Anton**
**Costa Bauer**
**Thomas Braun**
**Irena Lauxen**
**Lea Lauxen**
**Dirk Siering**

*westermann*

# Inhalt

rules
protocols
design
writer
social
publication
conferencing
guidelines
conceptual
online
wordcloud
communications
mailing
internet
email
style
person
typography
forums
tag

# So arbeitet ihr mit Nah dran ... 6

Die nachstehenden Hinweise erleichtern euch den Umgang und das Lernen mit dem Schulbuch:

## Das Auftaktkapitel

Auf den Seiten 10 bis 15 wird euch das neue Wahlpflichtfach vorgestellt. Und ihr lernt die Kompetenzmappe kennen, die euch bis zum Ende der Schulzeit begleiten wird. Auch den Selbsteinschätzungsbogen, der euch immer mal wieder im Buch begegnen wird, lernt ihr dort kennen.

## Die Kapitel

Jedes Kapitel beginnt mit einer Auftakt-Doppelseite, auf der die wichtigsten Themen mit Bildern und Leitfragen aufgegriffen werden. Die Kapitel haben unterschiedliche Farben, damit ihr sofort erkennen könnt, in welchem Themenbereich ihr euch befindet.

**Orange = Berufsorientierung**

**Blau = Hauswirtschaft und Sozialwesen**

**Rot = Technik und Naturwissenschaft**

**Grün = Wirtschaft und Verwaltung**

**Dunkelgrün = Informatische Bildung**

## Die Aufgabensymbole

Die Aufgaben stehen immer unten auf der Seite und sind auf jeder Seite durchnummeriert.
Die Farben **Hellblau** und **Dunkelblau** kennzeichnen den Schwierigkeitsgrad:

1. Hellblaue Aufgaben könnt ihr mit dem Buch ohne große Probleme bearbeiten und lösen.
2. Dunkelblaue Aufgaben sind mit einem höheren Arbeitsaufwand (z. B. Internetrecherche) verbunden und etwas schwieriger zu lösen.

## Infos und Tipps

Auf vielen Seiten liefern euch farblich hervorgehobene Info-Kästen zusätzliche Informationen, die das Verständnis fördern.

**INFO**

Dieses Schulbuch gibt es auch als Digitales Schulbuch.
Ausschließlich für Lehrkräfte steht eine *Bibox Digitale Unterrichtsmaterialen 6* zur Verfügung. Weitere Infos unter: *www.westermann.de/nah-dran-rp*

Und in den Tipp-Kästen findet ihr hilfreiche Hinweise, die euch bestimmte Arbeiten oder den Umgang mit Softwareprogrammen erleichtern.

**TIPP**

Weitere Materialien (z. B. Dateivorlagen) findet ihr auf der Homepage dieses Schulbuchs *(www.westermann.de/nah-dran-rp)* in der Übersicht (links oben) unter dem Punkt „Ergänzende Materialien“.

## Methoden und Lehrgänge

Auf extra gekennzeichneten Seiten findet ihr Methoden und Lehrgänge. Die Methodenseiten erklären euch Vorgehensweisen, mit denen ihr Erkenntnisse gewinnen könnt. Die Lehrgangseiten stellen grundlegende Arbeitsweisen vor, die euch bei vielen praktischen Aufgaben eine Hilfe sind.

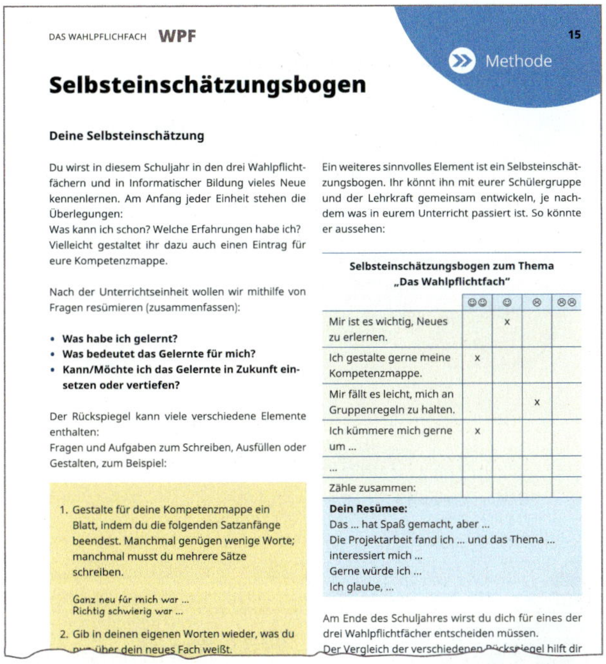
DAS WAHLPFLICHFACH WPF 15

Methode

**Selbsteinschätzungsbogen**

**Deine Selbsteinschätzung**

Du wirst in diesem Schuljahr in den drei Wahlpflichtfächern und in Informatischer Bildung vieles Neue kennenlernen. Am Anfang jeder Einheit stehen die Überlegungen:
Was kann ich schon? Welche Erfahrungen habe ich?
Vielleicht gestaltet ihr dazu auch einen Eintrag für eure Kompetenzmappe.

Nach der Unterrichtseinheit wollen wir mithilfe von Fragen resümieren (zusammenfassen):

- **Was habe ich gelernt?**
- **Was bedeutet das Gelernte für mich?**
- **Kann/Möchte ich das Gelernte in Zukunft einsetzen oder vertiefen?**

Der Rückspiegel kann viele verschiedene Elemente enthalten:
Fragen und Aufgaben zum Schreiben, Ausfüllen oder Gestalten, zum Beispiel:

1. Gestalte für deine Kompetenzmappe ein Blatt, indem du die folgenden Satzanfänge beendest. Manchmal genügen wenige Worte; manchmal musst du mehrere Sätze schreiben.

   *Ganz neu für mich war ...*
   *Richtig schwierig war ...*

2. Gib in deinen eigenen Worten wieder, was du

Ein weiteres sinnvolles Element ist ein Selbsteinschätzungsbogen. Ihr könnt ihn mit eurer Schülergruppe und der Lehrkraft gemeinsam entwickeln, je nachdem was in eurem Unterricht passiert ist. So könnte er aussehen:

**Selbsteinschätzungsbogen zum Thema „Das Wahlpflichtfach"**

| | ☺☺ | ☺ | ☹ | ☹☹ |
|---|---|---|---|---|
| Mir ist es wichtig, Neues zu erlernen. | | x | | |
| Ich gestalte gerne meine Kompetenzmappe. | x | | | |
| Mir fällt es leicht, mich an Gruppenregeln zu halten. | | | x | |
| Ich kümmere mich gerne um ... | x | | | |
| ... | | | | |
| Zähle zusammen: | | | | |

**Dein Resümee:**
Das ... hat Spaß gemacht, aber ...
Die Projektarbeit fand ich ... und das Thema ... interessiert mich ...
Gerne würde ich ...
Ich glaube, ...

Am Ende des Schuljahres wirst du dich für eines der drei Wahlpflichtfächer entscheiden müssen.

TECHNIK UND NATURWISSENSCHAFT TuN 103

Lehrgang

**Lehrgang:** Leimen

Für jede Verwendung und jeden Werkstoff gibt es den passenden Kleber. Für Papier eignet sich Alleskleber sehr gut. Bei Bastelarbeiten verwendet man gern Heiß- und Sekundenkleber (siehe S. 104). Beide haben den Vorteil, dass sie ihre Klebewirkung sehr schnell entfalten. Sie haften besonders gut auf Metall, Keramik und Kunststoff. Starke Verbindungen auf glatten Oberflächen, wie z. B. Aluminium, gewährleistet ein Zwei-Komponenten-Kleber. Um Holz mit Holz zu verbinden ist Holzleim die richtige Wahl. Es gibt ihn in verschiedenen Ausführungen, je nachdem ob das Werkstück später drinnen oder draußen stehen soll. Übrigens: Auch wenn die Begriffe umgangssprachlich oft synonym verwendet werden, sind Leim und Kleber nicht dasselbe. Der Unterschied liegt darin, dass Leim ausschließlich mit Wasser verdünnt werden kann, bei Kleber verwendet man Nitroverdünner.

**Achtung:**
Gerade beim Arbeiten mit schnell klebenden Klebstoffen unbedingt die Haare zurückbinden und auf geeignete Kleidung achten!

**Arbeiten mit Holzleim**

1. Vorbehandlung: Die Klebeflächen müssen gründlich gereinigt werden.
2. Auftragen: Bei rauen Kanten und Harthölzern streicht man beide Seiten der zukünftigen Verbindung mit Leim ein, sonst reicht es eine Seite mit Leim zu versehen. Die Verarbeitungszeit beträgt etwa 10 bis 15 Minuten (bei Expressleim 5 bis 10

103.2 Die Teile müssen nach dem Auftragen des Leims gepresst werden.

3. Pressen: Anschließend presst man die beiden Teile zusammen, bei Raumtemperatur beträgt die Presszeit 20 Minuten (bei Expressleim die Hälfte).
4. Aushärtung: Während des Trocknens ändert der Leim die Farbe von milchig-weiß zu transparent. Holzleim sollte nicht zu kalt aushärten, bei Temperaturen unter 6° C bildet sich ein Film auf dem Leim
5. Auch wenn eine Handfestigkeit bereits nach 20 Minuten feststellbar ist, erreicht der Leim seine Endfestigkeit erst nach 12 Stunden. So lange sollte das Werkstück nicht belastet werden.

**TIPP**
Solange der Leim noch frisch ist, lässt er sich mit Wasser entfernen. Nach dem Trocknen

## Rückspiegel

Nach thematischen Abschnitten und am Ende eines Kapitels findet ihr „Rückspiegel". Das sind Seiten, auf denen ihr die gelernten Inhalte im kurzen Rückblick mit Hilfe von Aufgaben und Materialien noch einmal überprüfen könnt.

112 Rückspiegel

TuN PROJEKT 3: HANDYHALTER

**Was habe ich gelernt?**

In dieses Projekt hast du viel Zeit investiert. Nun solltest du dir Gedanken darüber machen, was verbesserungswürdig ist. Beim letzten Rückspiegel habt ihr die Mindmap genutzt, um festzuhalten, was euch gefallen hat. In einem weiteren Schritt geht es nun darum, zu erörtern, was beim nächsten Mal besser gemacht werden kann.

Für euer Projekt habt ihr verschiedene Bewertungskriterien festgelegt (siehe S. 96).

Diese trägst du nun in einer Tabelle in der linken Spalte ein. Um die eingetragenen Kriterien bewerten zu können, wählst du ein Benotungssystem für die zweite Spalte aus. Das können Schulnoten, ein Punktesystem von 1 bis 10 oder Symbole (Plus-/Minuszeichen, Daumen hoch/runter usw.) sein. In der dritten Spalte notierst du Vorschläge, die Antwort auf die Frage geben, was das nächste Mal besser gemacht werden kann.
Das Ganze kann zum Beispiel so aussehen:

| Bewertungskriterien zu den Projektarbeiten | Wie gut habe ich das erledigt? +++ ++ + \| - -- --- | Was kann das nächste Mal besser gemacht werden? |
|---|---|---|
| Handy abmessen | --- | Handy nicht runterfallen lassen |
| vorher vollständig skizzieren | ++ | Größenangaben hineinschreiben |
| Material rechtzeitig organisieren | - | pünktlich einkaufen |
| saubere Sägekanten | +++ | |
| Bohrlöcher genau anzeichnen | ++ | Bleistift vorher spitzen |
| ... | ... | ... |

❶ Erstelle eine Mindmap zur Projektauswertung wie im Rückspiegel auf S. 101.

❷ Zeichne eine Tabelle (Muster siehe oben) und

## Sprachförderung

Um euren Wortschatz zu erweitern, findet ihr im Anhang ein Glossar (ein Minilexikon) mit Erklärungen zu Fremdwörtern und Fachbegriffen, die ihr vielleicht noch nicht kennt.

# Das **Wahlpflichtfach**

Was bedeutet das WPF?

Gehen wir auch an außerschulische Lernorte?

Was machen wir im Orientierungs-angebot?

Welche Fachräume der Schule lerne ich kennen?

Lernen wir, was Ökonomie bedeutet?

Was hat das Fach mit Berufen zu tun?

Was machen wir an den Computern?

# **Was erwartet dich** in deinem neuen Fach?

In diesem Schuljahr taucht zum ersten Mal das WPF – Wahlpflichtfach – in deinem Stundenplan auf. Es erwartet dich viel Neues.
Hinter der Abkürzung WPF stecken neben Französisch aber nicht nur ein Fach, sondern drei Fächer:

Hauswirtschaft und Sozialwesen **HuS**

Technik und Naturwissenschaft **TuN**

Wirtschaft und Verwaltung **WuV**

In diesem Schuljahr wirst du alle drei Fächer im Orientierungsangebot kennenlernen. Wenn du im Buch blätterst, bekommst du sicher schon einen Eindruck davon, was dich erwartet.
Besondere Merkmale aller drei Wahlpflichtfächer sind:

- Praktisches Arbeiten, z. B. in der Schulküche, der Werkstatt, dem Computer-/EDV-Raum.
- Unterricht nicht nur in der Schule, sondern auch in Betrieben, Geschäften, Unternehmen, Museen, in der Natur, ...
- Gestaltung deiner Kompetenzmappe.

Nach dem 6. Schuljahr entscheidest du dich für eines der Fächer. In diesem wirst du dann bis zum 9. Schuljahr bzw. 10. Schuljahr unterrichtet.

Der Wahlpflichtbereich hat noch eine weitere Besonderheit. In allen Fächern und in allen Schuljahren geht es immer um:

### Berufsorientierung

Immer und überall begegnen uns Berufe. Die meisten von euch haben einen Traumberuf. Das Wahlpflichtfach will gezielt Einblick in die Berufswelt ermöglichen und bietet dir Orientierung.

### Informatische Bildung

Ziel des WPF ist es, dich fit am Computer zu machen: Textverarbeitung, Tabellenkalkulation und Präsentation. Außerdem lernst du das Internet als Hilfe zum Lernen und Arbeiten zu nutzen. Auch die Gefahren des Internets werden thematisiert.

### Ökonomische Bildung

Mit dem eigenen Geld auskommen sollte jeder (Kinder, Jugendliche und Erwachsene). Das ist aber nicht immer einfach. Im WPF entwickeln wir Strategien, um gut zu haushalten und gut leben zu können.

1 Beantworte die Frage der Schülerin „WPF – was heißt das eigentlich?“ in einem kurzen Text.

# Unsere **Kompetenzmappe**

Eine Kompetenzmappe ist so etwas Ähnliches wie ein Stärkenbuch oder ein Portfolio. Alle Dokumente, die zeigen, woran du gearbeitet hast, wie du gearbeitet hast, zu welchen Ergebnissen du gekommen bist und wie du deine Arbeit präsentiert hast, befinden sich in deiner Kompetenzmappe. Sie ist also ein Beweisstück und eine Erinnerungshilfe für deinen individuellen Lernweg. Die Kompetenzmappe im Wahlpflichtfach beginnst du heute und führst sie fort bis zum Ende deiner Schulzeit in der Realschule plus.

Dabei kannst du in jedem Schuljahr einen neuen Ordner anlegen – du solltest aber zumindest eine Auswahl deiner Ergebnisse aufheben.

1. Gestalte ein Deckblatt für die Mappe.
2. Gestalte ein Deckblatt für dein aktuelles Fach.
3. Stelle deinen Eltern deine Kompetenzmappe vor. Schreibe ihnen einen Brief, in dem du die Vorteile der Kompetenzmappe aufzählst.

## Kompetenzmappe

Was gehört in deine Kompetenzmappe? Die Mindmap (Gedankenlandkarte) gibt dir einen Überblick.

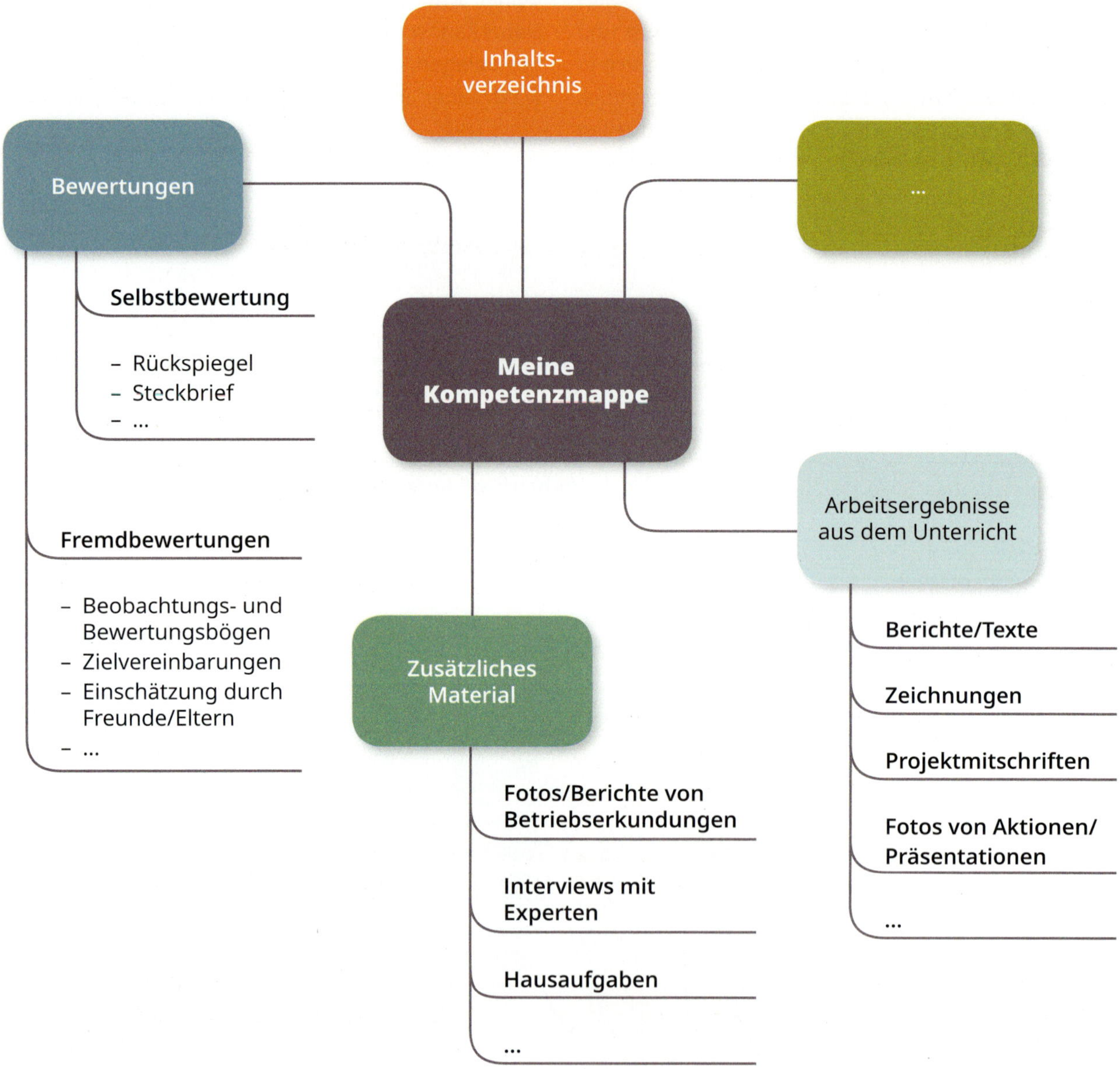


1 Lege ein Inhaltsverzeichnis an, das du weiter ergänzen kannst.

Ein Beispiel:

| Seite | Inhalte |
|---|---|
| 1 | Inhaltsverzeichnis |
| 2 | Brief zum WPF |
| 3 | Mein Steckbrief |
| ... | |

# Selbsteinschätzungsbogen

## Deine Selbsteinschätzung

Du wirst in diesem Schuljahr in den drei Wahlpflichtfächern und in Informatischer Bildung vieles Neue kennenlernen. Am Anfang jeder Einheit stehen die Überlegungen:
Was kann ich schon? Welche Erfahrungen habe ich?
Vielleicht gestaltet ihr dazu auch einen Eintrag für eure Kompetenzmappe.

Nach der Unterrichtseinheit wollen wir mithilfe von Fragen resümieren (zusammenfassen):

- **Was habe ich gelernt?**
- **Was bedeutet das Gelernte für mich?**
- **Kann/Möchte ich das Gelernte in Zukunft einsetzen oder vertiefen?**

Der Rückspiegel kann viele verschiedene Elemente enthalten:
Fragen und Aufgaben zum Schreiben, Ausfüllen oder Gestalten, zum Beispiel:

1. Gestalte für deine Kompetenzmappe ein Blatt, indem du die folgenden Satzanfänge beendest. Manchmal genügen wenige Worte; manchmal musst du mehrere Sätze schreiben.

   *Ganz neu für mich war ...*
   *Richtig schwierig war ...*

2. Gib in deinen eigenen Worten wieder, was du nun über dein neues Fach weißt.

3. Schreibe einen ausführlichen und anschaulichen Bericht über ...

Ein weiteres sinnvolles Element ist ein Selbsteinschätzungsbogen. Ihr könnt ihn mit eurer Schülergruppe und der Lehrkraft gemeinsam entwickeln, je nachdem was in eurem Unterricht passiert ist. So könnte er aussehen:

**Selbsteinschätzungsbogen zum Thema „Das Wahlpflichtfach“**

| | ☺☺ | ☺ | ☹ | ☹☹ |
|---|---|---|---|---|
| Mir ist es wichtig, Neues zu erlernen. | | x | | |
| Ich gestalte gerne meine Kompetenzmappe. | x | | | |
| Mir fällt es leicht, mich an Gruppenregeln zu halten. | | | x | |
| Ich kümmere mich gerne um ... | x | | | |
| ... | | | | |
| Zähle zusammen: | | | | |

**Dein Resümee:**
Das ... hat Spaß gemacht, aber ...
Die Projektarbeit fand ich ... und das Thema ... interessiert mich ...
Gerne würde ich ...
Ich glaube, ...

Am Ende des Schuljahres wirst du dich für eines der drei Wahlpflichtfächer entscheiden müssen.
Der Vergleich der verschiedenen Rückspiegel hilft dir dabei sicher.
Deine Lehrerin oder dein Lehrer können dir außerdem helfen, richtig einzuschätzen, in welchem der Bereiche du in den nächsten Jahren gut arbeiten und dich entwickeln kannst.
Auch deine Eltern kennen dich gut und können dich beraten.

# Berufsorientierung

Wie geht es in einem Betrieb zu?

Welcher Ausbildungs-beruf wird der richtige für mich?

Was muss ich können, wenn ich später im Berufsleben bin?

Gibt es Berufe nur für Jungen oder nur für Mädchen?

Welche Berufe gibt es in unserem Schulort?

Wie kann ich mich für einen Beruf entscheiden?

# Berufsorientierung

### In diesem Kapitel ...

kannst du über deine Interessen und Fähigkeiten nachdenken, die für deine Berufswahl wichtig sind. Du kannst dir Hilfen bei der Entscheidung für einen Lehrberuf suchen und erfahren, wie sich Berufe verändern und welche Bedeutung die richtige Berufswahl hat.

## Einen Beruf ergreifen?

18.1

18.4

18.2

18.5

18.3

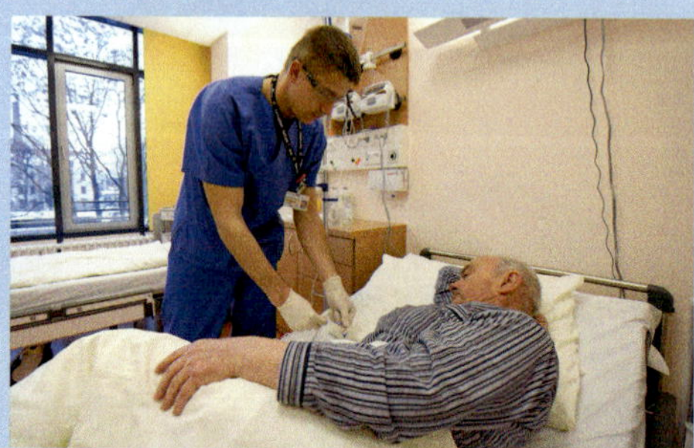

18.6

1. Die Bilder zeigen verschiedene Gründe, warum man einen Beruf ergreifen kann. Nenne diese und erkläre sie.
2. Fallen dir noch weitere Gründe ein? Nenne und erkläre auch diese.

## Traumberufe

Die Schülerinnen und Schüler der Klasse 6 a sammelten ihre Traumberufe und formulierten ihren persönlichen Steckbrief.

1. Was ist dein Traumberuf? Gestalte eine Seite zu diesem Thema für deine Kompetenzmappe.

2. Beurteile die abgebildeten Begründungen: Welche findest du gut, welche nicht? Begründe deine Entscheidung.

## Was will ich werden?

### Berufswünsche entwickeln sich

20.1 Berufliche Vielfalt: In Deutschland gibt es mehr als 300 anerkannte Ausbildungsberufe.

Als Kleinkind wollte Leonie eine Prinzessin sein. Im Alter von vier Jahren wollte sie Mamas Beruf erlernen: Lehrerin. Als Leonie in die Schule kam, stand ihr zukünftiger Beruf fest: als Polizistin Diebe dingfest machen. Nun, mit 12 Jahren, weiß sie nicht mehr so genau, was sie werden möchte. Vielleicht Gärtnerin?

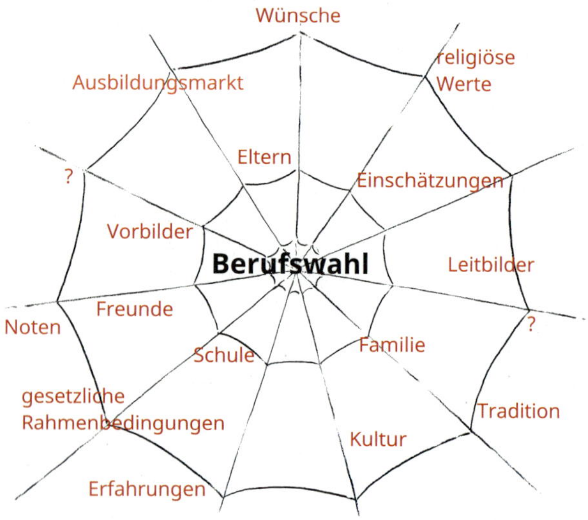


20.2 Berufswahl: Im Netz der Einflüsse

Berufswünsche entstehen nicht aus dem Nichts. Unsere Berufswahl findet nicht im leeren Raum statt, wir unterliegen vielen Einflüssen. Bereits im Kindesalter beginnen wir uns Vorstellungen darüber zu machen, was wir einmal werden möchten. Erlebnisse und Träume, Erfahrungen und Vorbilder beeinflussen unser Bild der Berufe. Je älter wir werden, desto mehr passen sich die Berufsvorstellungen der Wirklichkeit an.

In einem zweitägigen Schnupperpraktikum am Ende des sechsten Schuljahres soll Leonie einen Beruf näher kennenlernen. Sie fragt verschiedene Personen nach Tipps für ihre Auswahl.

Leonies Freundin Ajlin meint: „Du kannst doch toll tanzen und stehst auf tolle Klamotten. Du brauchst etwas, wo man viel Geld verdient."
Leonies Mutter rät ihr: „Eine Arbeit soll nicht nur Geld, sondern auch Freude bringen. Du bist sehr geschickt und kreativ. Vielleicht schaust du mal in einen gestalterischen Beruf rein."
Ihr Klassenlehrer gibt Leonie einen anderen Tipp: „Überlege dir selbst, wo deine Stärken sind, was du gerne machst und was du nicht magst."

1. Wer beeinflusst deine Berufswahl? Erstelle dein eigenes Netz der Einflüsse.

2. Nach welchen Kriterien würdest du deinen Praktikumsplatz wählen? Begründe deine Auswahl.

# **Interessen** und **Stärken**

Sicher hast du schon gehört oder gelesen, dass deine Berufswahl von deinen Interessen und Fähigkeiten (oder Stärken) bestimmt sein soll. Aber: Was ist eigentlich genau der Unterschied zwischen deinen Interessen und deinen Stärken?

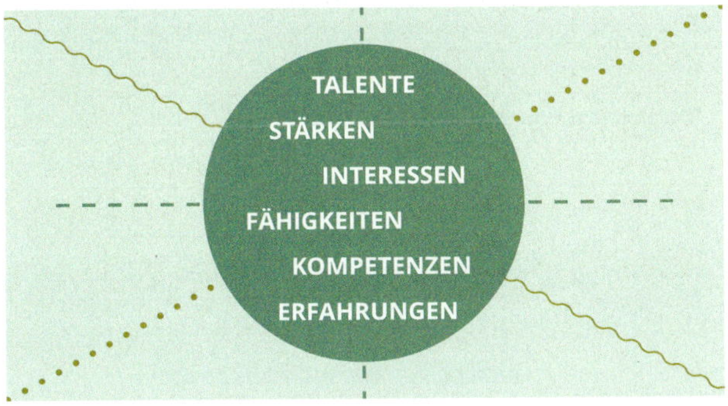


**21.1**

Hier findest du einige Aussagen. Sie beschreiben eine Stärke oder ein Interesse.

Ich kann gut mit anderen reden und mich verständigen.
Ich interessiere mich für Tanzfilme.
Ich bastle gerne mit Holz.
Ich fotografiere und zeichne gern.
Ich sehe mir gerne Pflanzen an und spiele mit Tieren.
Lesen fällt mir leicht, Inhalte verstehe ich schnell und richtig.
Ich kann gut mit anderen zusammenarbeiten.
Ich mag gutes Essen und Trinken.
Ich kann super mit Werkzeugen umgehen und repariere gern Dinge.

**TIPP**

Interessen sind Dinge, die man gerne macht. Das bedeutet nicht, dass man sie besonders gut kann. Stärken sind Dinge, die man besonders gut kann. Deine Interessen müssen nicht unbedingt mit deinen Stärken übereinstimmen!

### Weißt du schon, welche Stärken du hast?

Ansonsten könntest du folgende Übung machen: Erinnere dich an drei Situationen, die dir richtig viel Freude bereitet haben und auf deren Ergebnis du stolz warst. – Wie hast du dich damals verhalten?

Schreibe deine Erinnerungen auf und lese diese danach einer anderen Person vor. Diese soll sich während des Zuhörens Notizen machen und deine Eigenschaften notieren.
Es macht Spaß, diese Übung zusammen mit einem Freund oder einer Freundin durchzuführen und sich dabei abzuwechseln. Am Ende kann man sich die Liste der Eigenschaften gegenseitig vorlesen.
Vielleicht findest du so eine Stärke von dir heraus, die dir vorher nicht bewusst war.

| Stärke bzw. Interesse | Stärke | Interesse |
|---|---|---|
| Handwerkliches Geschick | | |
| Anbauen/Züchten | | |
| Tanzen/Musizieren/ Theater spielen | | |
| Kommunikationsfähigkeit | | |
| Teamfähigkeit | | |
| Bauen/Material bearbeiten | | |
| Textverständnis | | |
| Zeichnen/Gestalten/ Fotografieren | | |
| Zubereiten/Kochen | | |
| | | |



❶ Sprecht über die oben stehenden Aussagen und überlegt, welche davon für die Berufswahl bedeutend sind.

❷ Lege eine Tabelle nach dem obigen Muster an. Welche der Aussagen beschreibt ein Interesse oder eine Stärke?

## Meinen Interessen und Fähigkeiten auf der Spur

Der Tagesablauf von Menschen wird durch unterschiedliche Tätigkeiten geprägt. Nicht alle Beschäftigungen, denen wir nachgehen, sind für uns interessant. Es gibt Dinge, die wir tun müssen, und Dinge, die wir tun wollen. Aber Pflichten und selbst gewählte Beschäftigungen können durchaus unserem Interesse entsprechen.

Für was du dich interessierst, hängt stark von persönlichen Vorlieben und Fähigkeiten ab. Der eine beschäftigt sich am liebsten alleine, für manche sind nur solche Dinge interessant, die sie mit anderen gemeinsam unternehmen können. Interessen werden auch dadurch bestimmt, ob sie körperliche oder geistige Aktivität erfordern. Die Interessen eines Einzelnen können ganz unterschiedlich sein und können sich im Laufe der Zeit verändern.

Beschäftigungen, die wir aus freien Stücken ausüben, tun wir nicht immer aus Interesse, d. h., weil sie unseren tatsächlichen Neigungen und Vorlieben entsprechen. Langeweile, Gewohnheit, das Bedürfnis, Streit zu vermeiden, usw. können Gründe dafür sein, dass wir uns mit Dingen beschäftigen, die nicht zwingend unseren Vorlieben entsprechen.
Es ist allerdings unbefriedigend, wenn dabei die Interessen auf der Strecke bleiben.

### Die Ich-Box

Philip möchte seine Interessen abbilden. Dazu hat er sich aufgeschrieben, womit er sich immer wieder gerne beschäftigt. Er hat dann überlegt und ausgewählt, wofür er sich darüber hinaus interessiert und stellt dies mit Gegenständen oder Symbolen dar:

- einen kleinen Fußball fürs Fußballspielen
- ein PC-Game für sein Interesse an Computerspielen
- ...

Alles fügt er zu einer Ich-Box zusammen (vgl. Abb. 22.2).

**INFO**
**Interesse**

(von lat. interesse: dabei sein, teilnehmen an) bezeichnet die Aufmerksamkeit, die eine Person einer Sache oder einer anderen Person entgegenbringt. Auch die Vorlieben oder die Hobbys einer Person werden als Interessen bezeichnet.

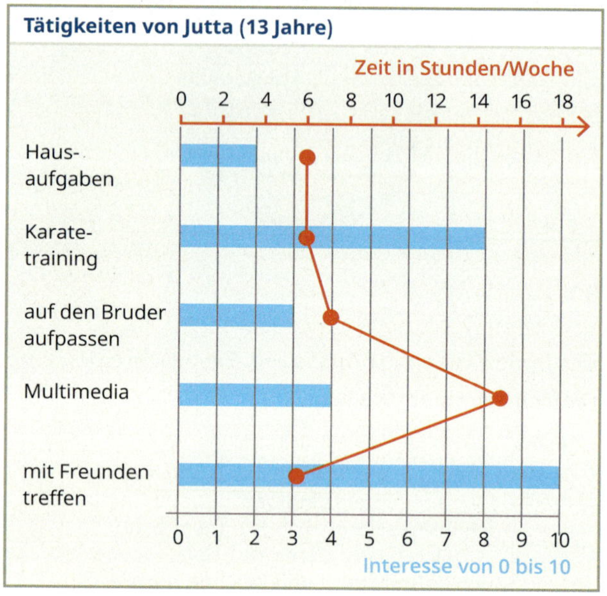


**22.1** Tätigkeiten von Jutta (13 Jahre)

**22.2** Philips Ich-Box

1. Stelle deine Interessen dar: als Grafik, Collage, Fotogalerie oder als Ich-Box.

2. Erstelle eine Grafik über deine Tätigkeiten, so ähnlich wie in der Grafik 22.1 zu sehen.

Menschen kommen als hilfsbedürftige Säuglinge zur Welt. Um selbstständig zu werden, müssen sie unterschiedliche Fähigkeiten entwickeln und erlernen. Wenn ihr verschiedene Menschen gleichen Alters betrachtet, erkennt ihr, dass nicht alle über die gleichen Fähigkeiten verfügen. Woran liegt das? An unterschiedlichen Dingen. Ob man für etwas begabt ist, also eine angeborene Gabe dafür besitzt, ist sicherlich ein Grund – aber eben nur einer. Wichtig ist auch die Übung, denn nur durch das Trainieren von angeborenen und erlernten Fähigkeiten können diese verbessert werden. Trotzdem sind nicht alle Menschen in allem gleich gut, denn nicht alle Fähigkeiten werden in gleichem Maße entwickelt und trainiert.

## Verschiedene Fähigkeiten

Wenn du leicht mit anderen Menschen ins Gespräch kommst, dich in Diskussionen einbringen kannst usw., spricht man auch von deiner kommunikativen Fähigkeit.

Bist du bereit, Dinge, die dich interessieren oder die noch nicht gelingen, immer wieder zu erproben und daran zu arbeiten, sie zu verbessern? Dann verfügst du über die Fähigkeit der Ausdauer.

Für die meisten Problemsituationen musst du nicht nur eine Fähigkeit besitzen, sondern verschiedene. Beispielsweise erfordert das Zurechtfinden in einer neuen Stadt neben der Orientierungsfähigkeit auch die Fähigkeit, sich auf neue Situationen einzustellen und Gefahren zu erkennen.

**23.1** Höchstleistung unter Wettkampfbedingungen bringen

**23.2** Sich in einer Stadt zurechtfinden

## Fähigkeiten testen

Um zu wissen, wo die eigenen Fähigkeiten liegen, und um zu erkennen, welche Fähigkeiten noch trainiert werden müssen, kannst du dich selbst testen:

Dazu kannst du zum Beispiel

- dich selbst einschätzen und das Ergebnis mit der Einschätzung anderer vergleichen;
- vorgefertigte Tests vornehmen (z. B. in Zeitschriften oder im Internet);
- dich durch einen Experten beraten lassen.

Um dich selbst besser kennenzulernen und einschätzen zu können, ist es wichtig, dass du beim Test nicht schummelst!

**1** Erstelle deinen eigenen Zeitstrahl, der zeigt, wie sich deine Fähigkeiten im Laufe der Jahre verändert haben.

## Fähigkeiten verändern sich

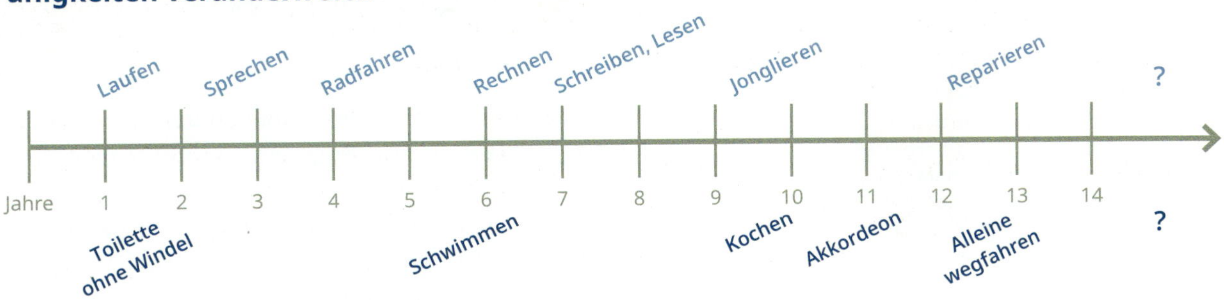

## Berufe der Eltern

Die Schülerinnen und Schüler der Klasse 6a möchten die Berufe ihrer Eltern vorstellen. Sie diskutieren, wie sie die Informationen beschaffen wollen und wie sie die Elternberufe präsentieren können.

**TIPP**

Stelle dir folgende Fragen:
- Wie kann ich Informationen beschaffen?
- Wie bearbeite ich Informationen?
- Wie stelle ich Informationen dar?

1. Befrage deine Eltern oder andere Familienmitglieder, wie sie ihren Beruf erlernt haben.

2. Frage dabei gezielt nach, wie es zur Berufswahl der Befragten kam.

## Typisch weiblich – typisch männlich?

„Welcher ist dein Wunschberuf?“ Auf diese Frage haben 30 Mädchen und Jungen aus dem sechsten Jahrgang einer Realschule plus in Rheinland-Pfalz wie folgt geantwortet (Mehrfachnennungen möglich):

**Wunschberufe der Jungen**

| Beruf | Zahl der Nennungen |
|---|---|
| Kraftfahrzeugmechatroniker | 7 |
| Computerspezialist | 4 |
| Fußballprofi | 3 |
| Stuntman | 3 |
| Bankkaufmann | 1 |
| Bauarbeiter | 1 |
| Fußballkommentator | 1 |
| Handwerker | 1 |
| Koch | 1 |
| Lokomotivführer | 1 |
| Polizist | 1 |
| Rechtsanwalt | 1 |
| Schauspieler | 1 |
| Speditionskaufmann | 1 |
| Techniker | 1 |
| Tierpfleger | 1 |
| Zweiradmechatroniker | 1 |

**Wunschberufe der Mädchen**

| Beruf | Zahl der Nennungen |
|---|---|
| Erzieherin | 10 |
| Friseurin | 5 |
| Apothekenhelferin | 4 |
| Sekretärin | 3 |
| Tierpflegerin | 3 |
| Krankenschwester | 2 |
| Schauspielerin | 2 |
| Arzthelferin | 1 |
| Altenpflegerin | 1 |
| Bürokauffrau | 1 |
| Kassiererin | 1 |
| Köchin | 1 |
| Kosmetikerin | 1 |
| Malerin | 1 |
| Polizistin | 1 |
| Schaufensterdekorateurin | 1 |
| Tänzerin | 1 |

„Das ist nichts für Jungen“, „Für Mädchen gehört sich das nicht.“ Solche oder ähnliche Sätze hört man heute noch. Woher kommen derartige Vorstellungen? Früher war es häufig so: Die Frauen erledigten die Arbeit im Haushalt und kümmerten sich um die Kinder. Die Männer übten den Beruf aus und verdienten das Geld für die Familie. Die Kinder wurden nach diesen Rollenbildern erzogen.

Mädchen bekamen meist Puppen und eine Puppenstube, damit sie Haushalt und Kindererziehung nachspielen konnten. Jungs dagegen spielten mit technischem Spielzeug wie Eisenbahn, Auto oder Kran.

Heute hat sich einiges geändert. Warum sollen Mädchen denn nicht Fußball spielen oder Jungen mit Kuscheltieren? Männer können im Haushalt arbeiten und Frauen können berufstätig sein oder auch beide. Männer und Jungen dürfen schwach, rücksichtsvoll und fürsorglich sein. Auf der anderen Seite können Frauen und Mädchen einen starken Willen zeigen und ihre Vorstellungen durchsetzen.

Jeder hat Stärken und Schwächen. Diese sind nicht typisch männlich oder typisch weiblich. Wichtig ist bei der Suche nach einem Beruf nur, dass Jungen und Mädchen herausfinden, was sie interessiert und worin sie selbst gut sind.

**Frau Feuerwehrmann im Einsatz**

Früher sind Frauen bei der Feuerwehr unerwünscht gewesen, das ist heute nicht mehr so.

Neben den Feuerwehrmännern sind mittlerweile auch 75 000 Feuerwehrfrauen in Deutschland im Einsatz.

Bei den Jugendfeuerwehren sind etwa 55 500 Mädchen, das entspricht fast einem Viertel der Aktiven.

## Nicht für die Schule, sondern für das Leben lernen wir!

**Schlüsselqualifikationen** sind **Kompetenzen**, die du im Laufe deiner Schulzeit erwerben musst! Sie werden in fast allen Berufen von dir erwartet.

26.1

**Weitere wichtige Schlüsselqualifikationen sind:**

- pünktlich sein
- fleißig sein
- sorgfältig arbeiten können
- aus Fehlern lernen
- Geheimnisse für sich behalten
- miteinander reden können
- etwas lernen wollen
- sich an Arbeitsregeln halten

**TIPP**

Weitere Informationen gibt es unter www.planet-beruf.de.

## Berufe im Wandel

Die Druckerei Wolf wurde im Jahr 1901 von Karl Wolf in Asperg gegründet. Das Foto aus der Druckerei ist übrigens um das Jahr 1920 entstanden.

Der heutige Eigentümer Erich Wolf erzählt, was er über die Arbeit in der Druckerei von seinem Vater und Großvater erfahren hat:

**27.1** So sah eine Druckerei um 1920 aus.

**27.2** Mit riesigen Druckmaschinen werden heute Tageszeitungen und Zeitschriften gefertigt.

„In der Druckerei wurde damals der ‚Strohgäubote', eine Tageszeitung für das Amt Ludwigsburg, hergestellt. Es gab die redaktionelle Arbeit, die daraus bestand, Zeitungsartikel zu schreiben oder Artikel von anderen Autoren zu sammeln. Aber auch Werbeanzeigen aufzunehmen gehörte zu den Aufgaben. Alle Texte und Anzeigen wurden von Hand aus einzelnen Bleilettern, also Bleibuchstaben, zusammengesetzt.

Zum Druck legte man die einzelnen Papierbögen damals mit den Händen in die Druckmaschine. Anschließend wurden die Druckbögen ebenfalls von Hand zusammengefaltet und ineinandergesteckt. Auch der Verkauf und die Verteilung der Zeitung erledigte die Druckerei selbst.

Neben der Zeitung stellte die Druckerei damals noch verschiedene Druck-Erzeugnisse her wie amtliche Formulare, Eintrittskarten, Plakate und Formulare für andere Firmen. Eigentlich druckte man alles außer Bücher.
Zu dieser Zeit arbeiteten in der Druckerei etwa 10 bis 15 Personen. Die Arbeit dauerte neun bis zehn Stunden pro Tag. Der Beruf des Druckers war damals ein angesehener und begehrter Beruf. Es gab nur wenige Druckereien. Die Druckerei arbeitet heute noch in dem gleichen Gebäude wie damals.

Heute produzieren Rotations-Offsetdruckmaschinen die Tageszeitung meist während der Nacht. Von der Papierrolle bis zur fertigen Zeitung mit bis zu 64 Seiten werden von der Maschine alle Herstellungsschritte automatisch erledigt. Stündlich werden so bis zu 12 000 Exemplare fertiggestellt."

1 Sammle von Zeitzeugen, alteingesessenen Firmen und Heimatmuseen Informationen über die Arbeitswelt vergangener Zeiten.

## Berufe, die es früher gab

28.1

### Der Schmied

Der Schmied stellte Alltagsgegenstände wie zum Beispiel Hufeisen, Hammer, Beile, Zangen, Sensen, Spaten, Pflüge, aber auch Waffen aus Eisen her. Er erhitzte es so lange im Feuer, bis es rot glühte, damit er es mit dem Hammer und der Zange formen konnte.

### Der Gerber

Der Gerber verarbeitete Haut von Tieren zu Leder für Handschuhe, Stiefel und andere Gegenstände.

### Der Seiler

Der Seiler drehte aus Hanffasern Seile. Diese wurden zum Fischen, Tragen und in der Landwirtschaft benutzt. Nach dem Drehen wurde das Seil noch mit Teer eingerieben, damit es fest wurde und besser vor Feuchtigkeit geschützt war.

Natürlich gab es früher auch noch andere Berufe wie z. B. Schlachter, Bäcker, Küfer, Fischer, Schuster, Kesselflicker, Tischler, Müller, Maurer, Uhrmacher, Zimmermann, Scheren- und Messerschleifer, Buchbinder, Drucksetzer, Schneider und viele mehr. Einige von ihnen kannst du auf den Bildern erkennen.

1. Beschreibe drei weitere Berufe, die um das Jahr 1900 ausgeübt wurden (Tätigkeiten, Materialien und Werkzeuge).

2. Nenne Berufe von früher, die es heute noch gibt.

3. Wie haben sich die Berufe verändert? Recherchiere und erstelle eine Präsentation.

## Neue Berufe entstehen

### Computer, Handy, Internet ...

Das sind nur drei Beispiele für Erfindungen, die das Leben auf der Erde stark beeinflusst haben. Auch in Zukunft werden wir viele Veränderungen in unserem Alltag erleben – das gilt genauso für die Berufe. Unsere aktuell 327 staatlich anerkannten Ausbildungsberufe werden sicher nicht abgeschafft, wohl aber verändert.

„Wir erwarten, dass vor allem bei den Berufsbildern Kfz-Mechatroniker und Kfz-Elektroniker weitere Inhalte verändert werden", sagt Oskar Heer, Leiter Arbeitspolitik bei Daimler. Der Informatikanteil werde weiter steigen – zunächst durch Elektronik, aber auch durch die Einbindung von Echtzeitinformationen aus dem Verkehr. Daimler passe deshalb die Ausbildungsinhalte ständig an. [...] Als Daimler 2008 das erste Hybrid-Fahrzeug baute, spielten Elektroantriebe in den Ausbildungsplänen noch keine Rolle.

dpa, Auszug aus: Handelsblatt vom 29.08.2015: Berufe der Zukunft. So verändert die Digitalisierung die Berufe (www.handelsblatt.com/unternehmen/industrie/berufe-der-zukunft-komplett-neue-berufe-entstehen/12241702-2.html) Abruf: 29.11.2017

Viele unserer Berufe verändern sich, werden ergänzt durch den Umgang mit neuen Technologien wie Apps, 3D-Anwendungen und e-commerce.

Eine Studie der kanadischen Stiftung für Bildungsförderung (Canadian Scholarship Trust Foundation: Jobs of 2030) verrät, welche neuen Berufe bereits im Jahr 2030 Realität sein könnten:

#### Medien-Remixer

Ein idealer Job für Menschen, die sehr kreativ und flexibel sind sowie technisch begabt:
Ein Medien-Remixer schafft neue Verbindungen aus verschiedenen Medien. Somit entwickelt er Produkte für Werbung, private und öffentliche Filme oder andere Aufträge.

**29.1** Urban Gardening – hier auf dem Dach eines Stuttgarter Parkdecks – liegt im Trend und schafft künftig vermutlich ein neues Berufsbild.

#### Urbaner Bauer

Bienen auf dem Dach halten oder Obst und Gemüse in Hängekübeln anpflanzen: Immer mehr Städter folgen dem Urban-Farming-Trend. So gibt es das eigene regionale Produkt ohne Lieferkosten und Umweltverschmutzung. Besonders Hochhäuser bieten viel Fläche für die sogenannten „vertical farms".
Der urbane Bauer wird sich sowohl in traditioneller Landwirtschaft wie auch in zukunftsweisender Energiewissenschaft auskennen müssen.

#### Abfalldesigner

„Upcycling" von alten Verpackungen wird Umweltproblemen entgegenwirken und Kosten einsparen können.
Aus Abfällen oder nutzlosen Stoffen werden hochwertige Produkte hergestellt, Zeitschriften werden zu einer gewebten Tischdecke, alte Jeans zu neuen Kissen, Tetrapacks zu Taschen. Abfalldesigner müssen kreativ sein und sich damit beschäftigen, Müll zu vermeiden.

1. Recherchiere und informiere dich über weitere Zukunftsberufe bzw. Berufe mit Zukunft (z. B. im Internet unter www.planet-beruf.de)

2. Wähle einen Beruf aus und stelle ihn in der Lerngruppe vor.

# Berufsfelder

Berufsfelder dienen der beruflichen Orientierung. Sie zeigen eine grobe Richtung an, in die es bei der Wahl eines Ausbildungsplatzes gehen kann und unterstützen euch damit beim Einstieg in die Welt der Berufe.

Die Bundesagentur für Arbeit hat die hier genutzte Einteilung nach Themenbereichen gestaltet und diesen viele Berufe, Ausbildungen und sogar Studienfächer zugeordnet.

**30.1** Im Berufsinformationszentrum (BiZ) der Agentur für Arbeit kannst du dich jederzeit selbstständig und ohne Termin informieren.

So könnt ihr die zu euren Interessen, aber auch Stärken und Fähigkeiten passenden Berufsfelder näher untersuchen.

- Bau, Architektur, Vermessung
- Dienstleistung
- Elektro
- Gesellschafts-, Geisteswissenschaften
- Gesundheit
- IT, Computer
- Kunst, Kultur, Gestaltung
- Landwirtschaft, Natur, Umwelt
- Medien
- Metall, Maschinenbau
- Naturwissenschaften
- Produktion, Fertigung
- Soziales, Pädagogik
- Technik, Technologiefelder
- Verkehr, Logistik
- Wirtschaft, Verwaltung

Schaut euch die Symbole genau an. Sie stehen für die genannten Berufsfelder. Vielleicht schafft ihr es ja gemeinsam, die Symbole und Bezeichnungen gedanklich zu verbinden.

**30.2** Symbole von Berufsfeldern

1. Lege eine Tabelle an. Zeichne die Symbole ab und ordne diesen die Namen der Berufsfelder zu.

2. Wähle zwei Berufsfelder aus. Suche zu jedem Berufsfeld zwei Berufe auf www.planet-beruf.de (» Mein Beruf, » Berufsfelder) und schreibe sie auf.

3. Suche dir nun einen der Berufe aus. Welche Aufgaben hat man in diesem Beruf? Beschreibe die Tätigkeiten. Klicke dazu auf den gewünschten Beruf und wähle den BERUFENET-Steckbrief aus. Informationen findest du in der Rubrik „Was macht man in diesem Beruf".

## Berufe in deiner Umgebung

31.1 Ein Stadtplan

1. Recherchiere welche Arbeitsstätten es in deiner näheren Umgebung gibt.
2. Stelle deine Ergebnisse in einem Stadtplan dar.
3. Welche Berufe werden dort ausgeübt? Erstelle dazu eine Tabelle.
4. Woher erhältst du die Informationen? Erstelle eine Liste.

# Expertenbefragung

Experten sind Personen, die sich in einem Fachgebiet besonders gut auskennen. Du kennst z. B. Experten für das Wetter oder für eine Sportart. Experten bieten Hilfe und geben Informationen zu einem bestimmten Thema.

Eine Expertenbefragung untergliedert sich in drei Stufen:
1. Vorbereitung
2. Ausführung
3. Auswertung

| | | |
|---|---|---|
| **1. Vorbereitung** | **Festlegen von Thema und Ziel der Befragung** | • Was will ich wissen?<br>• Informationen zum Thema vorher sammeln |
| | **planen** | • Experten auswählen<br>• Kontakt aufnehmen<br>• Termin vereinbaren<br>• Ort des Treffens absprechen |
| | **Arbeitstechnik bei der Befragung** | • Frageliste vorbereiten: Sachfragen/Meinungsfragen<br>• Fragebogen, Diktiergerät/Videokamera (um Erlaubnis fragen)<br>• im Rollenspiel Fragen erproben |
| | **Gruppen- oder Einzelbefragung** | • bei Gruppenbefragung Absprache der Aufgaben (Gesprächsleiter, Fragensteller) |
| **2. Ausführung** | **Verhalten bei der Befragung** | • pünktlich sein<br>• höflich sein<br>• Interesse zeigen |
| | **Informationen beschaffen** | • Fragen stellen<br>• Antworten notieren<br>• bei Antworten, die man nicht versteht, nachfragen<br>• Im Laufe des Gesprächs überlegen, ob die Fragen noch passen |
| **3. Auswertung** | **Ergebnisse** | • überarbeiten/vervollständigen<br>• zusammenstellen/strukturieren<br>• dokumentieren |
| | **darstellen** | • präsentieren |
| | **Reflexion/Auswertung des Projekts** | • Befragungsziel erreicht?<br>• Was war gut?<br>• Was kann besser gemacht werden? |

# **Fragen** finden

Die Klasse 6 c hat vor der Expertenbefragung im Betrieb einen Fragebogen entwickelt. Dabei fiel den Schülerinnen und Schülern auf, wie schwierig es ist, die richtigen Fragen zu stellen. Um dies zu üben, haben sie das richtige Fragen durch die nachstehenden Spiele trainiert:

**Ein Fragen-Antwort-Puzzle erstellen**

Eure Fragetechnik könnt ihr durch diese Übung verbessern:

- Bildet Zweierteams.
- Jedes Team sucht sich ein bestimmtes Thema, z. B. eine Sportart oder eine Musikgruppe, und überlegt sich Fragen und Antworten dazu.
- Die Fragen werden auf einem Fragenblatt, die dazu passenden Antworten auf einem Antwortblatt notiert.
- Die Blätter werden so zerschnitten, dass auf jedem Abschnitt eine Frage beziehungsweise eine Antwort steht.
- Ein anderes Team soll nun die jeweils passenden Fragen den Antworten zuordnen.

**So findet man passende Fragen:**

- Bildet Zweierteams.
- Jedes Team sucht sich ein bestimmtes Thema und überlegt sich Fragen und Antworten dazu.
- Die Fragen werden auf einem Fragenblatt, die dazu passenden Antworten auf einem Antwortblatt notiert.
- Jedes Team gibt sein Antwortblatt an ein anderes Team, das sich notiert, welche Fragen wohl gestellt wurden.
- Diese Notizen werden dann mit dem richtigen Fragenblatt verglichen.

**W-Fragen bilden**

- Bildet im Losverfahren Zweierteams.
- Bildet W-Fragen zu einem Thema, z. B. „Ich stelle meinen Partner vor".
- Streicht die W-Fragen, die nicht sinnvoll erscheinen.
- Überprüft mit dem Partner, ob die übrig gebliebenen Fragen beantwortet werden können.

❶ Übt das richtige Fragen mithilfe der Spiele auf dieser Seite.

# **Hauswirtschaft** und **Sozialwesen**

Wie ernähre ich mich gut?

Was bringt denn die Mülltrennung?

Wie mache ich ein leckeres Frühstück?

Was bedeutet Sozialwesen?

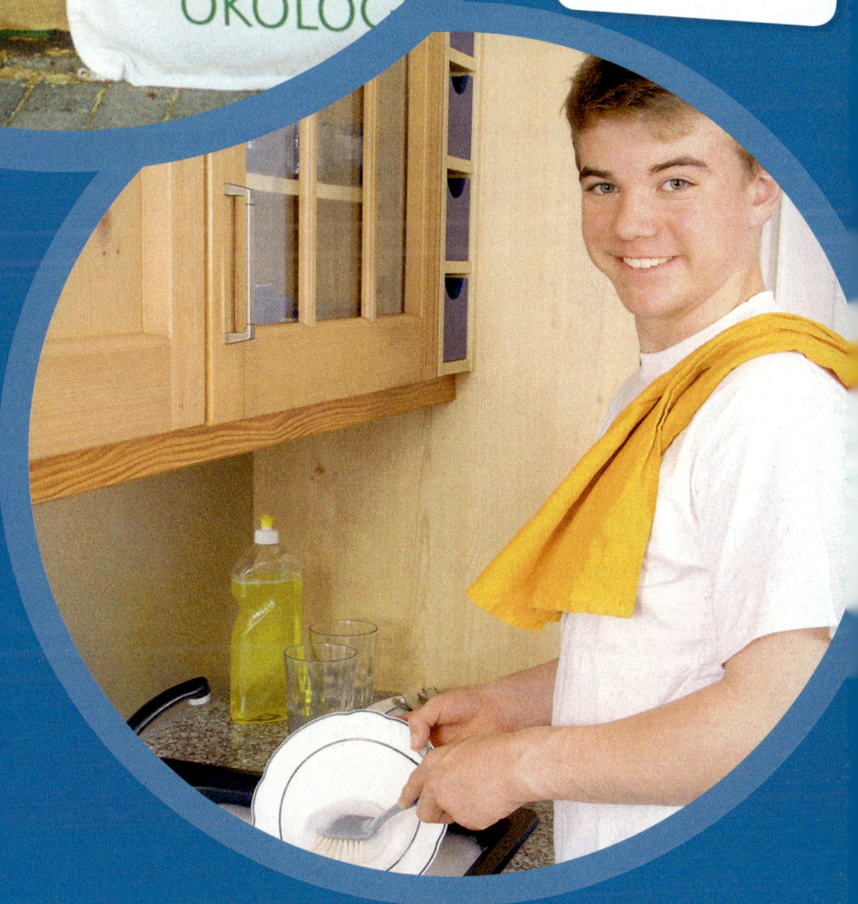

Was muss ich beim Einkaufen beachten?

Wann geht es mir/ anderen gut?

# Bestandsaufnahme

## In diesem Fach ...

kannst du lernen, wie du dich gesund ernährst, wie sich das Zusammenleben mit anderen gestalten lässt und wie du etwas für deine Gesundheit tust. Du lernst die praktische Arbeit in der Küche kennen und wie du nachhaltig und umweltbewusst leben kannst. Außerdem zeigt es dir die Möglichkeit auf, deiner Familie etwas Gutes zu tun.

## Wo stehe ich? Was möchte ich lernen?

**Hauswirtschaft und Sozialwesen** – ein neues Fach für dich, aber sicherlich hast du schon Erfahrungen gesammelt und kennst schon einiges, was mit dem neuen Wahlpflichtfach zusammenhängt. Dein neues Fach hat zwei Bestandteile:

aufräumen
kochen
bügeln
backen
Tisch decken
Müll sortieren
putzen
einkaufen
Im Garten arbeiten

**Hauswirtschaft**
bezieht sich auf alle Arbeiten, die im Haushalt anfallen: Wobei hast du schon mitgeholfen? Was erledigst du ganz alleine?

**Sozialwesen**
hat mit deinem Leben in Gemeinschaften zu tun. Die Familie ist die Gemeinschaft, in der die meisten von uns groß werden. Aber auch Vereine, der Freundeskreis und die Jugendgruppen gehören dazu. Wo bist du Teil einer Gemeinschaft?

36.1

36.2

36.3

1 Welche Eigenschaften sind in Berufen aus den Bereichen Hauswirtschaft und Sozialwesen wichtig? Erstelle eine Tabelle und ordne folgende Begriffe zu:
ordentlich, zuverlässig, genau, körperlich belastbar, energisch, kreativ, gut im Zuhören, ausgeglichen, gut im Organisieren, freundlich, fleißig, hilfsbereit, gewissenhaft, flexibel, mutig, draufgängerisch, ausdauernd ...

| Bereich Sozialwesen | Bereich Hauswirtschaft |
|---|---|
| zum Beispiel: Krankenschwester, Altenpfleger, Erzieherin | zum Beispiel: Köchin, Hausfrau, Raumpfleger |
| ... | ... |

Sicher hast du festgestellt, dass du schon in vielen Bereichen von Hauswirtschaft und Sozialwesen Erfahrungen mitbringst. Möglicherweise ganz andere als deine Mitschülerinnen und Mitschüler.

Schreibe drei Dinge auf, die du im Haushalt schon erledigt hast und die dir besonders gut gelungen sind.

Als Teil einer Gemeinschaft übernimmst du bestimmte Aufgaben, und das gemeinsame Erleben wird durch dich schöner! Notiere drei Situationen, in denen du Verantwortung übernimmst.

Das kann ich gut im Haushalt

- Ich habe den Tisch für Papas Geburtstagsfeier toll gedeckt.
- Ich kann ganz allein Schokoladenpudding kochen.
- ...

Hier übernehme ich Verantwortung:

- Ich hole meinen kleinen Bruder vom Kindergarten ab.
- Ich führe die Klassenkasse.
- ...

Das will ich lernen:

- Ich will lernen, leckere Speisen zuzubereiten.
- Ich will mit den anderen gut zusammenarbeiten.
- ...

ein Foto von dir

Was möchtest du in Hauswirtschaft und Sozialwesen im 6. Schuljahr lernen? Schreibe drei Beispiele auf.

1. Gestalte ein Blatt, in dem du deine Begabungen und Vorkenntnisse darstellst.
2. Ergänze deine Beispiele mit passenden Zeichnungen, Bildern und Fotos. Vielleicht auch auf einem zweiten Blatt.

## Wann geht es mir gut?

Es gibt viele Faktoren für unser Wohlbefinden. Oft wissen wir gar nicht, warum es uns gerade in diesem Moment gut geht und in einem anderen nicht. Deshalb ist es wichtig, den eigenen Körper und die eigenen Gefühle bewusst wahrzunehmen:

Neben den persönlichen „Wohlfühlfaktoren" gibt es andere wichtige Einflüsse. Es geht uns gut, wenn wir mit Menschen zusammen sind, in deren Nähe wir uns wohlfühlen. Und wir fühlen uns gut, wenn wir anderen helfen können, die uns etwas bedeuten.

1. Schreibe auf: Wann fühlst du dich wohl?
2. Vergleiche deine Antworten mit denen anderer: Gibt es Gemeinsamkeiten oder Unterschiede?
3. Überlege: Was kannst du (alleine oder mit anderen gemeinsam) tun, um anderen zu helfen?

## Themenwahl

Es gibt viele Dinge, mit denen wir uns in Hauswirtschaft und Sozialwesen beschäftigen können. Vielleicht ist ja auch ein Thema für euch dabei.

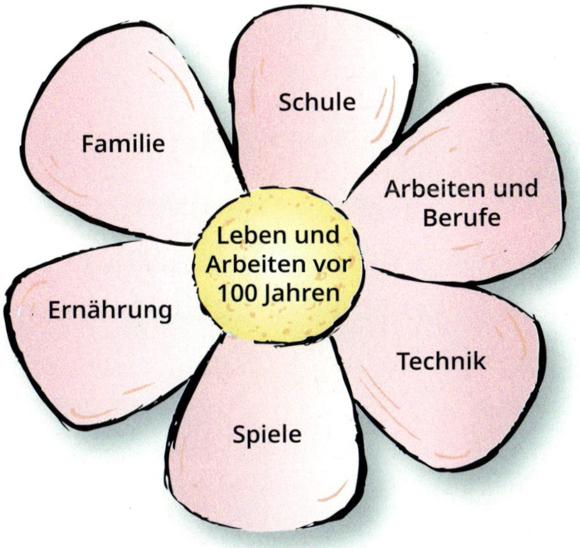


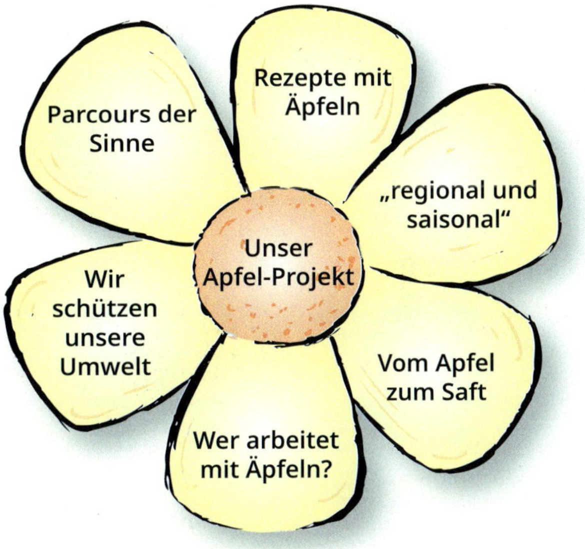


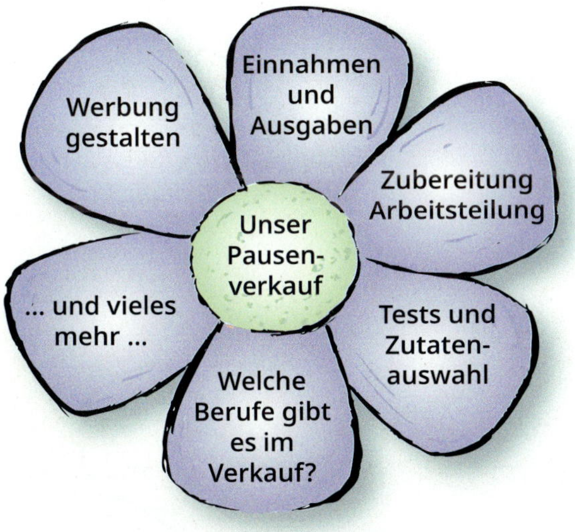


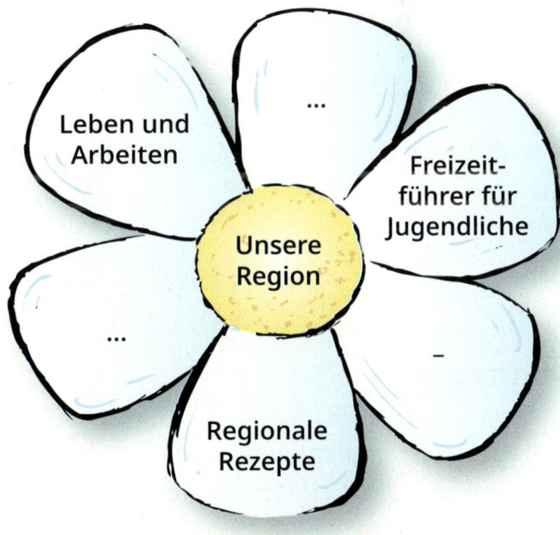


1 Entwerfe eine „Ideenblume“ zu einem Thema für Hauswirtschaft und Sozialwesen, das dich interessiert.

# **Ein Projekt** durchführen

## Projektideen

Nach der Themenwahl für ein Projekt sammeln wir erste Ideen (z. B. in einem Cluster):

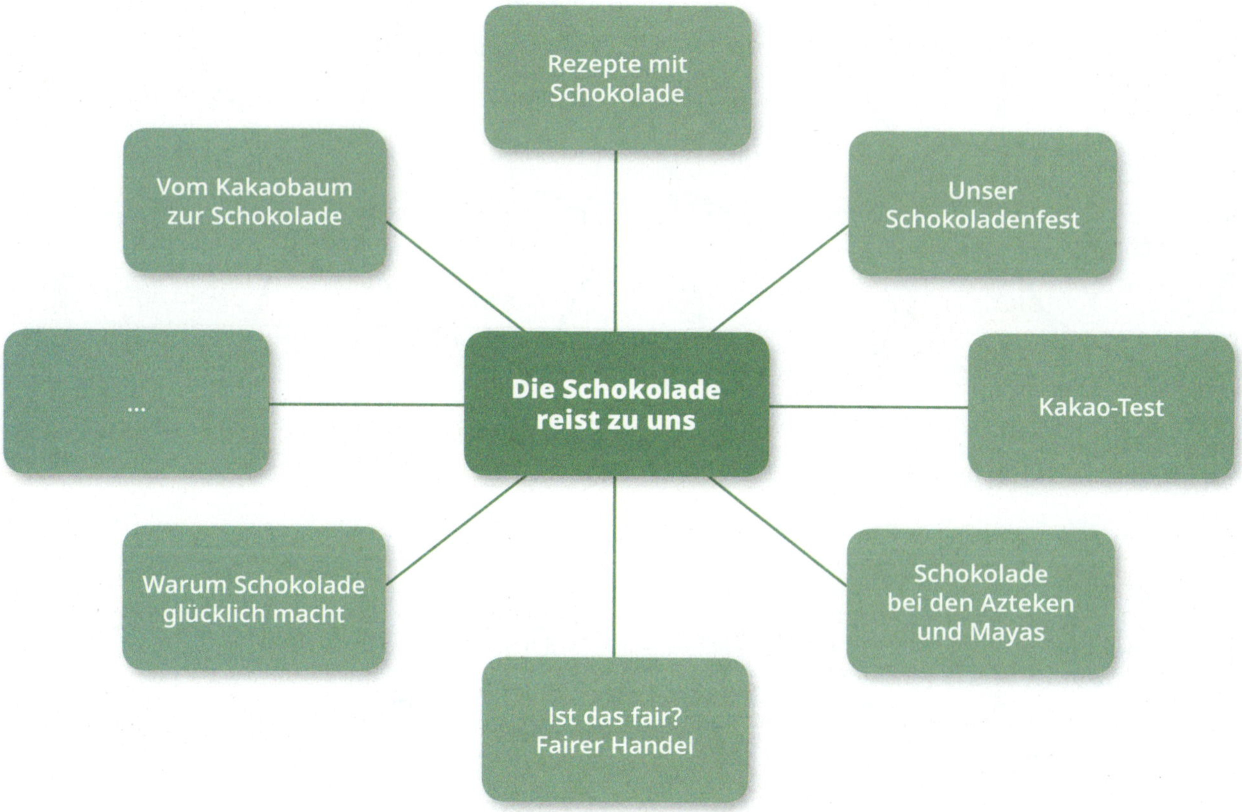


## Projektfragen

Stelle Fragen zum Projektthema, z. B.:
**Unsere Umwelt – die Welt um uns herum**

- Was bedeutet Umwelt?
- Was können wir dafür tun?
- Wie können wir „umweltgerecht" Speisen zubereiten?
- Welche Berufe haben etwas mit der Umwelt zu tun?
- Wie können wir Energie sparen?
- Wie vermeiden wir Abfall?
- Was bedeutet Mülltrennung? Wie trennen wir Müll?
- Was können wir tun, um den Wasserverbrauch zu senken?
- Wie können wir Reinigungsmittel sparsam verwenden?
- ...

## Projektplanung

1. Welche Schritte/Teilaufgaben gehören zu den einzelnen Phasen?
2. Plant euer Projekt in groben Zügen.
3. Setzt gemeinsame Termine für die Planungstreffen und die Präsentation.

# Etwas **Gutes tun**

## Was bedeutet das?

Etwas Gutes tun – Darüber haben wir in der letzten Woche gesprochen.

Dieses Bild hat sich die HuS-Gruppe von Larissa, Ben, Leo, Sören, Maja und den anderen, die wir durch dieses HuS-Teilkapitel begleiten wollen, lange betrachtet.

Alle zusammen haben sich überlegt, wie der Satz wohl zu beenden ist. Das sind die Antworten, die ihre Lehrerin aus den Äußerungen „gebastelt" hat:

a) Es kann sowohl für die beschenkte Person als auch für dich als gebende Person eine Bereicherung sein.
b) Wenn man jemandem (z. B. Eltern, Freund/-in, Geschwistern) eine Freude bereitet, stärkt das die Beziehung zu dieser Person.
c) Es verbindet, erzeugt beiderseits gute Laune und hebt die Stimmung.
d) Es trägt für beide Seiten zu einem positiveren Weltbild bei, wenn jemand einem anderen etwas Gutes tut.
e) Es kann einen vielleicht harten Tag durch genau diesen einen, positiven Überraschungsmoment zu einem besonderen, unvergesslichen Tag werden lassen.
f) Und: es fühlt sich einfach gut an!

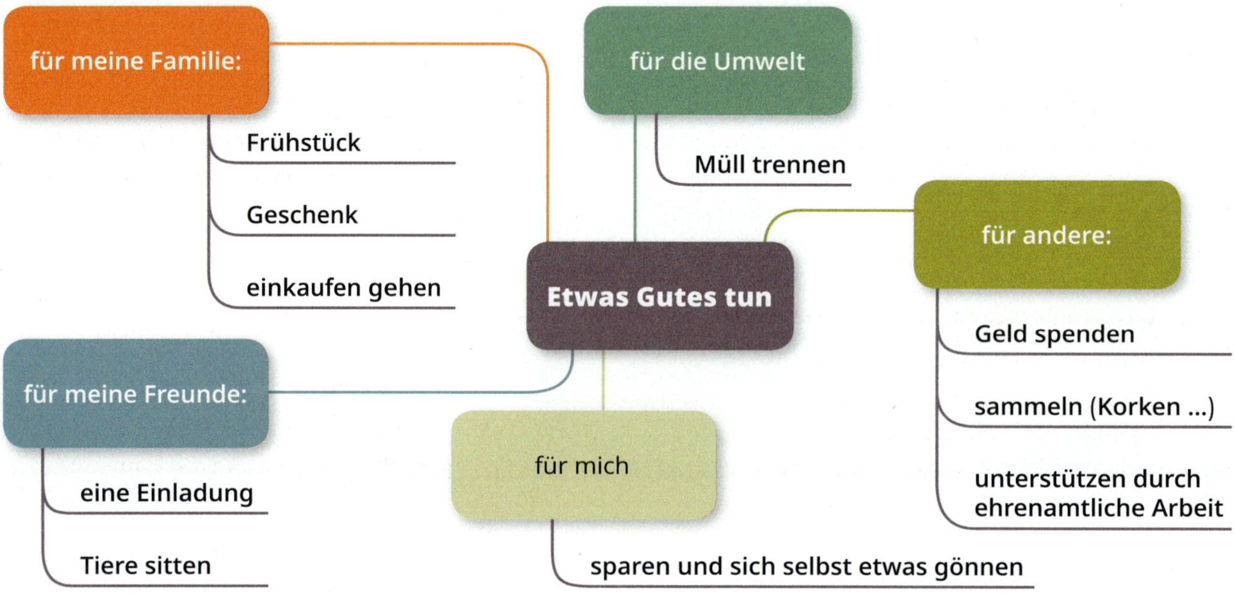


## Wem möchtet ihr eine Freude bereiten?

Nun, das kann eine Person in eurem unmittelbaren Umfeld sein, die ihr eben besonders mögt: Familienmitglieder, Freunde, Mitschüler, Lehrer, ... oder Menschen, denen ihr einfach zufällig begegnet.

1. Lest euch die Äußerungen durch und sprecht darüber: Seht ihr das auch so?
   Fasst die Sätze in eigenen Worten zusammen.

2. Schaue dir die Mindmap an. Übertrage sie in deine Mappe und ergänze sie.

## Etwas Gutes tun – durch eine Geste

> „Die schönste Freude erlebt man immer da, wo man sie am wenigsten erwartet."
>
> Antoine de Saint-Exupéry

**43.1** Antoine de Saint-Exupéry: „Der kleine Prinz", 21. Kapitel: Freundschaft mit dem Fuchs.

Kennst du den kleinen Prinzen? Das ist ein Junge, der durch diese und andere Welten reist und dabei viel über das Miteinander der Menschen und anderer Lebewesen erfährt. Sein Autor, der französische Schriftsteller Antoine de Saint-Exupéry hat das Buch „Le Petit Prince" mit eigenen Illustrationen versehen und 1943 im US-amerikanischen Exil veröffentlicht.

### „Was bedeutet das? Was soll ich tun?"

Das haben sich die Kinder der HuS-Gruppe auch gefragt. Es sollte ja etwas sein, das kein Geld kostet und das man mal einfach so, jeden Tag, „machen" kann. Nach einigem Grübeln sind sie im Internet fündig geworden. Bei einer Sammlung verschiedener Vorschläge, von denen sie einige in nächster Zeit umsetzen wollen:

**Vorschlag 1: Sage anderen etwas Nettes**
„Das hast du toll gemacht!" „Mmh, dein Essen ist lecker!" Ein ehrlich gemeintes Kompliment tut immer gut, und du brauchst keine Vorbereitung. Je weniger jemand damit rechnet, desto mehr wird er sich freuen.

**Vorschlag 2: Eine kleine Post-it-Botschaft**
„Viel Glück heute!" oder „Hab einen schönen Tag!"
So einen Zettel, z. B. in der Brotdose zu finden, wäre toll, oder? Vielleicht auch für deine Geschwister...? Oder du klebst eine liebe Botschaft auf den Tisch eines Mitschülers oder einer Mitschülerin ...

**Vorschlag 3: Ein kleines Präsent**
So ein kleines Geschenk muss fast nichts kosten, eine Kleinigkeit genügt, um damit Freude zu schenken; z. B. etwas backen oder ein schönes Bild malen.

**Vorschlag 4: Hilfe anbieten**
Helfen, wenn man sieht, dass etwas jemand anderem schwerfällt. Es finden sich immer Möglichkeiten, spontan Hilfe anzubieten, z. B. einer (älteren) Person beim Tragen der Einkaufstaschen helfen. Vielleicht auch das Blumengießen, Spülmaschine ausräumen oder das Staubsaugen zu Hause zu übernehmen, auch wenn es heute nicht die eigene Aufgabe ist.

**Vorschlag 5: Zeit schenken**
Besuche deine Großeltern oder einen kranken Freund oder die älteren Nachbarn und schenke ihnen bewusst Zeit und frage nach, wie es ihnen geht. Du wirst sehen, welche große Freude du ihnen damit machst.

1. Beratet die Ideen und überlegt, ob ihr sie umsetzen könnt. Schreibe deine Gedanken zu den Ideen in deine Mappe.

2. Was könnt ihr ab der nächsten Woche im HuS-Unterricht umsetzen, um euch oder anderen etwas Gutes zu tun? Sammelt Ideen für den Unterricht und schreibt sie auf.

## Etwas Gutes für meine Familie tun

**Unsere Eltern, Geschwister, Großeltern: die Familie tut uns gut**

Das wollen wir ihnen auch immer mal wieder zeigen, am Mutter- oder Vatertag, an Festen, aber auch einfach mal so ... Unsere HuS-Gruppe hat sich schon bei der Erstellung der Mindmap darüber Gedanken gemacht, was jeder für seine Familie tun kann. Dabei sind einige Ideen in den Fokus gerückt:

- Einkaufen gehen
- Ein (Oster-)Frühstück vorbereiten
- Ein kleines Geschenk basteln
- Gutscheine herstellen
- Das Haustier versorgen

So haben Lara und Maja sich einige Tipps zum Einkaufen überlegt:

- Einen Einkaufszettel schreiben: Wer genau weiß, was er will, kauft nicht so viele Dinge ein, die er ohnehin nicht braucht.
- Einkaufskorb oder -tasche mitnehmen: Es schont die Umwelt und den Geldbeutel, keine Plastiktüten zu verwenden.
- Wissen was vorrätig ist: Wer weiß, was zuhause vorhanden ist, kauft nicht unnötig doppelt ein.
- Keine Großpackungen kaufen: Beim Kauf von Vorteils- oder Großpackungen landet vieles davon häufig im Müll.
- Frische Produkte kaufen: Immer auf die Frische achten. Bei Obst und Gemüse darauf schauen, dass kein Schimmel vorhanden ist.
- Auf das Mindesthaltbarkeitsdatum (MHD) achten: Wer das Produkt sofort verbraucht, kann ein kurzes Haltbarkeitsdatum nehmen. Wenn es für den Vorrat gedacht ist, sollte man ein Produkt mit späterem MHD kaufen.
- Lebensmittel schnell und richtig einlagern: Nach dem Einkaufen sollte man die Produkte so schnell wie möglich lagern: Gefrorene Lebensmittel in die Gefriertruhe, Kühlprodukte im Kühlschrank, Obst und Gemüse kühl und trocken.

**44.1** Familie Lambraki mit Haustieren

Um aufzuschreiben, was es braucht, das Haustier zu versorgen, kann man keine generellen Aussagen treffen. Aber dass es für die Eltern eine Erleichterung bedeutet, wenn das Kind die Ausgehrunde mit dem Hund oder das Säubern des Meerschweinchenkäfigs oder der Katzentoilette übernimmt, ist allen klar. Marcel kommt auf die Idee, Gutscheine zu basteln, die seine Eltern dann bei ihm einlösen können:

**GUTSCHEIN**

über
eine „Gassigeh-Runde"
mit Bruno

**GUTSCHEIN**

über Rasenmähen
und
Unkraut jäten

**GUTSCHEIN**

über
Tisch abräumen,
spülen und abtrocknen

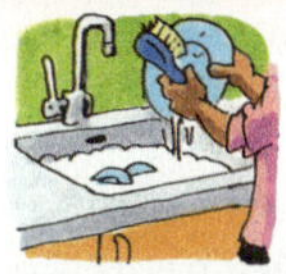

1. Erstelle einen eigenen Gutschein, den du in deiner Familie verschenken kannst, zum Geburtstag oder einfach so.

2. Erstelle einen Flyer mit Einkaufstipps.

## Wir backen einen Kuchen

### Etwas zum Naschen versüßt den Tag

Lena möchte einen Kuchen backen für ihre Familie, wenn die am Sonntag zusammensitzt. Sehr viele Kuchen und z. B. auch Muffins werden aus Rührteig hergestellt. Er ist einfach in der Zubereitung und gelingt auch Back-Anfängern.
Grundsätzlich werden alle Zutaten in einer Schüssel verrührt, in eine Backform gegeben und gebacken. Rührteig eignet sich für verschiedene Backformen und schmeckt mit Schokolade, Rosinen oder Nüssen immer wieder anders.

Das Grundrezept für Rührteig:
- 250 g Butter oder Margarine
- 250 g Zucker
- 4 Eier (Gr. M)
- 500 g Mehl
- 1 Päckchen Backpulver
- 1/8 l Milch

**Rührteig – Schritt 1:**
Für den Rührteig weiche Butter oder Margarine und Zucker mit den Schneebesen des Handrührgeräts ca. 10 Minuten weiß-cremig aufschlagen, bis der Zucker aufgelöst ist.

**Schritt 2:**
Damit der Teig perfekt wird, jedes Ei einzeln hineingeben, jeweils ca. eine halbe Minute unterrühren, damit sich alle Zutaten im Rührteig gut verbinden.

**Schritt 3:**
Mehl und Backpulver mischen und abwechselnd mit der Milch zum Rührteig geben. Nur kurz unterrühren, damit der Kuchen nicht zäh wird. Rührteig hat die optimale Festigkeit, wenn er sich schwer reißend vom Schneebesen löst. Führe die sogenannte Reißprobe zwischendurch immer mal wieder durch.

**Schritt 4:**
Rührteig in eine gefettete und mit Mehl ausgestreute Backform geben und im vorgeheizten Backofen (E-Herd: 175 °C/Umluft: 150 °C/Gas: Stufe 2) ca. 60 Minuten backen. Kuchen herausnehmen, ca. 10 Minuten ruhen lassen und dann aus der Form stürzen.

**Schritt 5:**
Mache die Stäbchenprobe: Etwa 10 Minuten vor Ende der Backzeit mit einem Holzstäbchen in den Rührteig stechen. Bleibt kein Rührteig am Stäbchen kleben, ist der Kuchen fertig.

**Rührteig – Tipps & Tricks:**
- Nachdem das Backpulver unter den Rührteig gerührt wurde, sollte der Kuchen sofort in die vorbereitete Form gegeben und gebacken werden. So geht der Rührteig optimal auf.
- Bei der Zubereitung von Rührteig in einer Kastenform bricht die Kruste schön auf, wenn du den Teig nach ca. einer Viertelstunde Backzeit der Länge nach einen Zentimeter tief einschneidest.

### Muffins – Grundrezept

Zutaten für 1 Portion (1 Blech mit 12 Mulden): ca. 15 – 20 Minuten bei 180°C (Ober-/Unterhitze) backen.

| | |
|---|---|
| 160 g | Mehl |
| 160 g | Zucker |
| 160 g | Butter |
| 3 | Ei(er) |
| 1 Pck. | Vanillezucker |
| ½ Pck. | Backpulver |

1. Schreibe das Rezept für die Muffins in Tabellenform in deine Mappe. Hilfe dazu findest du auf Seite 67.

## Ein (Oster-)Frühstück planen

### Wie machen wir das?

Larissa, Sören und Sophia haben sich überlegt, was sie für ein Überraschungsfrühstück für die ganze Familie planen müssen:

1. Vorbereitungen für das Frühstück
2. den Ostertisch vorbereiten
3. am Tag zuvor einige Leckereien zubereiten
4. frische Zutaten für das Osterfrühstück
5. eine kleine Getränkeauswahl anbieten

Zu 1.: Du solltest planen, was es geben soll, dir einen Einkaufszettel schreiben und die Zutaten besorgen.

Zu 2.: Überlege dir, welche Farben und Motive auf einem Ostertisch besonders schön sind. Duftende Frühlingsblumen wie etwa Hyazinthen, Osterglocken oder Tulpen vermitteln eine gemütliche Atmosphäre. Ostergras oder Kresse auf dem Tisch bringt nicht nur Frische, sondern eignet sich ebenso gut zum Platzieren von ausgeblasenen oder gefärbten Ostereiern. Kerzengläser runden das Bild ab. Vielleicht kannst du ja auch etwas basteln für die Ostertafel.

Zu 3.: Traditionell kommt bei einem Osterfrühstück ein frisch gebackener Osterzopf oder Osterkranz auf den Tisch. Wenn du diesen selbst backen möchtest, dann kannst du den Teigansatz dafür (oder für einen Rührkuchen im Hasenformat) sehr gut am Vortag zubereiten. Eiersalat oder Muffins, die gern gereicht werden, sind am Abend vor dem Frühstück schnell tischfertig angerührt. Du könntest auch selbst hartgekochte Eier färben.

Zu 4.: Einen Obstsalat kannst du erst am Morgen des Frühstücks zubereiten. Auch Rührei lässt sich erst an diesem Morgen zubereiten. Zusätzlich sollten herzhafter und pikanter Aufschnitt wie Schinken oder Käse, frisch auf den Tisch kommen. Um die Butter ansprechend auf dem Tisch zu dekorieren, lassen sich mit einem Kugelausstecher kleine Butterbällchen fertigen.

Dass zu Ostern Ostereier die Hauptrolle spielen ist klar. Als Omelette, Salat, gefüllt oder einfach hart gekocht – Eier sind ein Muss.

**46.1** Frühstückstisch mit Osterdekoration

Zu 5.: Kakao, Kaffee, Tee und Säfte runden dein Osterfrühstück ab.

**TIPP**

Für alle die gern ausschlafen, bietet sich auch ein Osterbrunch an diesem Tag an. Das ist ein kombiniertes Frühstück – Mittagessen.
Man kann also auch einige warme Speisen wie Suppen oder Pfannkuchen servieren.

**46.2** Osterkerzen für einen stimmungsvollen Frühstückstisch

1 Bereitet ein (Oster-)Frühstück vor mit Tischschmuck und Einkaufszettel. Achtet dabei auch auf einige gesunde Elemente beim Frühstück.

## Tisch decken – leicht gemacht

**47.1** Grundgedeck für ein Mittagessen

**47.2** Einfach und geschmackvoll gedeckter Tisch

### Das Auge isst mit

Gemeinsames Essen soll Freude machen! Ein appetitlich zubereitetes Essen allein genügt nicht. Ein schön gedeckter Tisch und gutes Benehmen gehören dazu. Das gilt nicht nur in Gaststätten und bei Festen, sondern sollte auch bei den Mahlzeiten in der Familie und in der Schulküche eine Selbstverständlichkeit sein.

### Den Tisch richtig decken

- Der Teller wird so hingestellt, dass er etwa einen Zentimeter Abstand zur Tischkante hat.
- Rechts neben dem Teller liegt das Messer mit der Schneide nach innen.
- Die Gabel liegt links neben dem Teller.
- Der Esslöffel liegt entweder rechts neben dem Teller oder oberhalb des Tellers mit dem Stiel nach rechts.
- Der Teelöffel liegt oberhalb des Tellers ebenfalls mit dem Stiel nach rechts.
- Wird ein Esslöffel oben eingedeckt, so liegt der Teelöffel dem Teller am nächsten. Der Esslöffel kann auch neben dem Messer gedeckt werden.
- Gläser stehen oberhalb des Messers.
- Die Nachtisch- und Salatschälchen werden links oberhalb der Gabel platziert.
- Servietten liegen links von der Gabel oder gefaltet auf dem Teller.
- Das zuerst benötigte Besteck liegt außen. Alles, was mit der rechten Hand genommen wird, steht oder liegt rechts.
- Speisen nicht im Topf oder in der Pfanne auf den Tisch stellen, sondern in einer Schüssel oder auf einer Platte anrichten.
- Auf Tischschmuck achten: Blumen, farbige Sets, Servietten.

**47.3** Auszubildende lernen das richtige Tischdecken.

1. Begründet den Sinn der Grundregeln für einen einfach gedeckten Tisch.
2. Deckt zur Veranschaulichung ein Grundgedeck für ein Mittagessen.

## Wir tun anderen etwas Gutes – und sammeln Spenden

**„Für die Gemeinschaft, für die Wissenschaft, für die Gesundheit, für die Politik, für die Kirche, für die Bildung, für die Familie, für die Kultur, für die Umwelt, für den Sport, für die Zukunft, für uns alle.“** – So fasste eine Sonderbriefmarke die unterschiedlichen Felder des Ehrenamts in Deutschland zusammen.

Unsere HuS-Gruppe möchte nicht nur der eigenen Familie oder Freunden etwas Gutes tun. Die Kinder möchten gerne anderen Kindern helfen. Sie recherchieren im Internet und erfahren, dass man durch verschiedene Sammelaktionen andere unterstützen kann: Sammeln von Kronkorken oder Handys oder ...

### „Deckel gegen Polio“

Durch den Verkauf von Flaschenverschlüssen an Recyclingunternehmen werden Polio-Impfungen finanziert. „500 Deckel für 1 Leben ohne Kinderlähmung“, liest Sören auf der Homepage der Organisatoren von Deckel drauf e. V.
Er hat sich näher informiert und berichtet, dass eine Schülerin allein 2500 Deckel gesammelt hat. Dank ihrer Hilfe können nun fünf Kinder vor der unheilbaren, hoch ansteckenden Kinderlähmung geschützt werden, die vor allem in Afghanistan, im Iran und im Kongo verbreitet ist.

### Gutes tun mit gebrauchten Schuhen

Leo beschäftigt sich mit der Aktion „Shuuz“. Er findet dazu im Internet folgende Informationen:
„Jedes Jahr werden in Deutschland Millionen Paar gebrauchte Schuhe aussortiert. Daraus entsteht ein riesiger Schuhberg, der jährlich um mehrere hunderttausend Tonnen weiter anwächst und eine Belastung für unsere Umwelt darstellt.
Viele der weggeworfenen Schuhe sind noch sehr gut erhalten. Sie könnten von Menschen, die sich keine neuen Schuhe leisten können, weitergetragen werden und sind daher viel zu schade für die Müllhalde.“

*(Auszug aus: https://www.shuuz.de/index.php; Abruf: 13.03.2018).*

Der Erlös aus einer Schuhsammlung kann für eigene Schulprojekte verwendet oder gezielt einer gemeinnützigen Organisation gespendet werden.

**48.1** Werbeplakat für Hilfsaktionen

### Taschengeldbörse

In vielen deutschen Städten organisieren die Stadtverwaltungen Taschengeldbörsen, die Jugendlichen und Senioren gleichermaßen helfen sollen. Dabei können sich Jugendliche ab 14 Jahren ein paar Euro Taschengeld verdienen, indem sie für ältere oder mobilitätseingeschränkte Menschen kleine Dienste (z. B. Einkäufe, Gartenarbeit, Hilfe am PC und mit dem Internet) übernehmen. Dieses zusätzliche Taschengeld kann dann für einen guten Zweck verwendet werden.

### Andere Aktionen für einen guten Zweck

Viele Menschen unterstützen mit tollen Spendenaktionen andere Menschen in Not. Sie sammeln Kronkorken oder Pfand, verkaufen Kuchen, spielen Musik oder bitten schlichtweg Freunde und Bekannte um Unterstützung für ihre Spendenaktion, um gemeinsam anderen Menschen zu helfen. Helfen kann jede/r! Sogar dein eigener Geburtstag bietet eine gute Gelegenheit: Bitte nicht um Geschenke, sondern einfach um Spenden für einen guten Zweck.

1. Recherchiert auch ihr Spendenaktionen für gute Zwecke.
2. Gestaltet ein Werbeplakat für eine der hier vorgestellten oder eine andere Hilfsaktion.
3. Plant die Einführung/Durchführung einer für euch stimmigen Hilfsaktion an eurer Schule.

## Wir machen anderen eine Freude

### Eine einmalige Spendenaktion

**49.1** Selbstgebastelte Geschenktüte

Die Schülerinnen und Schüler der HuS-Gruppe haben sich ausführlich über Hilfsaktionen informiert und wollen nun selbst aktiv werden.

Sie gestalten im Rahmen eines Weihnachtsmarktes einen kleinen Verkaufsstand mit Kuchen, Heißgetränken und dem Verkauf von Geschenktüten.
Die Zutaten für leckeren, selbstgebacken Kuchen kosten nicht so viel und manche Eltern unterstützen eine solche Aktion gern. Backen kann die HuS-Gruppe den Kuchen schon selbst. Fair gehandelter Kaffee und Tee sowie Milch werden vielleicht auch von den Eltern gespendet.

Eine schöne Idee, um etwas zu verkaufen, ist z. B. die „15 Minuten Advent in der Tüte"-Geschenkidee (vgl. Abb. 49.1). Dazu muss man die Gebrauchsanleitung „Ein Augenblick der Stille" (siehe rechts oben) abschreiben und auf eine verzierte Papiertüte kleben. In die Tüte werden die Zutaten für die Pause gefüllt, wie auf dem Bild (Abb. 49.2) zu sehen:

**49.2** Inhalte der Geschenktüte

Tee, etwas Süßes, ein Teelicht, (Streichhölzer) und eine kleine Geschichte. Mit einer Klammer wird die Tüte geschlossen.

**Ein Augenblick der Stille**

Gebrauchsanleitung:
1. Tee zubereiten
2. Kerze anzünden
3. Beine hochlegen
4. Geschichte lesen
5. Süßigkeit und Tee genießen

**49.3** Die Geschenktüte basteln

❶ Beschreibe die Bastelschritte, um eine Adventstüte herzustellen.

❷ Stelle selbst eine Geschenktüte her, vielleicht auch als Oster- oder Geburtstagstüte mit anderen Zutaten.

## Etwas Gutes tun – für mich selbst

**„Nur wer sich selbst schätzt, kann dies auch mit anderen."**
Was bedeutet das? Man sollte nicht nur für andere etwas Gutes tun, sondern auch mal für sich selbst. Dabei stellt sich natürlich eine Reihe von Fragen:

- Wann geht es mir gut?
- Was brauche ich?
- Was tut mir gut?
- Was fehlt mir?

Das muss nichts sein, wofür du Geld ausgeben musst. Wenn du mal eine Stunde ohne Hausaufgaben, Vereine oder andere Verpflichtungen hast, dann probiere doch mal Folgendes aus:

- Eine schöne Blume oder Pflanze für dein Zimmer im Garten oder in der freien Natur suchen. Nimm die Pflanze oder Blume mit der Farbe, die dir gefällt und nicht eine, die gerade angesagt ist.
- Spazieren gehen und den Gedanken an der frischen Luft nachhängen.
- Einfach ins Bett gehen mit einer Kanne frisch gebrühtem Tee, vielleicht einer Wärmflasche und etwas zum Lesen.

**50.1** Einfach mal abhängen...

**50.2** ... oder unterwegs mit Freunden

Oder du unternimmst gemeinsam mit Freunden etwas:

- Crêpe-Abend
- Backen
- einen guten Film (zuhause) anschauen
- Kochabend mit Freunden
- Federball spielen
- Drachen steigen lassen
- Fotografieren
- Frisur selber machen
- Radtour

Natürlich gibt es auch immer wieder etwas, was du dir vielleicht kaufen möchtest. Dann macht es Sinn, etwas zu sparen oder dir Geld zu verdienen.

**INFO**

Das Jugendarbeitsschutzgesetz (JArbSchG) unterscheidet zwischen Kindern (unter 15 Jahre) und Jugendlichen (15 bis 18 Jahre). Die Beschäftigung von Kindern ist prinzipiell verboten.
Ab 13 Jahren und mit 14 Jahren dürfen Kinder jedoch leichte und für sie geeignete Beschäftigungen ausüben, zum Beispiel Zeitungen austragen, Babysitten und Ähnliches. Die maximale Arbeitszeit ist dabei auf zwei Stunden täglich begrenzt.

1 Erstelle eine Mindmap, in deren Zentrum „Etwas Gutes für mich" steht.

# Was habe ich gelernt?

## Etwas Gutes tun

In der vergangenen Unterrichtseinheit hast du dich damit beschäftigt, anderen (und dir) etwas Gutes zu tun. Sicher hast du dabei Neues gelernt.

### Daran arbeiten ...

1. Nenne drei Gründe, weshalb man anderen etwas Gutes tun sollte.
2. Gestalte einen Flyer mit Tipps, was du Gutes für andere tun kannst.
3. Schreibe eine Anleitung zum Kuchenbacken.
4. Verfasse eine Definition für den Begriff „Ehrenamt".
5. Was weißt du über deine rechtlichen Möglichkeiten, einen Ferien- oder Nebenjob auszuüben? Was bzw. welcher Art könnte so ein Nebenjob sein? Erstelle eine Liste möglicher Jobs.

51.1 Spendensammeln für einen guten Zweck

6. Gestalte für deine Kompetenzmappe ein Blatt, auf dem du beschreibst, was du Neues über deine Fertigkeiten erfahren hast. Vielleicht helfen dir folgende Satzanfänge:

> Ganz neu für mich war ...
> Zu Hause waren alle überrascht, ...
> Richtig schwierig war ...

7. Entwickelt in der Lerngruppe einen Einschätzungsbogen für euren Unterricht. Eventuell könnt ihr einige der nachstehend aufgeführten Punkte (Ich kann ...) in euren Einschätzungsbogen aufnehmen.

51.2 Ehrenamt: Die Möglichkeit, aktiv zu werden.

8. Schätze ein, in welchem Ausmaß dir ehrenamtliche Hilfe gelingt.

**Ich kann ...**

- erklären, warum es sich lohnt, etwas für andere zu tun.
- einen Kuchen backen.
- beschreiben, welche Einflüsse (Ernährung, Bewegung, Konsum, Freizeitgestaltung) mir gut tun.
- kooperativ in einem Team arbeiten.
- einen Tisch eindecken.
- erklären, was ehrenamtliche Arbeit bedeutet.

9. Interpretiere die nachstehende Karikatur und beurteile das dargestellte Verhalten.

# Arbeitsplatz **Schulküche**

## Hygienisch arbeiten in der Schulküche

Damit die Speisen, die in der Schulküche zubereitet werden, appetitlich und bekömmlich sind, müssen wir auf Hygiene achten. Überall gibt es Mikroorganismen (Kleinstlebewesen) und Keime, die sich besonders in der Küche und in Lebensmitteln schnell vermehren können. Durch diese Keime können Lebensmittel verderben und ungenießbar werden.
Durch sauberes, hygienisches Arbeiten können wir verhindern, dass sich Keime so vermehren, dass sie für uns schädlich werden können.

### Tipps zum hygienischen Arbeiten

① Alle Fingerringe ablegen. Die Hände gründlich mit unparfümierter Seife unter warmem Wasser waschen.

② Wunden mit wasserdichten Verbänden abdecken.

③ Lange Haare zusammenbinden.

④ Saubere Kleidung oder Kochschürze tragen.

⑤ Beim Abschmecken zweiten Löffel verwenden. Nur einer der Löffel kommt mit dem Mund in Berührung.

⑥ Den Arbeitsplatz und die Arbeitsgeräte sauber halten, häufig wischen, Tücher und Lappen oft wechseln.

⑦ Speisereste zugedeckt und kühl aufbewahren und möglichst rasch verwerten.

Ⓐ Viele Bakterien und Keime, die Krankheiten auslösen können, werden über den Speichel übertragen.

Ⓑ Auch auf sauberen Haaren befinden sich Keime.

Ⓒ Bei niedrigen Temperaturen vermehren sich Keime wesentlich langsamer als in warmer Umgebung.

Ⓓ Offene Wunden können Keimträger sein.

Ⓔ In feuchter Umgebung vermehren sich Keime besonders schnell. Je sauberer der Arbeitsplatz und die Arbeitsgeräte sind, desto weniger Keime befinden sich darauf.

Ⓕ Auf verschmutzter Kleidung befinden sich Millionen von Keimen.

Ⓖ Ringe sind besonders starke Keimträger, weil sie sich schlecht reinigen lassen. Das Reinigen mit Seife löst den Schmutz besser als klares Wasser.

**1** Die Begründungen für das hygienische Arbeiten sind durcheinandergeraten. Ordne die Kästchen rechts Ⓐ–Ⓖ den Tipps ①–⑦ links zu und erstelle dazu eine Tabelle.

Damit es bei der Nahrungszubereitung in der Schulküche hygienisch zugeht, müssen die Tipps von Seite 52 beachtet werden.

### Hat Frau Nichtsosauber ihren Haushalt voll im Griff?

Für das Mittagessen mit ihren Kindern möchte Frau Nichtsosauber Spaghetti Bolognese kochen. Beim Metzger hat sie morgens, nachdem sie ihre Kinder zum Schulbus gebracht hat, Hackfleisch gekauft, das sie auf der Arbeitsplatte der Küche ablegt. Dann muss sie schnell weg, denn sie hat einen Friseurtermin.

Der Friseur macht Strähnchen in ihre lange Lockenmähne. Sieht toll aus! Zu Hause muss es dann wieder schnell gehen. Noch in der Jacke brät sie das Hackfleisch an. Beim Zwiebel schneiden verletzt sie sich zu allem Stress noch am Finger; das Blut wischt sie sich schnell mit dem Abtrockenhandtuch weg. In der Hektik fällt ihr noch ein Glas Orangensaft um, das vom Frühstück stehen geblieben ist.

Der Wischlappen ist zum Glück griffbereit und nimmt die klebrige Flüssigkeit von der Arbeitsfläche und dem Boden auf. Schnell probiert sie die Soße. Nein, da muss nachgewürzt werden. Der zweite Löffel aus der Pfanne schmeckt schon besser. Jetzt muss nur noch der Esstisch gedeckt werden, dann ist alles fertig. Vorher noch die Brotkrümel mit dem Wischlappen wegputzen, dann können die Teller hingestellt werden. Die sind aber dummerweise noch nicht abgetrocknet. Also muss das auch noch erledigt werden.

Aber dann klingelt es schon: Die Kinder sind da. Weil der Hunger groß ist, werden die schmutzigen Hände schnell in der Küche unter kaltem Wasser abgespült und am Abtrockentuch abgewischt. Das Essen schmeckt allen prima. Als Nachtisch entdeckt Frau Nichtsosauber noch einen Rest Schokoladenpudding, der vom gestrigen Abend auf dem Wohnzimmertisch stehen geblieben ist. Die Mücken werden verjagt, dann kann man den Pudding noch essen.

Trotz der Eile doch ein gelungenes Mittagessen, oder? Nachmittags klagen die Kinder über Bauchschmerzen.

1. Warum fühlen sich Frau Nichtsosaubers Kinder nachmittags nicht wohl?

2. Erstelle eine Liste mit Tipps zum hygienischen Arbeiten für Frau Nichtsosauber.

3. Gestalte (evtl. zusammen mit einem Partner) ein Schild zu einer Hygieneregel nach folgendem Muster:
   - als Hinweisschild
   - als Verbotsschild
   - als Achtung-Schild.

## Wir achten auf unsere Sicherheit

Die Schülerinnen und Schüler auf den Bildern beachten nicht alle Sicherheitsregeln bei der Arbeit in der Küche. Das kann gefährlich werden.

54.1

54.2

54.3

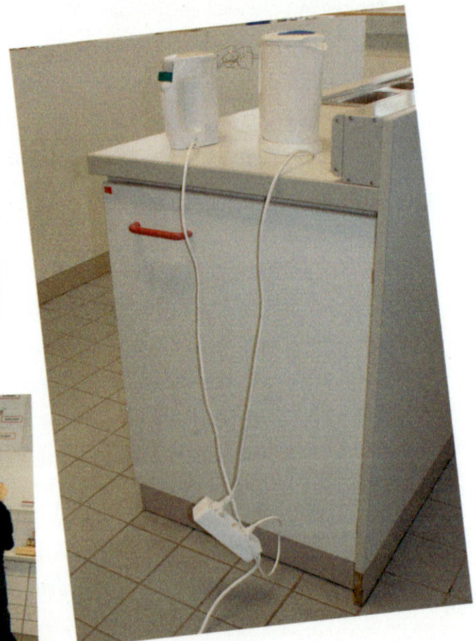

54.4

54.5

54.6

1. Schreibe zu jedem Bild auf, welche Gefahr besteht und worauf die Jugendlichen achten müssen.

- am Wasserdampf
- verdorbene Lebensmittel
- defekte Stromkabel
- Küchenmaschine
- wackelige Stühle als Leiterersatz
- falsch abgefüllte Reinigungsmittel
- Abfälle auf dem Boden
- Gurkenhobel
- heiße Töpfe
- …

1. Zeichne die begonnene Mindmap ab und vervollständige sie. Ordne dazu die Begriffe auf den Kärtchen den Oberbegriffen zu und ergänze weitere Beispiele.

2. Befrage deine Eltern (oder andere Erwachsene), welche Sicherheitsregeln sie an ihrem Arbeitsplatz beachten müssen.

## Wir richten unseren Arbeitsplatz ein

Wie jede Küche zu Hause besteht die Schulküche aus den Grundelementen Herd, Arbeitsplatte und Spüle mit Abtropffläche. Wenn diese Arbeitsbereiche geschickt angeordnet sind, verkürzen sich die Laufwege, sodass Zeit und Energie gespart werden.

**56.1** Arbeitsplatz Küche

Wenn du in der Küche arbeitest, gehst du so vor:

1. Zutaten und Arbeitsgeräte vor Beginn der Arbeit geordnet hinstellen.
2. Direkt vor dich stellst du die Dinge, die häufig benötigt werden.
3. Dinge, die nicht so oft benötigt werden, stellst du etwas weiter weg. Du musst sie allerdings noch mit gestrecktem Arm erreichen können.

**56.2** Für Rechtshänder: von rechts nach links

### Tätigkeiten, die in der Küche anfallen:

Äpfel waschen, Zwiebeln schneiden, Fleisch anbraten, Gewürze entnehmen, schmutziges Geschirr spülen, Quark anrühren, Spiegeleier braten, Kakao anrühren, Butter herausnehmen, benutzte Küchengeräte ablegen, die Butter zurückstellen

❶ In welchem der vier Arbeitsbereiche werden die aufgelisteten Tätigkeiten ausgeführt? Erstelle eine Tabelle und ergänze eigene Beispiele.

❷ Fertige eine Skizze eurer Schulküche an und benenne die vier Arbeitsbereiche.

## Wir spülen unser Geschirr richtig

„Spülen ist doch doof." So denken viele Menschen, die davor noch begeistert gekocht haben. Aber auch das Spülen muss erledigt werden. Mit den folgenden Tipps geht es schneller und alles wird sauber!

### Arbeiten vor dem Abwaschen

- Speisereste entfernen
- besonders schmutziges Geschirr unter fließendem Wasser vorspülen
- Geschirr ordnen
- heißes Wasser in beide Spülbecken einfüllen, in das rechte zusätzlich wenig Spülmittel hinzugeben

**57.1** Reihenfolge beim Geschirrspülen

**57.2** Beim Abwasch

### Während des Abwaschens

- im rechten Spülbecken sorgfältig spülen
- im linken Spülbecken Geschirr nachspülen
- Geschirr abtropfen lassen

### Arbeiten nach dem Abwasch

- Arbeitsgeräte und Geschirr abtrocknen.
- sauberes Geschirr wegräumen und mit der Schrankordnung vergleichen
- Spülbecken reinigen, Speisereste aus dem Ausguss entfernen
- Spülschwamm und Wischlappen mit kaltem Wasser auswaschen, trocknen lassen
- Spüle trocken reiben
- Geschirrtücher aufhängen

❶ Erstelle ein Plakat mit den wichtigsten Regeln zum Spülen (z. B. Flussdiagramm).

## Wir teilen die Arbeit gerecht auf

Wenn ihr gemeinsam in einer Gruppe eine Aufgabe erledigt, ist es gut, vorher gemeinsam zu planen, welche Arbeiten erledigt werden müssen. Damit es gerecht zugeht, müssen sie gleichmäßig verteilt werden.

Im Wahlpflichtfach HuS könnten solche Gruppenaufgaben sein:
① ein gemeinsames Frühstück vorbereiten
② einen Spielenachmittag im Altenpflegeheim gestalten
③ einen Betrieb erkunden
④ ein Plakat zu einem bestimmten Thema gestalten oder gemeinsam eine Mahlzeit zubereiten

Wenn ihr plant, gemeinsam eine Mahlzeit zuzubereiten, könnt ihr eine Liste mit den anfallenden Arbeiten erstellen:

- Abfallschüssel bereitstellen
- schmutziges Geschirr sortieren
- Herd sauber machen
- Esstisch decken
- Esstisch abwischen
- Arbeitsfläche und Schränke abwischen
- Abfall wegbringen
- sauberes Geschirr wegräumen
- Schränke auf Vollständigkeit überprüfen
- schmutziges Geschirr abspülen
- benutzte Handtücher, Schwämme und Wischlappen aufhängen
- Spüle und Abtropffläche säubern
- Spüle, Wasserhahn und Abtropffläche trocken reiben
- Tische abräumen
- frische Handtücher und Wischlappen bereitlegen
- kehren
- ...

**58.1** Herdamt

**58.2** Spülamt

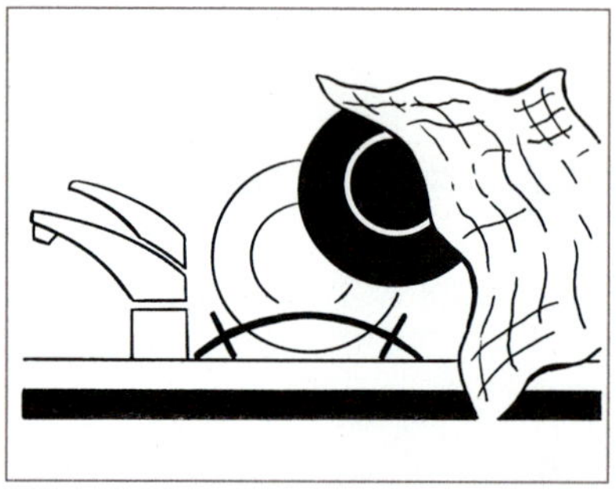

**58.3** Trockenamt

**58.4** Ordnungsamt

❶ Die Liste ist noch nicht vollständig. Ergänzt sie um weitere Stichworte.

❷ Diese Arbeiten können innerhalb einer Arbeitsgruppe auf verschiedene Ämter verteilt werden. Sortiert die Aufgaben möglichst gerecht den abgebildeten Ämtern zu. Beachtet dabei auch die Reihenfolge, in der die Arbeiten anfallen.

# **Messen** und **Wiegen**

## mit dem Messbecher

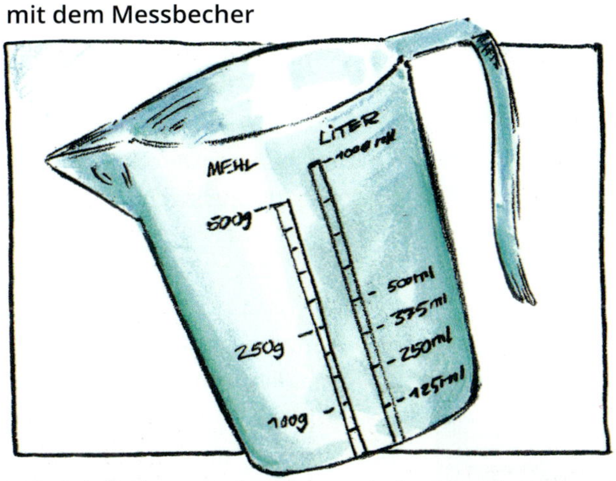


**59.1** Skala für das angegebene Lebensmittel auf dem Messbecher suchen. Entsprechende Menge mithilfe der Striche abmessen

## mit der Waage

**59.2** Gefäß auf die Waage stellen, Zeiger auf „0“ einstellen und Lebensmittel abwiegen

## mit dem Löffel

**59.3** 1 gestrichener EL = 10 – 15 g
1 gestrichener TL = 3 – 5 g

## mit den Fingern

**59.4** 1 Prise = die Menge, die man zwischen Daumen und Zeigefinger halten kann

## mit Köpfchen

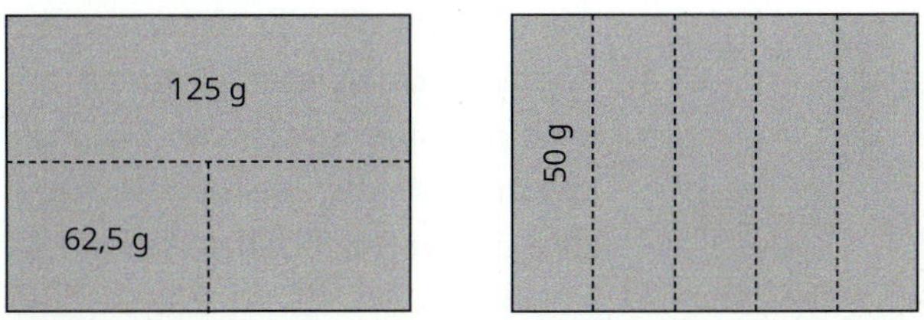


**59.5** 250 g Butter

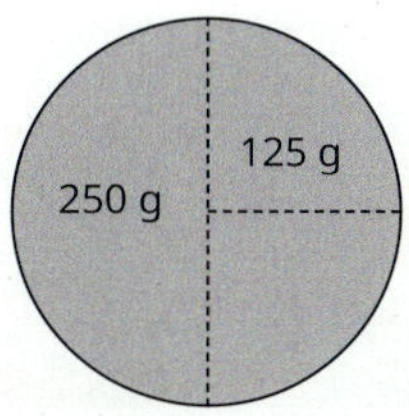


500 g Margarine

**Abkürzungen:**

| | | | |
|---|---|---|---|
| 1 kg | = ein Kilogramm | St.: | Stück |
| 1 g | = ein Gramm | TL: | Teelöffel |
| 1 l= | ein Liter | Msp: | Messerspitze |
| 1 ml | = ein Milliliter | EL: | Esslöffel |
| | | gestr: | gestrichen |

# **Obst** richtig verarbeiten

### Äpfel, Birnen

**60.1** Apfel wird geschält

**60.2** Apfel, Kernhaus ausschneiden

Mit dem Sparschäler die Birne oder den Apfel kreisförmig abschälen. Das Kerngehäuse mit dem Küchenmesser oder mit dem Kerngehäuseausstecher entfernen.

### Ananas

**60.3** Beim Abschälen mit dem Kochmesser

**60.4** Ananas beim Entfernen der Augen

Beide Enden mit dem Kochmesser abschneiden. Ananas mit einer Schnittfläche auf ein Schneidebrett stellen und die Schale in Streifen von oben nach unten abschneiden. Augen keilförmig ausschneiden, die Ananas halbieren und den Strunk entfernen.

### Kiwi

**60.5** Kiwi wird mit Sparschäler geschält

**60.6** Geschälte Kiwi, halbiert, Strunk wird entfernt

Ganz weiche Früchte quer halbieren und auslöffeln. Festere Früchte mit dem Sparschäler schälen, halbieren, den Strunk entfernen. Kiwi mit Milchprodukten erst kurz vor dem Servieren mischen, weil die Speise sonst bitter wird.

### Melone

**60.7** Melone der Länge nach halbieren

**60.8** In Spalten schneiden

Melone mit dem Kochmesser der Länge nach halbieren. Kerne mit einem Löffel entfernen. Melone mit dem Messer in Spalten schneiden und von der Schale befreien.

### Orange

**60.9** Eine Orange wird mit dem Kochmesser geschält

**60.10** Eine Orange wird mit dem Kochmesser filetiert

Orange oben und unten mit dem Kochmesser auf einem Brett abschneiden und so schälen, dass die weiße Haut entfernt ist.
Die ganze Orange in die Hand nehmen und die Filetstücke zwischen den Häuten herausschneiden.

# **Gemüse** richtig verarbeiten

### Karotten

**61.1** Karotten mit dem Sparschäler schälen

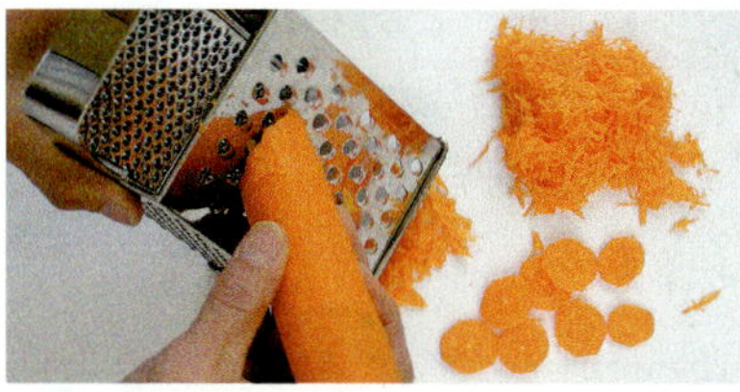

**61.2** Verschiedene Schnittformen: Scheiben, Würfel, Stifte

Die Karotten mit der Gemüsebürste reinigen, mit dem Sparschäler schälen und in die gewünschte Form schneiden, hobeln oder raspeln.

### Paprika

**61.3** Halbierte Paprika, Kerne entfernen

**61.4** Paprika in Streifen schneiden

Die gewaschene Paprika längs halbieren, den Stielansatz, Kerne und weiße Innenstränge herausschneiden. Danach in Streifen oder Würfel schneiden. Zum Füllen nur den Deckel abschneiden, Kerne und weiße Trennwände entfernen.

### Lauch

**61.5** Zur Hälfte aufgeschlitzten Lauch unter fließendem Wasser waschen

**61.6** Streifen und Ringe schneiden

Den Wurzelansatz und dunkelgrüne Blattspitzen abschneiden und die äußere Blattschicht abziehen. Lauch ab der Mitte der Länge nach aufschlitzen und gründlich unter fließendem Wasser waschen. In die gewünschte Form schneiden.

### Zucchini

**61.7** Zucchini in Formen schneiden

**61.8** Zucchini aushöhlen

Gewaschene Zucchini in die gewünschte Form schneiden, hobeln oder raspeln. Zum Aushöhlen wird die Zucchini halbiert, das Fruchtfleisch wird mit dem Löffel ausgehöhlt.

## So schneide ich sicher

Ein nicht zu kleines, scharfes Messer benutzen. Auf einem ausreichend großen Brett schneiden.

**Vorsicht:** Das Gemüse oder Obst darf beim Schneiden nicht wegrutschen. Deshalb flach auf das Brett legen und eventuell halbieren. Mit dem Krallengriff kann man das Gemüse sicher halten und Verletzungen vermeiden.

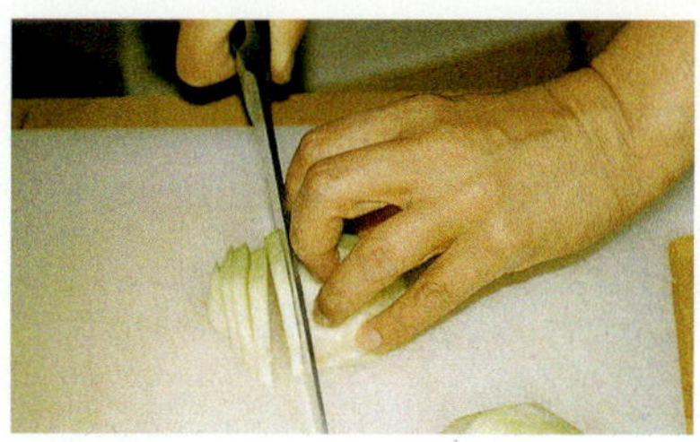

**61.9** Krallengriff

## Wir lernen die Küchengeräte kennen

- Passiersieb
- Eierschneider
- Nudelholz
- Küchenallzweck-schere
- Kochlöffel
- Messbecher
- Palette
- Teigschaber
- Handrührgerät mit a) Knethaken, Quirl
- b) Pürierstab
- Schaumlöffel
- Rohkostreibe/ Raspel
- Backrädchen
- Schneebesen
- Backpinsel
- kleines spitzes Küchenmesser
- Bratenwender
- Apfelausstecher
- Kochmesser
- Schöpflöffel
- Sparschäler
- Tomatenmesser
- Salatsieb
- Kartoffelpresse
- Rührschüssel

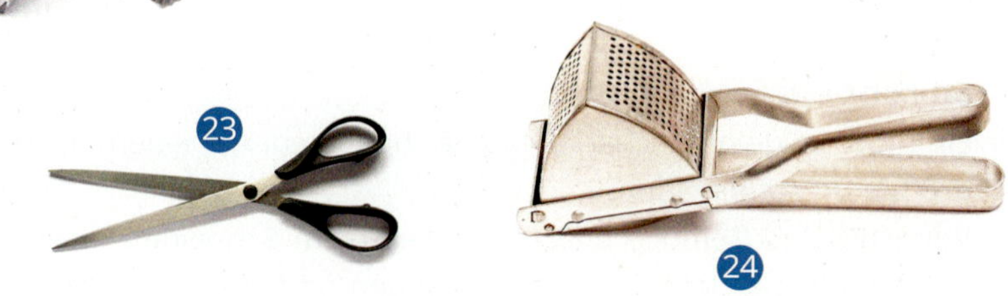


❶ Ordne die Bezeichnungen links neben dem Foto den richtigen Nummern auf dem Foto zu. Erstelle dazu eine Tabelle in deinem Heft.

**62.1** Das sind die wichtigen Arbeitsgeräte in der Küche.

## Wir arbeiten mit dem Herd

Ganz häufig stellen wir uns die Frage: Wie bereite ich unser Essen zu?
Wir verbinden damit viele verschiedene Zubereitungs- und Garverfahren:

Die Verfahren können auch nacheinander an einem Lebensmittel angewendet werden. Zwei der oben aufgezählten Garverfahren müssen wir anwenden können, um alle Rezepte im Buch zubereiten zu können:

| Garart: | So wird es gemacht |
|---|---|
| **Braten**  | 1. Pfanne erhitzen, eventuell hoch erhitzbares Fett dazugeben.<br>2. Die Lebensmittel zufügen.<br>3. Lebensmittel mit der Küchenhand wenden und von allen Seiten braun braten.<br>4. Nach dem Garen würzen. |
| **Backen**  | 1. Lebensmittel in eine Form oder auf das Backblech geben.<br>2. Im heißen Ofen backen oder garen. |

**INFO**

- Der Boden vom Topf oder der Pfanne muss genauso groß sein wie die Kochstelle.
- Töpfe und Pfannen müssen einen ebenen Boden haben.

❶ Nenne zum Braten und Backen jeweils zwei Speisen oder Lebensmittel, von denen du weißt, dass sie so gegart werden (z. B. braten: …, …).

❷ Recherchiere die anderen Garverfahren.

## Wir arbeiten mit dem Handrührgerät

### Station 1

Zeichne ein Handrührgerät mit Zubehör und beschrifte es mit den richtigen Fachbegriffen.

**Vorsicht:** Es haben sich einige unsinnige Begriffe eingeschlichen!

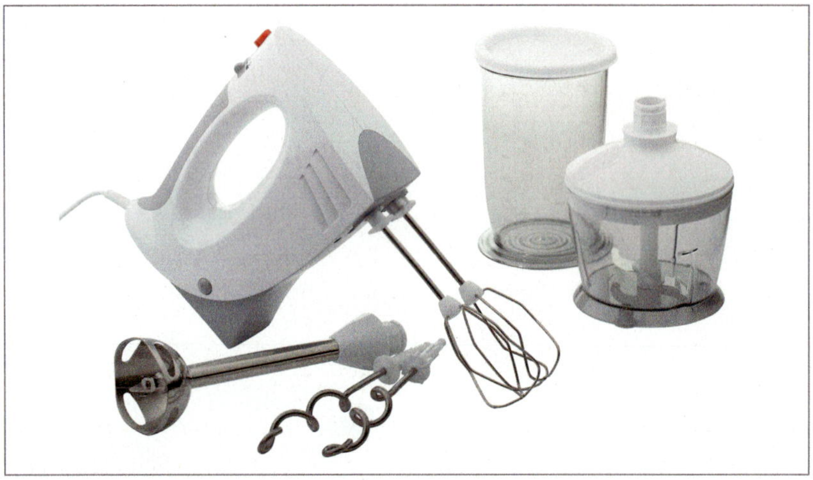

64.1

Pürierstab
Gasgriff
Rührbesen
Entertaste
Knethaken
Einstecköffnung
Auswerfertaste
Escapeknopf
Stufenschalter Matschaufsatz
Spiralen
Gangschaltung

### Station 2

Jedes der Zubehörteile Rührbesen, Knethaken und Pürierstab hat andere Aufgaben. Lege eine dreispaltige Tabelle an, in die du die aufgeführten Speisen einträgst.

Fleischteig
Schlagsahne
Cremesuppen
Milchmixgetränke
Hefeteig (für Brot, Pizza)
Eischnee
Rührteig
Pfannkuchenteig
Kartoffelpüree

### Station 3

Arbeiten, die heute mit dem Handrührgerät ausgeführt werden, wurden früher von Hand erledigt. Könnte das heute auch sinnvoll sein? Sammle Argumente, die für oder gegen den Einsatz des Handrührgerätes sprechen.

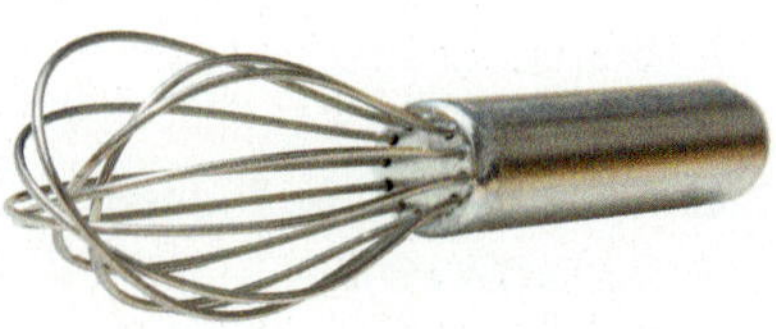

64.2

64.3

64.4

## Station 4

Untersuche, welche Sicherheitskennzeichen und Angaben auf dem Handrührgerät aus deiner Schulküche zu finden sind. Notiere sie mit der passenden Erklärung. Einen Überblick über verschiedene Symbole findest du hier. Falls ein Zeichen nicht aufgeführt ist, versuche die Bedeutung selbstständig herauszufinden.

| | |
|---|---|
| | **Geprüfte Sicherheit**<br>Die Sicherheit des Gerätes wurde von einem vom deutschen Staat beauftragten Institut geprüft. |
| | **Conformité Européenne** = Übereinstimmung mit EU-Richtlinien<br>Mit diesem Zeichen gibt der Hersteller an, dass sein Gerät den europäischen Richtlinien genügt. |
| | **Elektro- und Elektronikgeräte-Abfall**<br>Dieses Gerät ist kein Hausmüll und muss gesondert entsorgt werden. |
| | **Verband der Elektrotechnik, Elektronik, Informationstechnik e.V.**<br>Im VDE Prüfinstitut testen unabhängige Prüfungsingenieure die Qualität und Sicherheit von Geräten. |
| | **Schutzklasse II für elektrische Geräte**<br>Elektrogeräte, die mit Flüssigkeit in Berührung kommen, müssen besonders gegen einen elekrischen Schlag geschützt sein. |
| 350 W | **Elektrische Leistung**<br>350 Watt gibt Auskunft über die elektrische Leistung des Gerätes. Je größer die Leistung, desto stärker ist das Gerät. Es benötigt aber auch mehr Energie. |
| 230 V | **Elektrische Spannung**<br>230 Volt sagt etwas über die elektrische Spannung aus, bei der ein Gerät arbeiten kann. In Deutschland beträgt die Netzspannung 230 V, in anderen Ländern ist sie z. T. niedriger. |

## Station 5

Schreibe den Text ab, ersetze dabei die Fragezeichen durch folgende Begriffe:

hohe – Einrasten – Stecker – Arbeitsgeräten – Gehäuse – gespült – stufenweise – Markierung (2x) – Auswerfertaste

Wenn ich mit dem Handrührgerät arbeite, baue ich zuerst das Gerät zusammen und stecke dann den **?** in die Steckdose. Die **?** an den Rührbesen muss mit der **?** am Gerät übereinstimmen. Man erkennt das richtige **?** an einem Klicken. Zum Rühren ist es sinnvoll, **?** Gefäße zu verwenden. Das Handrührgerät wird in die Schüssel gehalten und dann **?** hoch geschaltet. Um Unfälle zu vermeiden, darf niemals mit **?** in die Schüssel gegriffen werden. Zum Reinigen zieht man zuerst den Netzstecker. Mit der **?** kann man die Rührbesen lösen. Die Zubehörteile können **?** werden. Das **?** darf nur mit einem feuchten Lappen abgewischt werden.

1 Informiere dich im Internet über Handrührgeräte und stelle die Ergebnisse übersichtlich und unter Angabe der Quelle dar.

# Was habe ich gelernt?

## Arbeitsplatz Schulküche

In der vergangenen Unterrichtseinheit hast du dich mit vielen grundlegenden Themen des Faches beschäftigt und sicher einige neue Dinge gelernt.

### Daran arbeiten ...

1. Nenne fünf Tipps zum hygienischen Arbeiten in der Küche.
2. Gestalte ein Merkplakat zum richtigen Spülen für die Schulküche.
3. Beschreibe mit eigenen Worten, wie man einen Apfel, eine Kiwi und eine Paprika richtig verarbeitet.
4. Gestalte für deine Kompetenzmappe ein Blatt, auf dem du beschreibst, was du Neues über deine Fertigkeiten erfahren hast. Vielleicht helfen dir folgende Satzanfänge:

Ganz neu für mich war ...
In der praktischen Arbeit ...
Mit meiner Gruppe ...
Zu Hause waren alle überrascht, ...
Richtig schwierig war ...

66.1 „Action" in der Schulküche

5. Entwickelt in der Lerngruppe einen Einschätzungsbogen für euren Unterricht. Eventuell könnt ihr einige der unten aufgeführten Punkte in euren Einschätzungsbogen aufnehmen.

**Ich kann ...**

- die Arbeitsbereiche der Schulküche bei der Vor- und Zubereitung von Lebensmitteln sinnvoll nutzen.
- Arbeitsaufgaben planvoll und fachlich richtig vorbereiten, durchführen und nachbereiten.
- einfache Techniken der Lebensmittelverarbeitung (zerkleinern, vermengen, verrühren) sachgerecht ausführen und die dazu benötigten Geräte (Messer, Schälermesser, Schneebesen, Kochlöffel usw.) sicher handhaben.
- einfache küchentechnische Arbeitsvorgänge meinen Mitschülerinnen und Mitschülern vorführen und erläutern.
- kooperativ in einem Team arbeiten.
- einen einfachen Esstisch ansprechend decken.
- meine Aufgaben zuverlässig und verantwortlich unter Beachtung persönlicher Hygiene und der Hygiene am Arbeitsplatz durchführen.

6. Schätze ein, in welchem Ausmaß dir die Aufgaben in der Schulküche gelingen.

# **Nach Rezept** arbeiten

## Wie gehe ich mit Rezepten um?

Ein Kochrezept ist eine planmäßige Anweisung zur Zubereitung eines bestimmten Gerichts. Im übertragenen Sinn versteht man unter einem Kochrezept auch eine einfach ausführbare Anleitung, um in beliebigem Zusammenhang ein Problem zu lösen oder ein gewünschtes Ergebnis zu erzielen.

Auf den nachfolgenden Seiten werdet ihr verschiedene Rezepte und ihre Schreibarten kennenlernen. Wenn ihr euch selbst ein Rezept ausdenkt oder gar ein eigenes kleines Rezeptbuch schreiben wollt, ist es sinnvoll, Folgendes zu beachten:

**Rezeptregeln**

- Nimm ein Rechenblatt im Querformat.
- Schreibe alle Rezepte im Tabellenformat.
- Stecke die Rezepte evtl. in Klarsichtfolien.
- Bei einem kleinen Kochbuch füge eine Rezeptnummer hinzu.
- Namensgebung: Wie heißt das Rezept?
- Schreibe so viel wie nötig und so wenig wie möglich!
- Liste mehrere Zutaten, aber nur einen Arbeitsschritt auf.
- Lies von links nach rechts.
- Die Arbeitsgeräte nicht vergessen!
- Abkürzungen benutzen (z. B. EL für Esslöffel).

**67.1** Pizzabrötchen

## Pizza-Brötchen (für 4 Personen)

200 g gewaschene Tomaten,
1 gewaschene Paprika und
100 g geschälte Zwiebeln fein würfeln,
150 g Schinkenwürfel/oder Salami würfeln
und 150 g Gouda raspeln,
beides mit dem Gemüse vermengen,
1 Becher Sahne dazugeben,
mit Salz, Paprikagewürz, Pfeffer, Oregano, Basilikum, Thymian und Majoran oder Pizzagewürz würzen.

Hinweis: Man kann alles gut über Nacht im Kühlschrank ziehen lassen.

8 Brötchen längs durchschneiden und mit der Pizzamasse bestreichen.
Bei 200° C ca. 20 min abbacken.

1. Schreibe das Pizzabrötchen-Rezept in eine Tabelle mit den folgenden Spalten:

| Menge/Zutat | Arbeitsschritt | Arbeitsgeräte |
|---|---|---|
| 200 g Tomaten, 1 Paprika | waschen, fein würfeln | Spüle, Sieb, Messer |
| ... | ... | ... |

Ein vergleichbares Beispiel dazu (mit Abbildungen) findest du auf Seite 70.

2. Sicher kannst du schon etwas in der Küche zubereiten. Schreibe dazu ein Rezept nach den links aufgeführten Rezeptregeln.

## Apfel-Möhren-Salat

**Zutaten:**
300 g Möhren
200 g Äpfel
2 EL Zitronensaft
2 EL Öl
2 EL Wasser
Salz und Zucker

**68.1** Zitronensaft, Wasser und Öl verschlagen

**68.2** Möhren waschen, schälen und raspeln

**68.3** Äpfel waschen, schälen, Kerngehäuse entfernen und raspeln

**68.4** Marinade über die zerkleinerten Möhren und Äpfel geben

**68.5** Salat mischen

**68.6** Salat mit Salz und Zucker abschmecken

❶ Schreibe das Rezept in Tabellenform auf.

## Obstsalat

Die Orangen müssen geschält werden. Dazu ritzt man mit einem scharfen Messer die Schale ein. Die weiße Haut muss so gut wie möglich entfernt werden. Vor dem Kleinschneiden teilt man die Orange in Spalten.

Ich bin für die Bananen zuständig. Ich schäle sie und schneide sie auf einem Brettchen in dünne Scheiben.

Ich bereite die Äpfel vor. Zunächst werden sie gewaschen, dann geschält, geviertelt, entkernt und zum Schluss in Würfel geschnitten. Dabei muss ich an den „Krallengriff“ denken.

Zum Schluss müssen wir zwei Esslöffel Zitronensaft mit 30 g Zucker vermischen und über das zerkleinerte Obst geben. Wenn alles gut vermischt ist, streuen wir noch 50 g gehackte Mandeln oder Nüsse darüber.
Guten Appetit!

Man kann den Obstsalat auch mit weiteren Obstsorten ergänzen.

1. Schreibe das Rezept für Obstsalat auf:
   a) in Tabellenform (vgl. Strammer Max, S. 70)
   b) als Liste für Zutaten und Arbeitsschritte (vgl. Apfel-Möhrensalat, S. 68)

## Schlagsahne

| Zutaten: | Zubereitung: |
|---|---|
| 1 Becher gekühlte Schlagsahne | Die Schlagsahne mit dem Handrührgerät etwa eine halbe Minute anschlagen. |
| 1 Päckchen Vanillezucker | Den Vanillezucker dazugeben und fertig schlagen. Achte darauf, dass du nicht zu lange schlägst, sonst wird die Sahne zu Butter. |

## Strammer Max

| Zutaten: | Zubereitung: |
|---|---|
| 1 Scheibe Brot<br>1 TL Butter<br>3 Scheiben roher Schinken<br>1 EL Öl<br>1 Ei | Das Brot mit der Butter bestreichen, und dann mit dem Schinken belegen.<br>In einer Pfanne in Öl erhitzen und das Ei als Spiegelei darin braten.<br><br>Die fertigen Spiegeleier vorsichtig aus der Pfanne nehmen und auf das Schinkenbrot legen. |

## Bananenmilch

| Zutaten: | Zubereitung: |
|---|---|
| 2 Bananen | Die Bananen schälen und mit dem Pürieraufsatz des Handrührgerätes oder einer Gabel zerdrücken. |
| ½ l Milch<br>1 El Zitronensaft<br>Zucker | Die Milch unterrühren.<br>Mit dem Zitronensaft und dem Zucker abschmecken. |

## Rohkostplatte

**Hinweis:** Gemüse der Saison auswählen!
**Zur Sicherheit:** Krallengriff anwenden (S. 61)

| **Gurke** | | |
|---|---|---|
| ½ Salatgurke | • waschen, schälen und in Scheiben schneiden<br>• evtl. die Scheibe nochmals halbieren |  |
| **Karotten** | | |
| 2 Karotten | • waschen, schälen<br>• längs halbieren, die Hälfte nochmals halbieren, in Stifte schneiden |  |
| **Paprika** | | |
| 1 Paprika (rot oder gelb) | • vierteln, Stielansatz und Kerne entfernen<br>• waschen<br>• die Paprikahälften quer in Streifen schneiden |  |
| **Kohlrabi** | | |
| 1 Kohlrabi | • waschen, schälen<br>• Kohlrabi halbieren und in Scheiben oder Stäbchen schneiden |  |
| **Zucchini** | | |
| 1 Zucchini | • waschen, Enden abschneiden<br>• in Scheiben oder Stifte schneiden |  |

### Joghurt-Knoblauch-Dip

| | |
|---|---|
| 150 g Naturjoghurt<br>2 EL Crème fraîche<br>¼ TL Salz<br>Pfeffer<br>1 Knoblauchzehe | • Joghurt, Crème fraîche, Salz, Pfeffer miteinander verrühren, bis eine glatte Masse entstanden ist<br>• Knoblauchzehe schälen und durch die Knoblauchpresse in den Joghurt pressen und verrühren |

## Bratäpfel mit Marzipanfüllung

Hallo Lilia,

schade, dass du heute in HuS gefehlt hast. Wir haben Bratäpfel gemacht, das war wirklich lecker! Probiere es mal zu Hause aus!

Zuerst haben wir vier Äpfel gründlich gewaschen und danach wieder mit einem Küchenhandtuch trocken gerieben. Mit einem Apfelausstecher haben wir das Kerngehäuse entfernt. Das geht am besten auf einem Schneidebrettchen. Die Äpfel wurden dann in eine Auflaufform gesetzt, die wir vorher mit Margarine ausgepinselt hatten.

Für die Füllung benötigten wir ein Eiweiß. Das wurde mit dem Handrührgerät (mit Schneebesen) kurz angeschlagen. Dann haben wir 1 Esslöffel Puderzucker, 75 g Marzipanrohmasse, einen Esslöffel gehackte Mandeln und eine Messerspitze Zimt in das Eiweiß gerührt. Diese Masse wird dann in die Äpfel gefüllt.

Die Äpfel müssen dann ungefähr 25 Minuten im vorgeheizten Backofen bei 200 °C braten. Weil unsere Kochgruppe das Vorheizen vergessen hat, mussten wir Heißluft benutzen. Deshalb wurde als Backtemperatur nur 170 °C eingestellt.

Viel Spaß und guten Appetit!

Viele Grüße
Pascal

1 Schreibe das Rezept in Tabellenform auf.

## Überbackene Hackfleischbrötchen

(2) Zwiebel schälen und in kleine Würfel schneiden

(4) Paprika vierteln, weiße Scheidewände und Kerne entfernen, waschen und in kleine Würfel schneiden

(6) Brötchen mit der Fleischmasse bestreichen und auf ein mit Backpapier belegtes Backblech setzen

(7) **Zutaten:**
4 Brötchen
250 g Rinderhack
1 rote Paprika
1 Zwiebel
100 g geriebener Käse
2 EL Tomatenmark
2 EL Crème fraîche
Salz, Pfeffer

(10) Brötchen ca. 20 min bei 220 °C backen

(12) Brötchen halbieren

(14) Fleischteig mit Salz und Pfeffer abschmecken

(16) Zwiebel- und Paprikawürfel, Tomatenmark, Crème fraîche und geriebenen Käse zum Hackfleisch geben und mit dem Knethaken des Handrührgerätes zu einem Fleischteig verarbeiten

**1** Hier ist einiges durcheinandergeraten.
Schreibe das Rezept auf.
a) in Tabellenform
b) als Liste für Zutaten und Arbeitsschritte.

# Was habe ich gelernt?

## Nach Rezept arbeiten

In der vergangenen Unterrichtseinheit hast du dich mit dem Lesen und Schreiben von Rezepten beschäftigt und dabei Neues gelernt.

### Daran arbeiten ...

1. Wie nennt man die beiden unterschiedlichen Schreibformen von Rezepten, die wir im Kapitel genutzt haben? Erkläre sie kurz.

2. Gestalte für deine Kompetenzmappe ein Blatt, auf dem du die folgenden Satzanfänge beendest:

> Ganz neu in diesem Kapitel
> für mich war ...
> In der praktischen Arbeit ...
> Richtig schwierig war ...

3. Gestalte ein eigenes Rezeptblatt mit deinem eigenen Lieblingsrezept.

4. Entwickelt in der Lerngruppe einen Einschätzungsbogen zum Thema „Nach Rezept arbeiten“: Welche Kompetenzen habt ihr trainiert? Wie gut waren sie ausgeprägt (++, +, –, ––)?

### Zum Weiterarbeiten:

Die meisten von uns haben nicht das Gefühl, viele Lebensmittel wegzuwerfen. Doch ein Blick auf die Zahlen zeigt: Dieses Gefühl täuscht. Jedes achte Lebensmittel, das wir kaufen, werfen wir weg.
Das Bundesministerium für Ernährung und Landwirtschaft wirbt mit der Initiative „Zu gut für die Tonne“ für einen bewussten Umgang mit unserem Essen.
Nach einer Studie der Universität Stuttgart wirft jeder von uns pro Jahr durchschnittlich 82 Kilogramm Lebensmittel weg – das entspricht etwa zwei vollgepackten Einkaufswagen.

Es ist also in unserer Verantwortung, Essenreste nach dem Kochen nicht wegzuwerfen, sondern sie weiter zu verwerten.

74.1 Zu gut für die Tonne!

5. Recherchiere einige Tipps, wie sich die Verschwendung von Lebensmitteln reduzieren lässt. Das kannst du über eine Internet-Recherche machen oder aber auch mündlich bei kompetenten Gesprächspartnern/-innen erfragen.

6. Entwirf einen Flyer zum Thema „Zu gut für die Tonne“.

7. Ihr könnt auch eine besondere Rezepte-Sammlung anlegen: „Unsere kreativen Reste-Rezepte“. Denkt dabei an die Regeln zur Erstellung von Rezepten (S. 67). Die Rezepte auszuprobieren, macht euch sicher Spaß.

# Wir schonen unsere **Umwelt**

### Der Natur zuliebe

Wie wir heute mit unserer Umwelt umgehen, macht sich in der Zukunft bemerkbar. Deshalb müssen wir schon heute überlegen, was jeder von uns tun kann, um die Natur zu schützen und die begrenzten Ressourcen zu schonen.

**INFO**
**Ressourcen**
sind für die Herstellung von Gütern notwendige Mittel (Arbeit, Kapital, Boden und Wissen).

**75.1** Schüler legen ein Biotop an.

**75.2** Eine Brotdose hilft, Müll zu vermeiden.

Eine Klasse hat sich in mehrere Kleingruppen eingeteilt und zu verschiedenen Themen recherchiert. Die Schülerinnen und Schüler haben sich im Rahmen eines Projekts über umweltgerechtes Handeln Gedanken gemacht und kamen zu folgenden Punkten:

### Umweltgerecht Handeln:

- Energie sparen
- Wasser sparen
- Abfall vermeiden
- Müll trennen
- umweltschonend reinigen
- regional und saisonal einkaufen
- ökologische und fair gehandelte Produkte kaufen

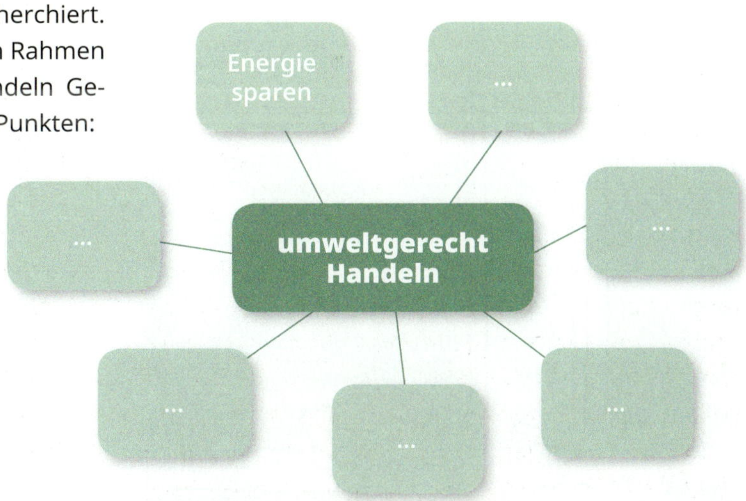


❶ Erstelle eine Mindmap zum Thema „umweltgerecht Handeln". An die Äste schreibst du die Punkte der Aufzählung. Sammle Regeln, Ideen und Tipps zu den einzelnen Punkten.

## Energie sparen

Energie ist kostbar. Strom kostet Geld. Außerdem wird ein hoher Anteil (2017: 39 %) noch immer durch Kohlekraftwerke erzeugt. Dies schadet der Umwelt, weil dabei das Klima verändert und die Erdatmosphäre erwärmt wird. Die Folgen sind schlecht für die Pflanzen, Tiere und Menschen.

### Was also tun?

Wenn wir weniger Strom verbrauchen, ist das gut für uns und die Umwelt. Es gibt viele Möglichkeiten, Strom zu sparen.

**Ein Beispiel:**
Viele Geräte können in die sogenannte Standby-Funktion geschaltet werden, damit sie ganz schnell bereit sind. Dies kostet aber beispielsweise etwa 20 Euro jährlich für eine HiFi-Anlage. Durch das komplette Ausschalten vieler Elektrogeräte kann Energie gespart werden.

## Wasser sparen

Wasser wird weltweit immer knapper. Über 2,1 Milliarden Menschen haben nach Angaben der Weltgesundheitsorganisation (WHO) derzeit zu Hause keinen Zugang zu sauberem Wasser.

Trinkwasser wird nur durch ein aufwendiges Verfahren gewonnen, das verbrauchte Abwasser wird in der Kläranlage gereinigt.
Beide Verfahren funktionieren nur mit Strom. Das belastet die Umwelt und kostet Geld. Deshalb zahlt jeder Haushalt für Frischwasser und auch für Abwasser Gebühren. Wer also Wasser spart, hilft mit, Geld zu sparen.

### Was tun?

Die Zeichnung unten links auf dieser Seite zeigt schon einige Fehler, die du bestimmt erkennst.

**Ein Beispiel:**
Beim Spülen auf der Toilette fließen neun Liter Wasser in den Abfluss, beim Spülen mit der Sparspültaste werden dagegen nur drei Liter Wasser benötigt.
Und zum Gießen der Pflanzen im Garten kann auch Regenwasser verwendet werden. Dazu einfach eine Regentonne aufstellen.

1. Recherchiere Tipps zum Energiesparen. Präsentiere diese den anderen.
2. Recherchiere Tipps zum Wassersparen. Präsentiere diese deinen Mitschülerinnen und Mitschülern.
3. In vielen Entwicklungsländern herrscht Wassermangel. Dadurch entstehen für die Menschen viele Probleme. Überlege, welche das sind und was dagegen getan werden kann.
4. Du hast bestimmt schon von alternativen Energien gehört. Was ist damit gemeint?

## Abfall vermeiden

**77.1** Seit Jahrzehnten wachsen die Müllberge.

In Deutschland fallen jährlich 400 Millionen Tonnen Müll an. Allein die Haushalte erzeugen jährlich 45 Millionen Tonnen Hausmüll. Würde man die gesamte Menge in einen Güterzug füllen, so würde der eine Länge rund um den Äquator haben. Mehr als 600 Kilogramm Abfall pro Einwohner fallen jedes Jahr in Deutschland an.

## Müll trennen

**77.2** Es gibt unterschiedliche Mülltonnen.

Wir schaffen es heute nicht mehr, keinen Abfall zu produzieren. Deshalb wird Müll sortiert und wenn möglich verwertet. Das hat den Vorteil, dass weniger Müll mit hohem Energieaufwand beseitigt werden muss. Ein weiterer wichtiger Beitrag ist die Trennung von Müll.

### Was können wir tun?

Die Hälfte von dem, was wir wegwerfen, sind Verpackungen von Lebensmitteln oder anderen Alltagsgegenständen. Wir tragen fast alle Lebensmittel verpackt nach Hause.

**77.3**

1. Recherchiere Tipps zur Vermeidung von Abfällen. Präsentiere diese den anderen.
2. Noch vor 100 Jahren entstand weniger Müll. Woran liegt das? Vergleiche das Einkaufen früher und heute.
3. Heute wird in der Verordnung über die Vermeidung von Verpackungsabfällen einiges geregelt. Suche Beispiele.
4. Schon früher wurde der Abfall oft weiterverwertet. Suche Beispiele.
5. Schaue im Müllkalender nach, wie bei euch im Ort Müll sortiert werden muss. Präsentiere deine Ergebnisse den anderen.
6. Erkläre den Begriff „Recycling“ und das Umweltzeichen „Der Blaue Engel“.

## Umweltschonend reinigen

Neben Möbeln, Fenstern und Böden putzen wir z. B. auch unser Fahrrad, unseren Herd, die Badewanne oder das Familienauto. In der Werbung sehen wir, wie sauber alles durch Spezialreiniger wird. Dabei sind diese meistens nicht notwendig. Im normalen Haushalt kommt man mit einigen wenigen Reinigungsmitteln aus. Sie sparen Geld und sind umweltverträglicher als manches Spezialmittel.

### TIPP
### Umweltschonendes Reinigen

Sich das Putzen erleichtern: Verunreinigungen nicht eintrocknen lassen, sondern sofort abwischen oder einweichen. Bürste, Scheuerschwamm oder Topfreiniger benutzen, denn damit löst sich der Schmutz leichter.

1. Recherchiere weitere Tipps zum umweltschonenden Reinigen. Präsentiere diese den anderen.
2. Früher gab es weniger Putzmittel. Warum? Vergleiche das Putzen früher und heute.
3. Heute werden biologisch abbaubare Produkte hergestellt. Erkläre, was „biologisch abbaubar“ bedeutet.

## Regional und saisonal einkaufen

Wer sich umweltbewusst verhalten will, kauft möglichst kein Obst oder Gemüse, das aus anderen Ländern oder gar anderen Erdteilen kommt. Denn meistens werden Obst und Gemüse unreif geerntet, damit es die langen und viel Energie verbrauchenden Transportwege übersteht. Manche Lebensmittel werden haltbar gemacht. Das kann ungesund sein. Gesünder (und weitaus umweltschonender) sind frische heimische Produkte, die reif geerntet werden und viele Vitamine enthalten.

Wer frisches Obst oder Gemüse kaufen möchte, bekommt dieses auf Märkten oder Bauernhöfen.

Um zu wissen, welche Produkte in der Region hergestellt werden, können wir so vorgehen:

- mithilfe einer Landkarte die Region bestimmen
- Anbieter im Branchenverzeichnis nachschlagen
- Fachleute befragen
- im Internet recherchieren.

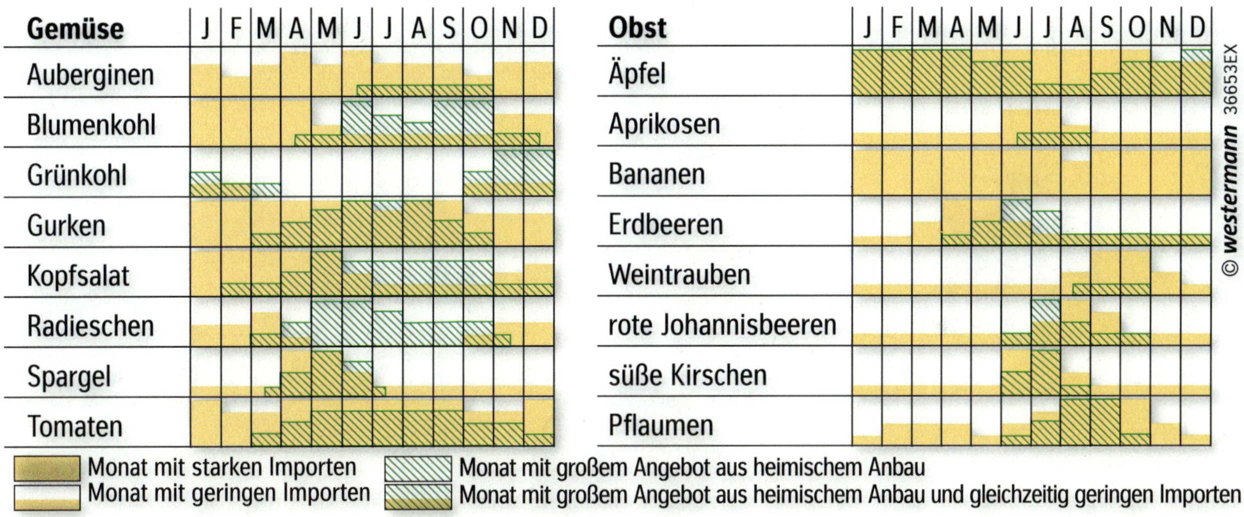


**79.1** Saisonkalender für Gemüse und Obst

**79.2** Der Biohof-Laden vor Ort: Regionale und saisonale Produkte

❶ Finde mithilfe des Saisonkalenders heraus, wann du Blumenkohl aus heimischen Anbau am besten kaufst.

❷ Finde zudem heraus, für welche Obstsorten es kein Angebot oder nur ein geringes Angebot aus heimischen Anbau gibt. Warum ist das so?

❸ Recherchiere und vergleiche die Preise für Kirschen in den Monaten Juli und Dezember. Erkläre die von dir festgestellten Unterschiede.

## Ökologisch produzierte und fair gehandelte Produkte

Viele Produkte, die wir konsumieren, stammen aus fernen Ländern, z. B. Schokolade oder Kaffee. Diese Produkte werden meist in den Entwicklungsländern produziert. Die Menschen dort sind sehr arm und arbeiten auch für sehr niedrige Löhne. Oft erhalten sie nicht genug, um zu leben, ihre Kinder in die Schule zu schicken oder sich notwendige Dinge zu leisten, wie z. B. eine ärztliche Versorgung.

Um den Menschen in den Entwicklungsländern zu helfen, können wir Produkte kaufen, die unter fairen Bedingungen gehandelt werden.

**80.1** Verschiedene Zeichen für umweltgerecht produzierte und/oder fair gehandelte Produkte

### Umweltgerecht handeln

Bei der Herstellung des Produkts entstehen kaum oder keine Verunreinigungen von Wasser, Luft und Erde.

Das Produkt ist wenig verpackt.

Das Produkt hat ein Ökolabel oder eine andere Auszeichnung.

Das Produkt kann umweltfreundlich entsorgt werden.

Beim Gebrauch des Produkts werden Menschen und Tier, Luft, Erde und Wasser nicht durch Schadstoffe belastet.

1. Erkläre, was der Begriff ökologisch bedeutet. Warum solltest du diese Produkte anderen vorziehen? Nenne Beispiele für ökologische Produkte.

2. Recherchiere Tipps zum „fairen Kaufen" und präsentiere deine Ergebnisse.

# Was habe ich gelernt?

## Wir schonen unsere Umwelt

In der vergangenen Unterrichtseinheit hast du dich mit dem Schutz unserer Umwelt und deinem möglichen Beitrag dazu beschäftigt und sicher etwas Neues dazugelernt.

### Daran arbeiten ...

1. Nenne je zwei Tipps zum
   - Energiesparen
   - Wassersparen
   - Abfallvermeiden
   - Mülltrennen
   - umweltschonenden Reinigen im Haushalt

2. Was bedeutet „ökologisch“? Erkläre es in drei bis vier Sätzen.

3. Gestalte für deine Kompetenzmappe ein Blatt, auf dem du die folgenden Satzanfänge beendest. Manchmal genügen wenige Worte, manchmal musst du mehrere Sätze schreiben.

**In diesem Kapitel habe ich erfahren, dass ...**
**Das für mich wichtigste Thema war ...**
**Mit meiner Gruppe ...**
**Zu Hause waren alle überrascht, ...**
**Richtig schwierig war ...**

4. Entwickelt in der Lerngruppe einen Einschätzungsbogen zum Thema „Wir schonen unsere Umwelt“: Welche Kompetenzen habt ihr trainiert? Wie gut waren sie ausgeprägt (++, +, –, ––)?

### Zum Weiterarbeiten:

Umweltschutz bezeichnet die Gesamtheit aller Maßnahmen zum Schutze der Umwelt, um die Gesundheit der Menschen zu erhalten. Der Umweltschutz ist sogar im Grundgesetz der Bundesrepublik Deutschland in Artikel 20a als Staatsziel verankert.

5. Informiere dich über Umweltorganisationen und deren Arbeit. Gestaltet zu zweit ein Werbeplakat für eine der Organisationen.

**81.1** Tierschutzorganisationen setzen sich für bedrohte Tierarten ein.

6. Betrachte das nachstehende Bild. Was sagt es aus? Schreibe einen ausführlichen und anschaulichen Bericht über das Thema „umweltgerecht handeln“.

# **Technik** und **Naturwissenschaft**

**Welche Arbeitsräume hat der Fachbereich?**

**Wie bearbeite ich ein Werkstück aus Holz?**

**Wie kann ich Werkstoffe finden, die nachhaltig hergestellt sind?**

Wie kann Technik verantwortungsbewusst und umweltschonend eingesetzt werden?

Wozu brauche ich Baupläne und Anleitungen?

# Bestandsaufnahme

### In diesem Fach ...

wirst du viel über einfache handwerkliche Techniken erfahren und Werkzeuge unter Anleitung sicher handhaben. Und du lernst, Unfälle und Gefahren im Fachraum zu vermeiden und was zu tun ist, wenn doch mal etwas passiert. Außerdem wirst du ein Projekt planen, vorbereiten und durchführen, für das du Werkzeuge und Materialien wie Säge, Leim oder Schraubzwinge benutzt. Wichtig ist dabei, sich am Ende Gedanken zu machen, was man alles neu gelernt hat. Wie das am besten geht, wird dir ebenfalls gezeigt.

### Wo stehe ich? Was möchte ich lernen?

Was hast du im technischen Bereich bisher schon gelernt? Mit welchen Materialien und Werkzeugen kannst du umgehen? Lege eine Mindmap an und notiere alle Dinge, an die du dich erinnern kannst. Das kann etwa so aussehen:

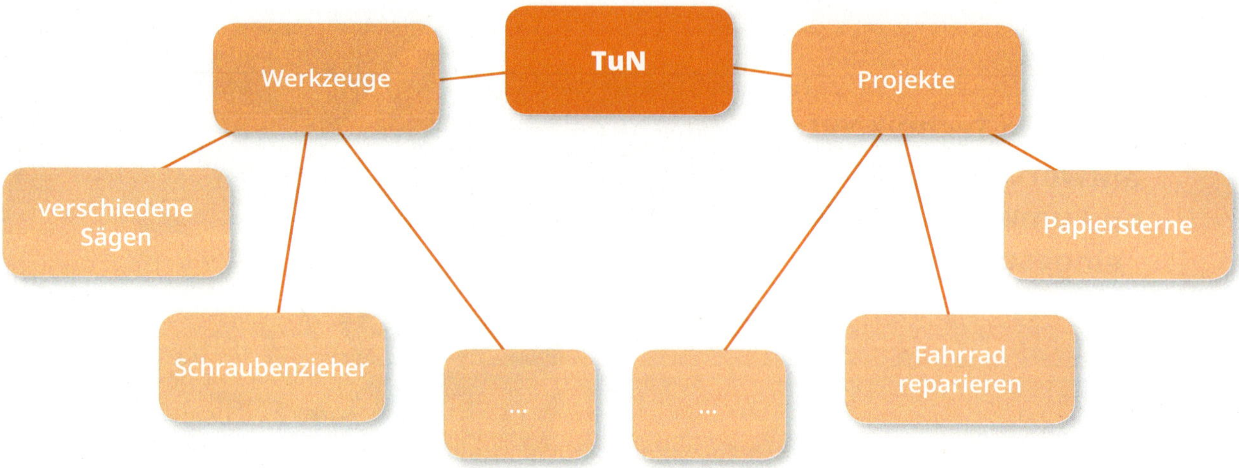


### Sich einschätzen

planen – Geschick – Zeichnen können – mutig sein – drauflosarbeiten – schnell – gewissenhaft – genau – überlegen – herausfinden – reden – erklären – im Team arbeiten – experimentieren – nach Plan arbeiten – Materialien – Werkzeuge – Maschinen – Ökologie – Sicherheit – präsentieren – bewerten – durchhalten – freundlich – hilfsbereit – fleißig – zuschauen – rechnen – messen – aufschreiben – ...
Du kannst auch andere Begriffe, die dir fehlen, aufschreiben.

1. Schreibe eine Liste mit technischen und handwerklichen Dingen, die du besonders gut kannst. Wenn du dazu Anregungen brauchst, schau dir den Kasten „Sich einschätzen“ an – dort findest du Begriffe, die dir vielleicht weiterhelfen.

2. Bitte deine Eltern und Mitschüler, dir dabei zu helfen. Fällt ihnen noch etwas ein, was du besonders gut kannst? Oder stimmen sie dir bei einigen Dingen gar nicht zu?

Was denkst du, kommt dieses Schuljahr auf dich zu? Hast du bestimmte Vorstellungen, Interessen und Ideen? Über welche Themen aus Technik und Naturwissenschaft weißt du schon gut Bescheid?

### Skizze mit Aufträgen für dein Arbeitsblatt:

Du kannst dich aber auch selbst zeichnen oder ein Foto von dir auf das Blatt kleben und die Antworten neben und unter dem Bild notieren (siehe Skizze links).

1. Nimm ein weißes Blatt Papier, zeichne einen großen Kreis und unterteile ihn in drei Bereiche (wie in der Skizze oben).
2. Notiere danach auf deinem Blatt, was deine Stärken sind, wo du dich schon gut auskennst und was in diesem Schuljahr im Wahlpflichtfach Technik und Naturwissenschaft (TuN) deine Ziele sind.

# Der **Fachraum**

Der Unterricht im Wahlpflichtfach Technik und Naturwissenschaft findet in einem Fachraum statt. Hier gibt es verschiedene Bereiche wie Werkzeugschränke, spezielle Arbeitstische oder einen Maschinenraum. Da mit Werkzeugen und Maschinen gearbeitet wird, kann es zu gefährlichen Situationen und Unfällen kommen, wenn sich nicht alle an die Regeln halten.

**86.1** Fachraum zur technischen Ausbildung

**86.2** Werkzeugschrank in Schulwerkstatt

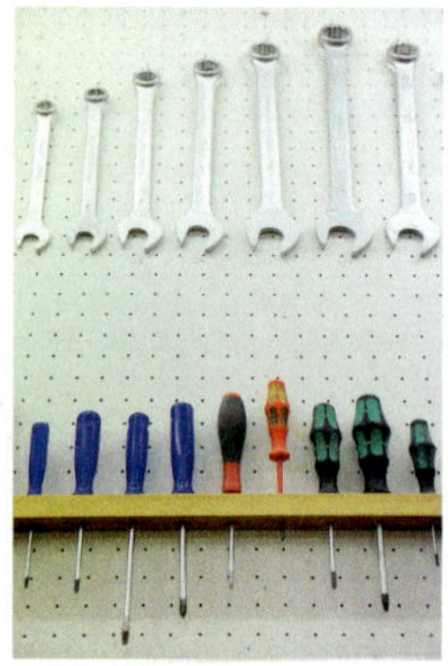

**86.3** Werkzeugwand mit Schraubenschlüsseln und Schraubendrehern

## Und welche Regeln sind das?

Überlegt euch, welche Regeln im Fachraum wichtig sind. Hier stehen einige Stichwörter, die Hinweise geben, wozu ihr euch auf jeden Fall Regeln überlegen müsst. Fallen euch noch mehr Stichwörter ein?

sauber, Jacken, drängeln, Ordnung in Schränken, Werkzeug, Gefahrenquellen, rennen, Material, Rucksäcke, Arbeitsbereich, Tische, Maschinen

**86.4** Verbotsschilder

1. Erarbeitet die Regeln in eurer Lerngruppe und schreibt sie auf ein Plakat, das ihr im Fachraum aufhängt.

2. Auch Verbotsschilder stellen Verhaltensregeln dar, die einzuhalten sind. Kennst du die Bedeutung der drei abgebildeten Verbotsschilder?

## Arbeitsbereiche im Fachraum

Fachräume haben eine besondere Ausstattung, es gibt verschiedene Bereiche:

87.1 Werkbank

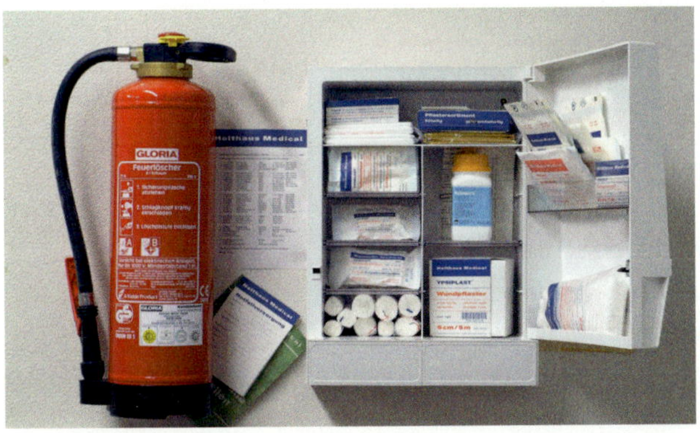


87.2 Notfallbereich

87.3 Not-Aus-Schalter bei Maschinen

87.4 Wichtigste Verhaltensregel: Sicherheit geht immer vor!

### Schülerarbeitsbereich

An Werkbänken oder Gruppentischen kannst du arbeiten und experimentieren.

### Lehrerarbeitsbereich

Bestimmte Geräte oder Maschinen dürfen nur Lehrkräfte verwenden.

### Aufbewahrungsbereich

Werkzeuge, Geräte und Materialien müssen übersichtlich und gefahrenfrei aufbewahrt werden.

### Maschinenbereich

Größere Maschinen, z. B. elektrische Standbohrmaschine oder Bandschleifer, haben ihren festen Platz.

### Sicherheitsbereiche

Um Gefahren und Unfälle zu vermeiden, müssen Sicherheitszonen frei gehalten werden. Sie sind oft gekennzeichnet.

### Notfallbereiche

Bei Unfällen ist die schnelle Erste Hilfe wichtig. Not-Aus-Schalter oder Erste-Hilfe-Koffer müssen gut zu erreichen sein.

1. Skizziere den Fachraum in deiner Schule und kennzeichne die verschiedenen Bereiche.

2. Besprecht die Verhaltensregeln für den Fachraum an eurer Schule. Bei welchen Regeln fällt das Einhalten schwer?
   Begründe, warum sich trotzdem alle daran halten müssen.

## Achtung Unfallgefahr!

### Mit Blaulicht ins Krankenhaus

Im Werksaal einer Landauer Schule wurde gestern ein Schüler der 6. Klasse durch einen Stromschlag verletzt. Er musste mit dem Rettungswagen ins Krankenhaus gebracht werden. Der Unfall ereignete sich durch einen Defekt am Kabel einer Heißklebepistole. An den Eintrittsstellen erlitt der Verletzte Verbrennungen, er wurde zur weiteren Behandlung und zur Beobachtung auf die Intensivstation des Städtischen Vinzentius-Krankenhaus gebracht.

**88.1** Rettungswagen im Einsatz

### Rettungskette

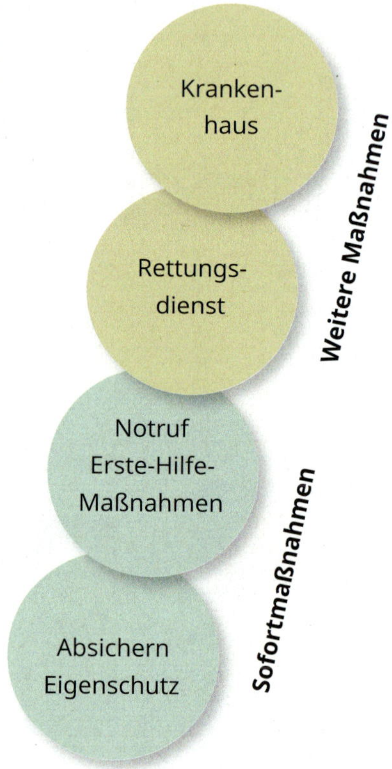


## Verhalten bei einem Unfall

Bei einem Unfall solltest du die Abfolge der Rettungskette beachten. Ist ein schwerer Unfall passiert, musst du die Unfallrettung anrufen. In Deutschland passieren jährlich mehr als zwei Millionen Unfälle im Haushalt. Neben Stürzen zählen Verbrennungen und Schnittwunden zu den häufigsten Verletzungen. Diese sollten möglichst schnell versorgt werden. Bei schwereren Verletzungen oder Verbrennungen muss ein Arzt aufgesucht werden. Beachte bei kleineren Verletzungen folgende Regeln:

### Kleine Schnittwunden

- Schutzhandschuhe tragen
- Wunden nicht mit den Fingern berühren
- Pflaster oder Verband anlegen, dabei die Auflagefläche nicht berühren
- bei schweren Schnittwunden nach der Erstversorgung einen Arzt aufsuchen

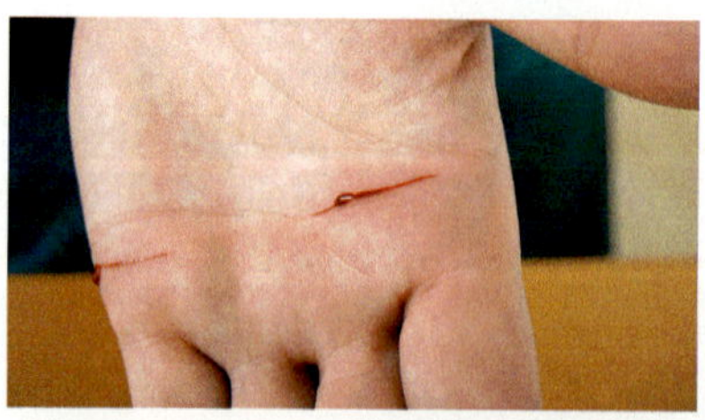

**88.2** Eine Schnittwunde an der Hand

### Verbrennungen

- Schmerzlinderung durch schnelle Kühlung (z. B. kaltes Wasser über die verbrannte Stelle fließen lassen)

**88.3** Eine Verbrennung wird gekühlt.

**Was tun bei einem Notruf?**
Wähle „112", die Telefonnummer der Notrufleitstelle.
Bei einem Notruf müssen folgende Fragen beantwortet werden:

- Wer meldet?
- Was ist passiert?
- Wo ist es passiert?
- Wie viele Verletzte?
- Welche Art von Verletzungen?
- Warte auf Rückfragen. Beende das Gespräch erst, wenn der Gesprächspartner keine Rückfragen mehr hat.

## Gefahrenquellen erkennen und Unfälle vermeiden

**89.1** Gefahrenquellen im Fachraum

Um Unfälle zu vermeiden, müssen nicht nur beim Arbeiten an Maschinen oder im Umgang mit Werkzeugen und Material feste Regeln beachtet werden. Während des Unterrichts im Fachraum ist vernünftiges und aufmerksames Verhalten notwendig. Nur so können Gefahrenquellen erkannt und Unfälle vermieden werden.

### Verhaltensregeln zur Unfallvermeidung

- Im Fachraum renne ich nicht.
- Ich trage sichere und praktische Kleidung.
- Ich halte Sicherheitsabstände ein.
- Materialien und Werkzeuge lege ich ordentlich hin.
- Nicht mehr benötigte Werkzeuge räume ich gleich weg.
- Nach der Arbeit räume ich den Arbeitsplatz auf und säubere ihn.
- ...

1. Erkennst du die Gefahrenquellen im Suchbild? Beschreibe sie und mache Vorschläge zu deren Vermeidung.

2. Sammle weitere Verhaltensregeln zur Vermeidung von Unfällen. Beachte die Punkte
   - Arbeitsplatz,
   - Organisation der Arbeitsabläufe,
   - Zusammenarbeit,
   - Beginn und Ende der Arbeit.

3. Ergänzt eure Fachraumordnung (Seite 86, Aufgabe 1) mit den Verhaltensregeln zur Unfallvermeidung.

# **Ein Projekt** durchführen

Ein Projekt durchführen bedeutet, über längere Zeit an einem Thema zu arbeiten. Das beinhaltet mehrere Schritte:

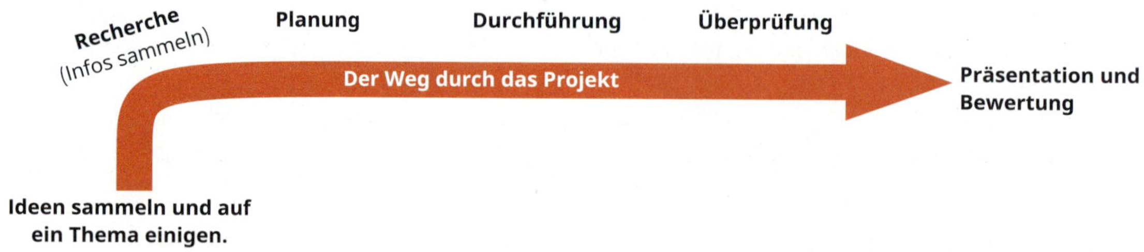


Wichtig ist, dass man wirklich einen Schritt nach dem anderen durchführt, denn „einfach mal anfangen" führt nur selten zu einem guten Ergebnis.

**90.1** Erst planen, dann Schritt für Schritt durchführen!

## Auf ein Thema einigen

Anfangs haben oft alle eine Idee und es ist schwer, sich zu einigen. Deshalb ist es am leichtesten, zunächst erst einmal eine Kategorie und/oder einen Werkstoff zu finden.
Sammelt dazu eure Ideen in einer Tabelle an der Tafel. Jeder von euch notiert seine Ideen an der Tafel unter der passenden Kategorie:

| Kategorie | Werkstoff |
|---|---|
| · Spielzeug<br>· Computer<br>· ... | · Papier<br>· Holz<br>· ... |

Einigt euch auf eine Kategorie und einen Werkstoff. Danach überlegt euch, welche Möglichkeiten ihr damit habt. Am besten könnt ihr Ideen über eine Mindmap sammeln. Wie das geht habt ihr bereits auf Seite 84 erfahren.

### Werkstoff Holz: Welches Holz darf es sein?

**90.2** Holzarten: v.l.n.r. **oben:** Eiche, Nussbaum, Apfel, Erle, Birke, Buche, Weißbuche, Rosskastanie, Pflaume, Birnbaum **unten:** Kirsche, Edelkastanie, Erle, Kiefer, Ahorn, Linde, Esche, Ulme, Buchsbaum, Fichte

## Wälder nutzen – Wälder schützen

### Lebensraum Wald

Wälder sind unverzichtbar, sie spenden uns Sauerstoff, liefern Trinkwasser, schützen den Boden vor Erosion und versorgen uns mit Holz. Sie bieten Menschen Erholung und sind der Lebensraum für rund zwei Drittel aller Tier- und Pflanzenarten. Aber weltweit verschwinden mehr als 350 Quadratkilometer Wald jeden Tag durch Abholzung. Große Teile davon werden illegal gerodet. Betroffen sind neben den Nadelwäldern der Nordhalbkugel vor allem die Tropen. Dort werden auf den Flächen häufig Futtermittel oder Pflanzen für die Biokraftstoff-Produktion für den europäischen Markt angebaut.

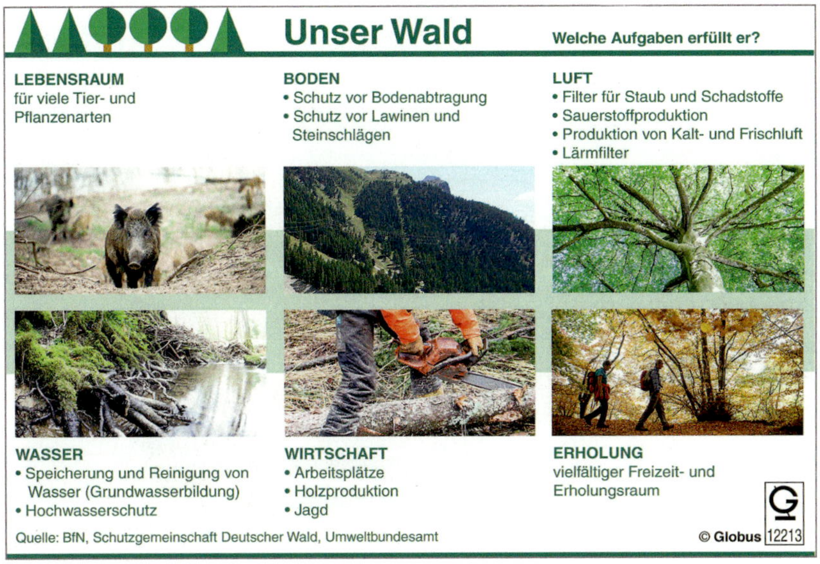


**91.1** Die Funktionen des Waldes

> **INFO**
>
> **FSC®:** Forest Stewardship Council. Das FSC®-Siegel wird von großen Umweltverbänden wie WWF und Greenpeace unterstützt.
>
> **PEFC:** Programme for the Endorsement of Forest Certification Schemes, zu Deutsch: Programm für die Anerkennung von Waldzertifizierungssystemen.

### Ökologische Waldnutzung

Nicht jede Waldnutzung ist ökologisch vertretbar. Ein zertifizierter Wald garantiert eine umwelt- und sozialverträgliche Bewirtschaftung. Doch hier gibt es Qualitätsunterschiede. In Deutschland gibt es drei Zertifizierungssysteme für die Forstwirtschaft: FSC®, Naturland und PEFC (Siegel siehe S. 124).

Während FSC® und Naturland hohe Standards setzen, sind die des PEFC aus Sicht des deutschen Naturschutzbundes (NABU) niedriger (z. B. beim Einsatz von Pflanzenschutzmitteln oder die Erhaltung von alten Bäumen).

Im FSC® sind Umwelt-, Wirtschafts- und Sozialinteressen gleichberechtigt vertreten. Außerdem erfolgen intensive Prüfungen der Betriebe vor und nach einer Zertifizierung. Die Art und Weise der Waldbewirtschaftung beeinflusst entscheidend die Struktur und damit die Funktionen des Waldes. Zu einer naturnahen Waldnutzung zählt beispielsweise das Dauerwaldprinzip, in dem Wälder ohne Kahlschläge bewirtschaftet werden.

Durch die Holznutzung dürfen Bäume und Wälder in der Regel nicht alt werden. Buchen werden bereits im Alter zwischen 100 und 150 Jahren gefällt. In Urwäldern können Rotbuchen dagegen drei Mal so alt werden, bis zu 300 bis 400 Jahre. Weil gerade alte Wälder besonders wertvoll für die Artenvielfalt in Deutschland sind, setzt sich der Naturschutzbund dafür ein, dass langfristig auf 90 Prozent der Waldfläche eine naturorientierte und schonende Waldwirtschaft praktiziert wird. Auf zehn Prozent der Waldfläche sollen sich Naturwälder als „Urwälder von Morgen" entwickeln können.

## Werkstoff Holz

Holz ist vielseitig verwendbar und als nachwachsender Rohstoff umweltfreundlich. Es gehört zu den ältesten Baustoffen der Menschheit und zählt auch zu den beliebtesten.
Holz ist ein natürlicher Werkstoff und als solcher „arbeitet" es auch. In trockenen Räumen zieht es sich zusammen, es „schwindet". Wird Holz dagegen in feuchten Räumen gelagert, „quillt" es, es dehnt sich aus.

## Hart- und Weichhölzer

Die Hölzer verschiedener Baumarten besitzen unterschiedliche Eigenschaften und eignen sich damit für unterschiedliche Zwecke besonders gut.

Harthölzer sind – wie der Name schon verrät – härter und schwerer als Weichhölzer. Das bedeutet, dass sie langsamer wachsen und schwerer zu bearbeiten sind, aber sie halten dafür auch länger. Hartholz wird beispielsweise für Werkzeugstiele verwendet.
Zu den Harthölzern gehören beispielsweise Eiche, Buche und Esche; zu den Weichhölzern Tanne, Fichte und Kiefer, aber auch die Pappel.

## Jahresringe

Wenn man einen Baumstamm durchschneidet, sieht man die Jahresringe. Sie entstehen dadurch, dass Holz in den Jahreszeiten unterschiedlich wächst. Im Frühjahr und Sommer wächst der Baum am schnellsten. Im Winter stellt der Baum sein Wachstum dann ganz ein. Wenn im Frühjahr das Wachstum dann wieder beginnt, entsteht ein neuer heller Ring.

## Hirnholz und Langholz

Um Bretter aus einem Baum zu bekommen, kann man ihn auf unterschiedliche Weise durchschneiden. Wird er so durchgesägt, dass die Jahresringe als Kreise zu sehen sind, spricht man von einem Hirnschnitt und erhält Hirnholz (auch Stirn- oder Kopfholz). Wird der Baumstamm der Länge nach durchgeschnitten, erhält man Langholz.

Der Vorteil von Hirnholz ist, dass seine Oberfläche Druck und andere Belastungen besser aushalten kann als Langholz.

**92.1** Schneidet man einen Stamm durch, sieht man die Jahresringe.

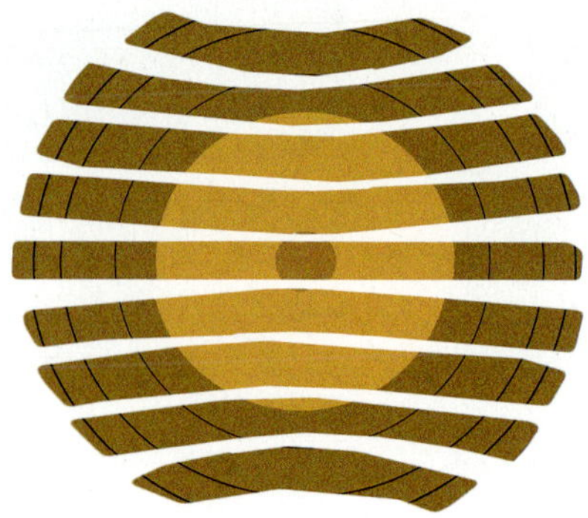

**92.2** Zersägtes Holz (hier Langholz) verzieht sich beim Trocknen.

Hirnholz nimmt aber Feuchtigkeit leichter auf, quillt also schneller auf. Dafür zieht es sich aber beim Trocknen wieder in seine alte Form zurück.
Ein Problem bei Hirnholz ist, dass Nägel und Schrauben in ihm nicht besonders gut halten. Bei Langholz sollte man bedenken, dass Holz bei Belastung entlang der Faser viel leichter bricht, als quer dazu.

1. Nenne die Weich- und Harthölzer, die du sonst noch kennst.
2. Begründe, weshalb man Holz vor dem Verarbeiten gut trocknen lassen muss.
3. Tropische Bäume haben keine Jahresringe. Versuche zu erklären, woran das liegen könnte.

## Recherchieren und Expertenwissen nutzen

Recherchieren bedeutet, sich über etwas zu informieren. Dafür gibt es verschiedene Möglichkeiten, zum Beispiel Zeitungen oder Zeitschriften, Bücher, Internet, Fotos, Filme und mehr. Teilt euch am besten auf und legt fest, welche Person was genau in Erfahrung bringen soll.
Hier ein Beispiel einer **To-do-Liste**, damit ihr die Übersicht behaltet:

| Thema: Laternen selber bauen | | | |
|---|---|---|---|
| **Was?** | **Wer?** | **Bis wann?** | **Notizen** |
| mögliche Formen von Laternen | Elke | Montag | Recherchieren und Formen-Übersicht ausgedruckt mitbringen. |
| Beleuchtungsmöglichkeiten | Omar | Montag | Zuhause nachfragen und technische Informationen sammeln. |
| Kann man Motive auf den Stoff drucken/malen? | Frida | Montag | Internetrecherche |
| ... | ... | ... | ... |

**93.1** Alleine recherchieren könnte langweilig werden – gemeinsam geht es schneller und macht Spaß.

Bei einem Projekt ist es immer sinnvoll, das Wissen, das einige Schülerinnen und Schüler schon haben, zu nutzen. Deswegen solltet ihr euch über folgende Fragen austauschen:

- Wer in der Klasse hat schon Erfahrungen mit dem Thema gemacht?
- Wer hat Ideen oder Kenntnisse, die er/sie den anderen vorstellen möchte?
- Mit welchen Werkzeugen/welchen Gerätschaften kenne ich mich bereits aus?
- Wer in der Klasse kennt sich schon mit bestimmten Werkstoffen und ihrer Behandlung aus?

**93.2** Bohren? – Kein Problem!

1. Geht wie beschrieben vor: Einigt euch erst auf ein Thema, dann auf das Material (den Werkstoff). Berücksichtigt dabei auch die Anschaffungskosten des Materials.

2. Sammelt Vorschläge für ein bestimmtes Thema mithilfe einer Mindmap. Falls ihr nicht zu einer Einigung kommt, stimmt darüber ab und entscheidet mehrheitlich.

3. Legt eine To-do-Liste an, bei der alle in der Klasse eine Aufgabe haben und hängt sie ins Klassenzimmer. Die Aufgaben können auch auf Kleingruppen oder Partnerarbeit verteilt werden.

## Teamarbeit: Wer macht was?

Bei den meisten Projekten macht es Sinn, wenn ihr euch zusammenschließt und im Team arbeitet. Damit könnt ihr viel Zeit sparen und das Können von jedem nutzen, der mitmacht.
Bei der Teamarbeit ist es wichtig, dass ihr Rücksicht aufeinander nehmt und euch gegenseitig unterstützt. Bei einer Mannschaft im Sport funktioniert das genauso. Es kommt auf das Ergebnis der Gruppe an, nicht auf das Können eines Einzelnen.

Damit jeder weiß, was seine Aufgabe ist, solltet ihr die Einteilung unbedingt für jeden sichtbar festhalten. Zum Beispiel so:

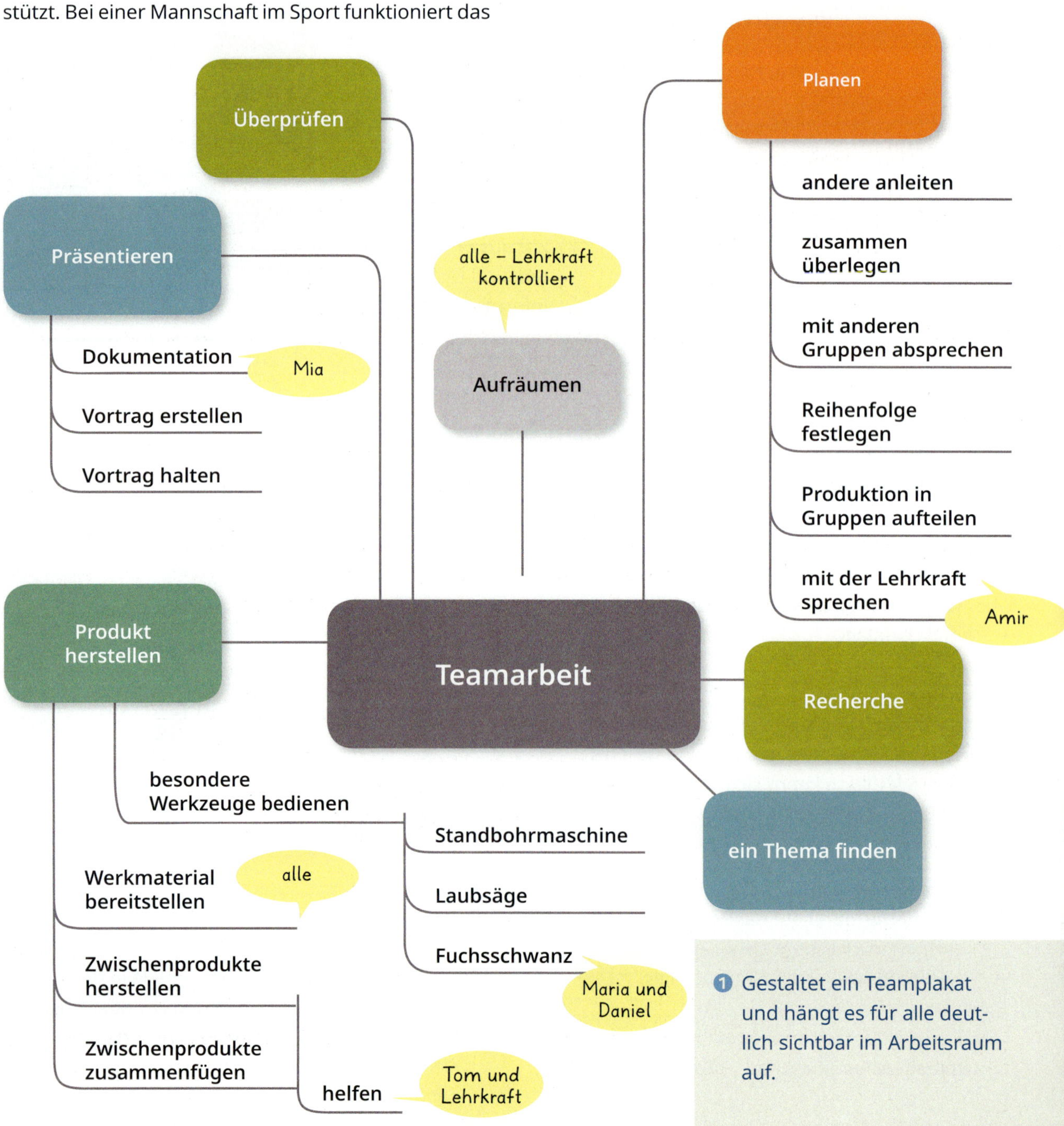


1 Gestaltet ein Teamplakat und hängt es für alle deutlich sichtbar im Arbeitsraum auf.

## Planen und vorbereiten

Bevor die Teamarbeit beginnen kann, muss ein Projekt sorgsam geplant werden. Es wäre auch zu ärgerlich, wenn nicht alle Sachen zur Verfügung stehen, die letztendlich gebraucht werden, oder das fertige Werk am Ende ganz anders aussieht, weil Dinge fehlen. Deshalb muss vorher eine Skizze angefertigt und eine Materialliste erstellt werden. Außerdem müssen Bewertungskriterien für das Projektergebnis festgelegt werden, damit alle wissen, worauf es am Ende ankommt bzw. was das fertige Produkt (das Ergebnis der Projektarbeit) können soll.

### Was ist eine Skizze?

Eine Skizze zu zeichnen bedeutet, ein ungefähres Bild des Gegenstandes zu zeichnen, den du bauen möchtest. Wie unterscheidet sich aber eine Skizze von einem Bauplan? Die Skizze ...

- kann größer oder kleiner sein als der Gegenstand, der angefertigt wird
- muss nicht maßstabsgetreu sein.
- enthält nicht alle kleinen Details.

Zeichne deine Skizze am besten mit Bleistift und frei Hand (also ohne Lineal). Du kannst auch die ungefähren oder geplanten Maße eintragen.

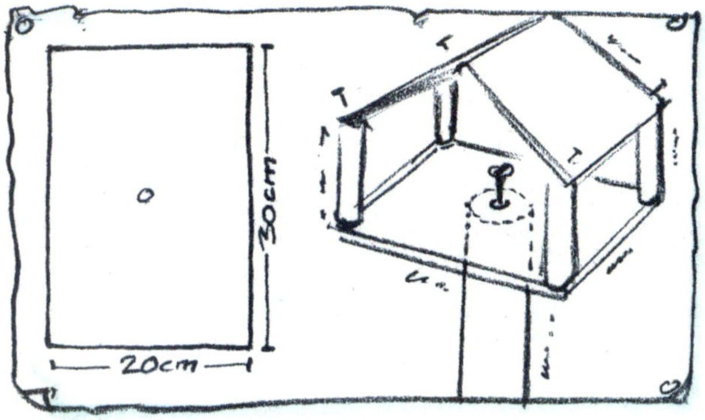


**95.1** Skizze eines Vogelhäuschens

### Die Stückliste

Eine Stückliste oder Materialliste braucht ihr, damit ihr alles organisieren könnt, was ihr für den Bau benötigt. Die Liste hat auch den Vorteil, dass man übersichtlich darstellen kann, wer sich um was kümmert. Ist eine Sache mitgebracht worden, kann man gleich einen Haken setzen.

Um eine Materialliste zu schreiben, schau dir nochmal deine Skizze an. Überlege dir dann genau, welche Teile oder Bereiche du in deiner Skizze vielleicht noch nicht eingezeichnet hast, bei dem Materialeinkauf aber berücksichtigen musst.

| Stückliste | Wer besorgt das? | Bis wann? | erledigt |
|---|---|---|---|
| Holzbretter 12 cm x 12 cm x 1cm | Anne | Montag | ✓ |
| eine Spule Draht | Mario | Dienstag | |
| runde Holzstecken (12 mm Durchmesser, 1,5 m Länge) | Ali | Mittwoch | |
| ... | ... | ... | |

1. Fertige eine Skizze von dem Gegenstand an, den ihr in eurem Projekt bauen wollt.
2. Schreibt für euer Projekt eine ausführliche Materialliste.

## Die goldenen Regeln der Teamarbeit

Der Materialeinkauf kann anhand der Stückliste im Team erledigt werden. Die Zusammenarbeit macht Freude, wenn alle sich an die „goldenen Regeln" halten:

1. Niemand wird ausgegrenzt.
2. Höre anderen zu und lasse auch deren Meinungen gelten.
3. Leite in einem Bereich, in dem du besonders gut bist, die anderen an.
4. Traue anderen aber auch etwas zu, selbst, wenn du am besten darin bist.
5. Hilf denen, die Hilfe brauchen.
6. Überprüft euch gegenseitig. – Nur gemeinsam lässt sich das gewünschte Projektergebnis erreichen.

## Bewertungskriterien

Es ist wichtig, vor der Durchführung der geplanten Arbeiten festzulegen, welche Kriterien der hergestellte Gegenstand, also das Ergebnis der Projektarbeit, erfüllen soll. Nur so weiß jeder, worauf es am Ende ankommt. Zum Schluss des Projekts verwendet ihr dann genau diese Kriterien, um das Produkt abschließend zu bewerten. Zum Festlegen von Bewertungskriterien müsst ihr euch folgende Fragen stellen:

Welche Arbeitsschritte sind besonders wichtig?

Was soll das Produkt können?

Gibt es Möglichkeiten, Varianten einzubauen (z. B. Farbe, Material)?

An welchen Stellen muss besonders genau gearbeitet werden?

Was muss alles dokumentiert werden?

Welche Werkzeuge benötige ich?

...

1. Übertrage die goldenen Regeln zur Teamarbeit in dein Heft. Fallen dir noch mehr ein? Schreibe sie dazu.
2. Überlegt euch gemeinsam, welche Bewertungskriterien euer Produkt erfüllen soll.
3. Erstellt einen genauen Katalog von Bewertungskriterien für euer ausgewähltes Produkt.

| Beispiel: Bewertungskriterien Schneidebrettchen | + | 0 | – |
|---|---|---|---|
| Das Produkt soll sein: | | | |
| unempfindliche Schneideunterlage | | | |
| leicht zu reinigen | | | |
| Besonders genau arbeiten bei: | | | |
| Brett gerade sägen | | | |
| glatt schleifen, keine Rillen | | | |
| Hier kann ich Varianten einbauen: | | | |
| Holzart (z. B. Eiche, Fichte ) | | | |
| Farben und Motive | | | |
| usw. | | | |

## Was ist bei der Durchführung eines Projekts zu beachten?

❶ Die Kärtchen an der Pinnwand sind völlig durcheinander. Überlege dir auf einem Zettel eine sinnvolle Reihenfolge.

❷ Diskutiert in der Klasse und findet gemeinsam die richtige Reihenfolge heraus.

❸ Schreibt die Merksätze in der richtigen Reihenfolge auf ein Plakat und hängt es im Fachraum auf.

## Handwerkszeug beschaffen

Legt euch das Material und Werkzeug bereit, das ihr für den Bau eures Projektes benötigt.
Genau wie du dir Materialien besorgst, wenn du sie brauchst, kannst du auf den folgenden Seiten dann Informationen und Erklärungen entnehmen, wenn du sie beim Bau benötigst.

Um euch zu informieren, könnt ihr die Lehrgang-Seiten (S. 102 ff. und S. 113 ff.) lesen. Die Seiten dienen sozusagen als „Steinbruch". Jeder, der einen „Stein" oder mehrere benötigt, kann ihn/sie sich hier holen. Wer z. B. noch nie gesägt hat, kann sich dort Informationen dazu besorgen. Wer schon sägen kann, erfährt dort nichts Neues – oder vielleicht doch?

Eure Lehrerin oder euer Lehrer erklärt die Maschinen und Werkzeuge. Oft ist es wichtig, auf eine ganz bestimmte Art und Weise mit einem Werkzeug zu arbeiten und vor allem Sicherheitsregeln einzuhalten.

Frage besser nach, wie ein Werkzeug oder eine Maschine funktioniert, als einfach darauflloszuarbeiten. Dies gilt vor allem für Maschinen, die du erst nach einer Einweisung benutzen darfst.

Überlege mit deinem Team, wie du etwas bauen willst. Es ist wichtig, dass du und dein Team eigene Wege finden, etwas zu tun. Sammelt Erfahrungen! Eigene Ideen zu haben ist ganz wichtig und unterscheidet dein Team von den anderen. Eine pfiffige Lösung zu finden ist mehr wert, als nach Anleitung zu arbeiten.

**98.1** Verbinden verschiedener Materialien – die Heißklebepistole

**98.2** Ein Schüler arbeitet an einer Standbohrmaschine.

Wenn es einmal schiefgehen sollte – macht nichts, beim nächsten Versuch habt ihr daraus gelernt. Das gilt nicht für den sicheren Umgang mit Werkzeugen und Maschinen.
Solltet ihr nicht weiterkommen oder Fragen zu Werkzeugen, Materialien usw. haben, fragt eure Lehrerin oder euren Lehrer.

**INFO**

Material ist ein Werkstoff (Roh-, Hilfs- oder Betriebsstoff), der bearbeitet wird.

# **Projekt 1:** Wir bauen eine Laterne

Laternen gibt es in vielen Varianten. Diese hier ist aus Holz und mit schwer entflammbaren Stoff bespannt. Als Lichtquelle wird eine Kerze hineingestellt. Mögliche Varianten wären, statt einer Stoffbespannung festes Papier oder eine Rohhaut zu verwenden oder statt der Kerze ein LED-Licht einzubauen.

**Materialliste:**

- Holz für Boden und Deckel
- 2 Stück 1 m Rundholz, ca. 5 mm Durchmesser
- Material zum Bespannen, z. B. feuerfester Stoff
- Holzleim
- eine feste Schnur zum Aufhängen
- eine Stumpenkerze
- ein Nagel

**Werkzeugliste:**

- Laubsäge
- Schleifpapier
- Hammer
- Bohrmaschine, ein 5er Bohrer und ein kleiner Bohrer
- Geodreieck oder Winkelmesser
- Schere, Nadel und Faden

### Schritt für Schritt

#### Die Stäbe vorbereiten

Schneide die beiden Rundhölzer in je vier 25 cm lange Teile. Spanne sie dafür an der Werkbank fest, damit du sauber arbeiten kannst. Schleife danach die Schnittstellen ab, damit man sich an den Stäben keinen Schiefer einziehen kann.

#### Bodenplatte vorbereiten

Zeichne einen Kreis auf die Holzplatte. Dafür kannst du einen Zirkel benutzen oder runde Gegenstände, z. B. einen Teller o. Ä. Markiere dir den Mittelpunkt des Kreises. Zum Aussägen der Platte eignet sich die Laubsäge sehr gut. Schleife die Platte danach (auch an den Kanten) ab.

#### Obere Platte vorbereiten

Die obere Platte ist genauso groß wie die Bodenplatte und hat ein Loch, das mindestens handtellergroß ist, damit man später das Teelicht einsetzen kann. Zeichne dir den äußeren und inneren Kreis mit der Laubsäge vor und säge sie aus. Im Anschluss wird sie abgeschliffen, damit sie schön glatt ist.

#### Löcher bohren

Die beiden Platten brauchen je acht Löcher für die Rundhölzer. Diese kannst du folgendermaßen anzeichnen:

Zeichne eine Linie, die durch den Mittelpunkt des Kreises führt. Dann zeichnest du eine zweite Linie, die senkrecht auf der ersten steht und ebenfalls durch den Mittelpunkt führt.

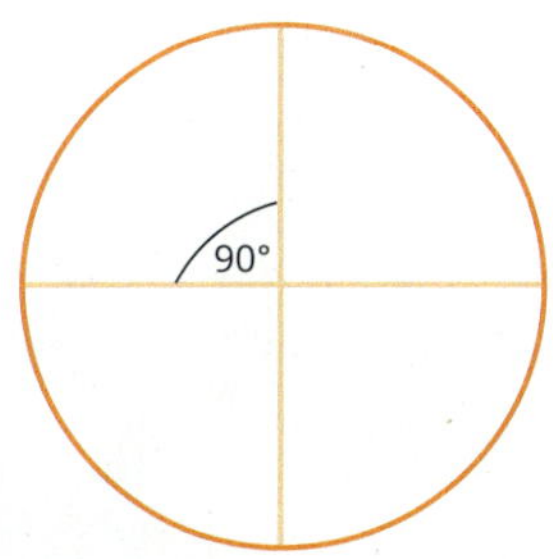


Dann zeichnest du zwei weitere Linien ein, die im 45°-Winkel zu den bestehenden Linien durch den Mittelpunkt laufen.

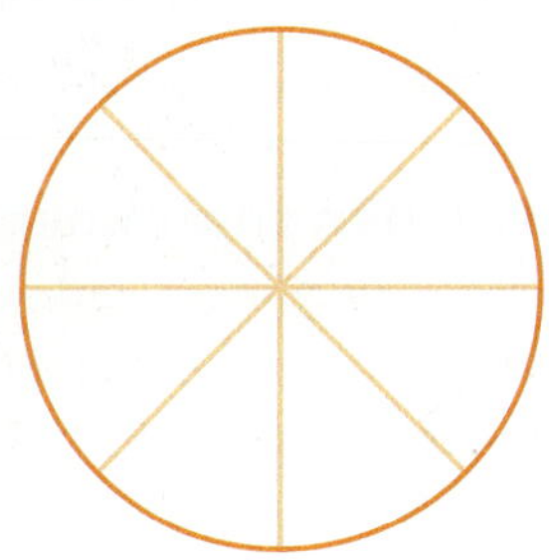

Als nächstes gehst du an diesen Linien von außen jeweils zwei Zentimeter nach innen und zeichnest den Punkt an. An den markierten Stellen wird jetzt gebohrt. Wiederhole das gleiche mit der anderen Platte.

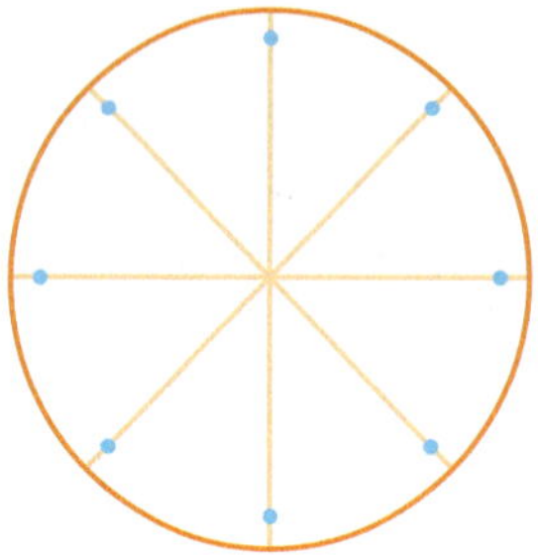

## Kerzen-Halter oder LED-Teelicht

Damit die Kerze später nicht verrutscht, wird in der Mitte der Bodenplatte ein Nagel durchgeschlagen. Darauf kannst du später die Kerze setzen. Bohre das Loch mit einem kleinen Handbohrer vor.

Die Form der Kerze ist egal. Auch eine alte Adventskranz-Kerze erfüllt den Zweck.

Du kannst statt der Kerze auch ein batteriebetriebenes LED-Teelicht verwenden. Klebe es mit der Heißklebepistole in der Mitte der Bodenplatte fest. Das ist vom Brandschutz her gesehen eine bessere Lösung als die offene Kerzenflamme.

**100.1** Lichtquellen: Eine alte Kerze oder ein neues LED-Teelicht?

## Rahmen zusammensetzen

Boden und obere Platte werden durch die Rundhölzer verbunden. Stecke dafür die Rundhölzer so durch die Platten, dass sie 2 cm überstehen. Wenn sie locker in den Löchern sitzen, gibst du etwas Holzleim in die Bohrung, bevor du sie durchsteckst.

## Bespannen

Miss ab, wie groß der Abstand zwischen den beiden Platten ist und wie groß der Umfang der Laterne. Schneide danach ein rechteckiges Stoffstück in der abgemessenen Größe zu. Zum Umfang gibst du noch 4 cm Nahtzugabe dazu.

Jetzt wird die Laterne eingenäht. Dafür legst du den Stoff um die Laterne, so dass er überlappt und nähst einmal von oben nach unten zu. Achte darauf, dass der Stoff nicht zu locker wird. Dafür kannst du ihn auch mit Sicherheitsnadeln fixieren, bevor du anfängst zu nähen.

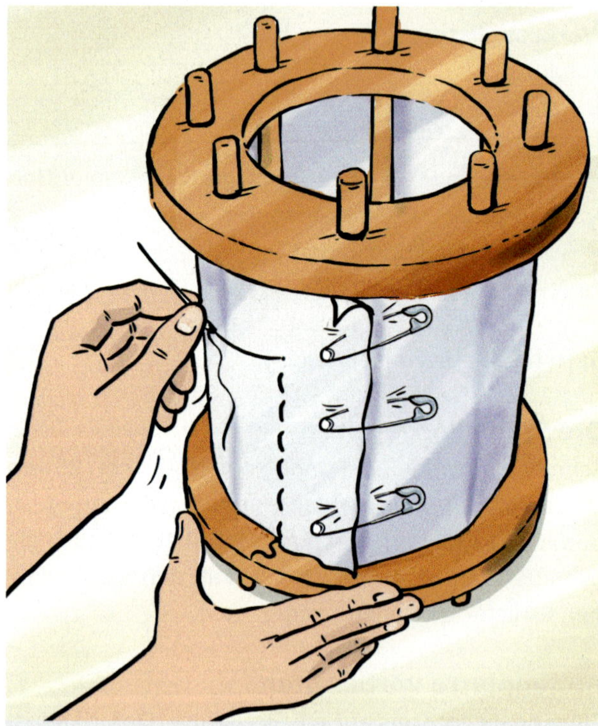

**100.2** Die Laterne bespannen

## Schnur

Bringe gegebenenfalls eine feuerfeste Schnur oder eine feingliederige Metallkette an, mit der du die Laterne aufhängen kannst.

## Sicherheitshinweis

Bei unachtsamen Umgang kann die Laterne anfangen zu brennen. Stelle sie nur so auf, dass sie nicht umfallen kann und vor Wind geschützt ist. Brennende Kerzen niemals unbeaufsichtigt lassen!

# Was habe ich gelernt?

Nachdem du nun lange an einem Projekt gearbeitet hast, ist es wichtig, über die Erfahrung nachzudenken. Was konntest du gut? Was könnte man verbessern? In einem ersten Schritt kannst du mit Hilfe einer Mindmap gut erfassen, was dir leicht bzw. schwer gefallen ist.

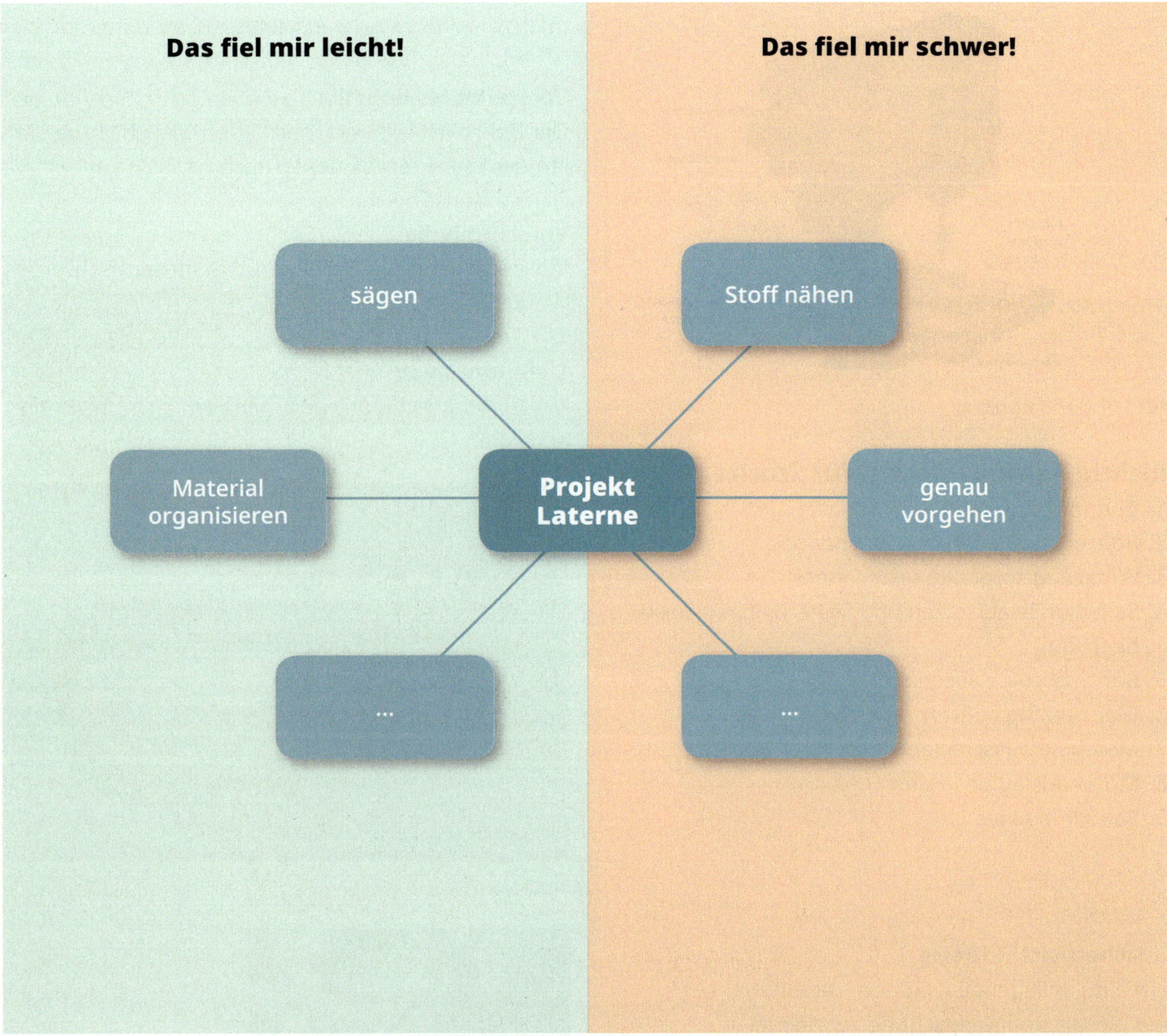


1. Überlege mithilfe einer Mindmap, was dir leicht und was dir schwer gefallen ist.
2. Vergleiche die Mindmap mit deinen Mitschülerinnen und Mitschülern: Haben sie dieselben Dinge notiert?
3. Wertet eure Mindmaps aus: Wo lagen bei den meisten von euch die größten Schwierigkeiten?

# **Lehrgang:** Bohren

Mit der Tischbohrmaschine kann am genauesten gearbeitet werden. Man bohrt immer genau senkrecht nach unten.

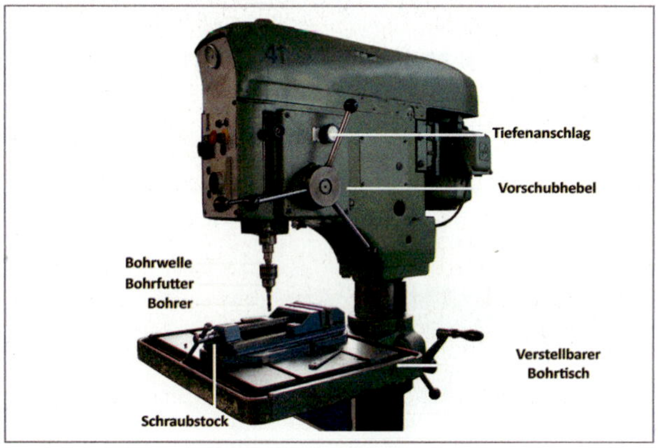


**102.1** Tischbohrmaschine

## Richtig Bohren – Schritt für Schritt

1. Bohrloch anreißen
2. Bohrer auswählen und einspannen
3. Werkzeug sorgfältig festspannen
4. Schutzbrille aufsetzen und Sicherheitshinweise beachten
5. Bohrmaschine anschalten
6. Gleichmäßig bohren
7. Maschine ausschalten
8. Motor auslaufen lassen
9. Sauber machen

### Sicherheitshinweise

- Eng anliegende Kleidung tragen!
- Schals und Handschuhe ausziehen!
- Ringe, Armbänder und anderen Schmuck ablegen!
- Lange Haare zurückbinden!
- Das Werkstück gut festspannen!
- Niemals den Bohrschlüssel stecken lassen!
- Beim Bohren unbedingt eine Schutzbrille tragen!
- Niemals in die Maschine fassen, wenn sie läuft!

**Bohrfutter**
Im Bohrfutter wird der Bohrer eingespannt.

**Schraubstock**
Im Schraubstück wird das Werkstück fixiert.

**Verstellbarer Bohrtisch**
Der Bohrtisch lässt sich nach oben und unten verstellen, bei manchen Modellen auch radial.

**Vorschubhebel**
Mit dem Vorschubhebel senkt man den Bohrer ins Werkstück ab.

**Tiefenanschlag**
Der Tiefenanschlag regelt, wie weit sich der Bohrer absenken lässt.

**102.2** Verschiedene Bohrer

**102.3** Schutzbrille tragen!

# Lehrgang: Leimen

Für jede Verwendung und jeden Werkstoff gibt es den passenden Kleber. Für Papier eignet sich Alleskleber sehr gut. Bei Bastelarbeiten verwendet man gern Heiß- und Sekundenkleber (siehe S. 104). Beide haben den Vorteil, dass sie ihre Klebewirkung sehr schnell entfalten. Sie haften besonders gut auf Metall, Keramik und Kunststoff. Starke Verbindungen auf glatten Oberflächen, wie z.B. Aluminium, gewährleistet ein Zwei-Komponenten-Kleber. Um Holz mit Holz zu verbinden ist Holzleim die richtige Wahl. Es gibt ihn in verschiedenen Ausführungen, je nachdem ob das Werkstück später drinnen oder draußen stehen soll. Übrigens: Auch wenn die Begriffe manchmal geichbedeutend verwendet werden, sind Leim und Kleber nicht dasselbe. Der Unterschied liegt darin, dass Leim ausschließlich mit Wasser verdünnt werden kann, bei Kleber verwendet man Nitroverdünner.

**Achtung:**

Gerade beim Arbeiten mit schnell klebenden Klebstoffen unbedingt die Haare zurückbinden und auf geeignete Kleidung achten!

## Arbeiten mit Holzleim

1. Vorbehandlung: Die Klebeflächen müssen gründlich gereinigt werden.
2. Auftragen: Bei rauen Kanten und Harthölzern streicht man beide Seiten der zukünftigen Verbindung mit Leim ein, sonst reicht es eine Seite mit Leim zu versehen. Die Verarbeitungszeit beträgt etwa 10 bis 15 Minuten (bei Expressleim 5 bis 10 Minuten).

**103.1** Auftragen des Klebstoffs auf die vorbehandelte Oberfläche.

**103.2** Die Teile müssen nach dem Auftragen des Leims gepresst werden.

3. Pressen: Anschließend presst man die beiden Teile zusammen, bei Raumtemperatur beträgt die Presszeit 20 Minuten (bei Expressleim die Hälfte).
4. Aushärtung: Während des Trocknens ändert der Leim die Farbe von milchig-weiß zu transparent. Holzleim sollte nicht zu kalt aushärten, bei Temperaturen unter 6° C bildet sich ein Film auf dem Leim
5. Auch wenn eine Handfestigkeit bereits nach 20 Minuten feststellbar ist, erreicht der Leim seine Endfestigkeit erst nach 12 Stunden. So lange sollte das Werkstück nicht belastet werden.

**TIPP**

Solange der Leim noch frisch ist, lässt er sich mit Wasser entfernen. Nach dem Trocknen benötigt man zum Reinigen von Werkzeug oder zum Entfernen von Flecken Lösungsmittel. Da Lösungsmittel aber giftig und umweltschädlich sind, sollte ihr Einsatz besser vermieden werden.

# Lehrgang: Kleben, dass das Zeug hält ...

Die einfachste Art, zwei Gegenstände miteinander zu verbinden, ist sie zu kleben. Beispielsweise mit Alleskleber, Holzleim, Heißkleber oder Silikon. Je nach Material und Anwendung muss auf die richtige Auswahl und die entsprechenden Sicherheitshinweise geachtet werden.

Achte auf die Warnhinweise und die richtige Verwendung entsprechend der Anleitung. Viele Klebstoffe enthalten gesundheitsgefährdende Lösungsmittel. Das Einatmen der Dämpfe ist gesundheitsschädlich.

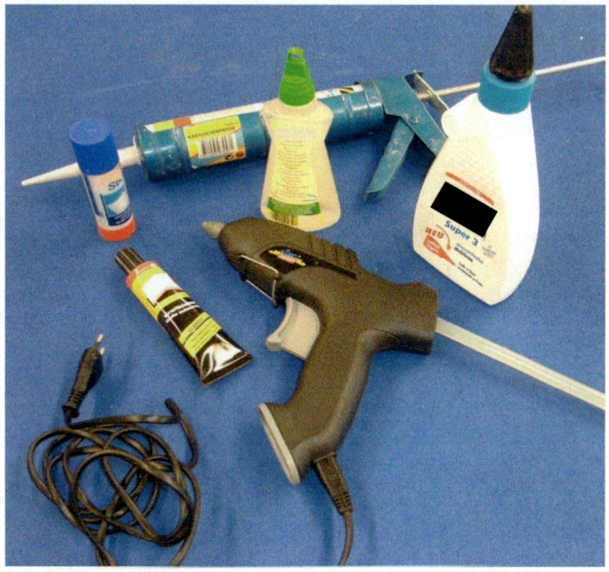

**104.1** Was man zum richtigen Kleben braucht.

## Es gibt verschiedene Arten von Klebern

### Alleskleber

Er klebt nahezu alles. Am besten allerdings saugfähige Materialien.

- Trockenzeit: ca. 1 h

### Heißkleber

Der Kleber wird bis zu 200 °C heiß und flüssig. Nach dem Abkühlen wird er belastbar. Vor der Verwendung sollte das Kabel der Heißklebepistole kontrolliert werden. Beschädigungen sofort beim Lehrer melden.

- Trockenzeit: ca. 5 min

### Holzleim

Holz kann man am besten mit Holzleim leimen (siehe S. 103). Es gibt ihn wasserfest und wasserlöslich. Zum Leimen ist ein hoher Anpressdruck notwendig. Verwende dazu eine Schraubzwinge (siehe Seite 106).

- Trockenzeit: 2 h

### Silikonkleber

Er ist sehr elastisch und wasserdicht. Er wird mit einer Kartusche (Behälter mit Spritzdüse) aufgetragen. Verwende Einweghandschuhe.

- Trockenzeit: ca. 24 h

### Kraftkleber

Er wird beidseitig aufgetragen und fast trocken zusammengepresst.

- Trockenzeit: ca.1 h

**Regeln im Umgang mit Klebern**

- Beachte die Beschreibung des Klebers.
- Verwende immer eine Unterlage.
- Schütze Haut, Haare und Kleidung.
- Kontrolliere bei der Heißklebepistole vorher das Kabel. Melde ein defektes Kabel sofort bei deinem Lehrer oder deiner Lehrerin.
- Verschwende keinen Kleber.
- Beachte die Trockenzeit.

❶ Welche Rolle spielt die Trockenzeit bei der Auswahl der Kleber?

❷ Welche weiteren Kleber gibt es noch? Lege eine Tabelle an (Art, Material, Verarbeitungshinweise und -tipps, Trockenzeit).

❸ Kannst du Kleber selbst herstellen? (Er-)finde Rezepte.

## Welcher Kleber gewinnt?

Die Vorbereitung einer Klebeolympiade: Damit die Olympiade starten kann, müssen einige Vorbereitungen getroffen werden. Jeder Kleber muss in zehn Einzelwettkämpfen antreten. Damit dieser Zehnkampf fair ausgetragen wird, muss Folgendes beachtet werden:

- Geeignete Testmaterialien müssen ausgewählt werden.
- Teststreifen der gleichen Größe müssen ausreichend zugeschnitten sein.
- Die Maximalpunktzahl pro Disziplin muss festgelegt sein.
- Die Prüfvorrichtung muss gebaut werden.

Ermittelt dann den Wettkampfsieger pro Einzeldisziplin und den Gesamtsieger über alle Disziplinen.

Maximalpunkte pro Disziplin: 10

105.1 Auf die Plätze ...

1. Richte die Klebeolympiade aus. Erstelle dazu eine Tabelle nach dem unten stehenden Muster.

2. Welche Klebetechniken werden industriell eingesetzt?

| Einzeldisziplinen im Zehnkampf | | Alleskleber | Silikon | Kraftkleber | Holzleim | Heißkleber |
|---|---|---|---|---|---|---|
| 1 | Papier – Papier | | | | | |
| 2 | Papier – Holz | | | | | |
| 3 | Papier – Metall | | | | | |
| 4 | Papier – Kunststoff | | Muster | | | |
| 5 | Holz – Holz | | | | | |
| 6 | Holz – Metall | | | | Muster | |
| 7 | Holz – Kunststoff | | | | | |
| 8 | Metall – Metall | | | | | |
| 9 | Metall – Kunststoff | | | | | |
| 10 | Kunststoff – Kunststoff | | | | | |

# **Lehrgang:** Spannwerkzeuge

Mit Spannwerkzeugen können Werkstücke fixiert werden. Wir brauchen sie beim Verleimen von Holzstücken und um ein Werkstück zu sichern, während man bohrt oder sägt.

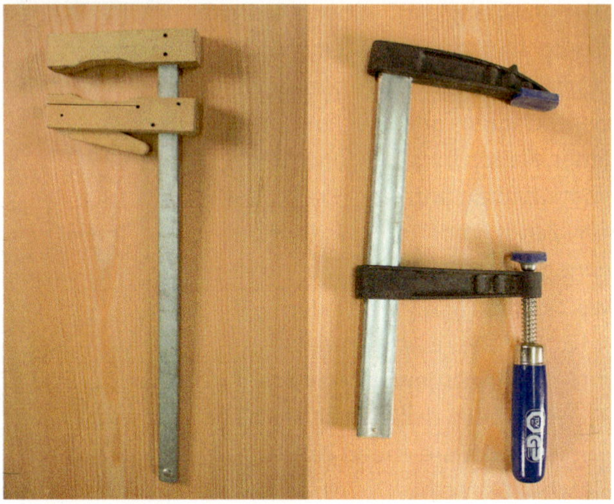

**106.1** Leimzwinge (links), Schraubzwinge (rechts).

## Leimzwinge

Hölzerne Leimzwingen werden auch Klemmzwingen genannt. Sie werden benutzt, um Teile schnell an der Werkbank zu fixieren und – wie der Name schon sagt – zu verleimen. Mit Leimzwingen kann man den Druck auf das Werkstück sehr fein einstellen, durch den Korkbelag auf den Backen (= die Fläche, die auf das Werkstück drückt) wird die Oberfläche des Werkstücks geschont.

## Schraubzwinge

Die Schraubzwinge besteht aus einer Schiene aus Stahl mit zwei Querschienen. Der untere Arm ist beweglich. Den maximalen Abstand zwischen den beiden Querschienen einer Schraubzwinge bezeichnet man als Spannweite. Sobald die Spannweite größer als 400 mm ist, spricht man von einem Schraubknecht.

**106.2** Schraubstock

**TIPP**

Auf empfindlichen Oberflächen hinterlassen Schraubzwingen schnell Abdrücke oder andere Schäden, wenn sie angezogen werden. Deswegen legt man bei weichem Holz ein zusätzliches Stück Holz zwischen Material und Schraubzwinge.

## Schraubstock

Ein Schraubstock besteht aus zwei Backen, von denen einer fest und einer beweglich und verstellbar ist. Wenn Werkstücke in Maschinen fixiert werden sollen, werden Maschinenschraubstöcke benutzt.

**106.3** Bankhaken im Einsatz

## Bankhaken

Du kannst Werkstücke auch mit den Bankhaken an der Werkbank fixieren.

# **Projekt 2:** Wir basteln ein Wärmerad

**Materialliste**
- ein Blatt quadratisches Papier, etwa 15 x 15 cm
- ein Schaschlik-Spieß
- ein Strohhalm
- etwas Knete
- Klebefilm
- 5 Teelichter
- einen Bleistift
- eine Schere

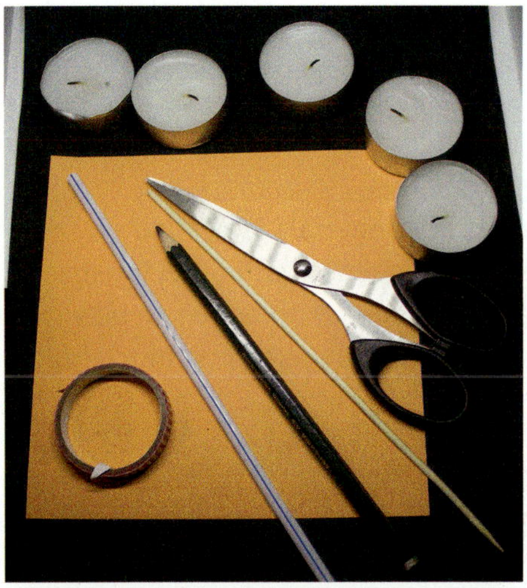

**107.1** Wärmerad: Material im Überblick

## Versuchsvorbereitung

### Anzeichnen
Das Papier wird entlang der beiden Diagonalen gefaltet und dann werden fünf Markierungen angebracht: vier außen, eine im Zentrum – siehe Abb. 107.2.
Achte darauf: Die beiden Markierungen links sind oberhalb der diagonalen Falzlinie, die beiden Punkte rechts unterhalb der Falzlinie eingezeichnet.

**107.2** Markierungen außen und innen anbringen.

### Vorstechen und schneiden
An den fünf markierten Stellen wird mit dem Schaschlik-Spieß ein Loch durch das Papier gestochen.
Danach schneidest du die Falzlinien mit der Schere etwa 8 cm ein.

### Auffädeln
Nun stichst du den Spieß durch die Mitte des Papiers und fädelst danach alle Löcher auf. Damit das Wärmerad später nicht vom Spieß rutschen kann, wickelst du über und unter dem Papier Klebefilm um den Spieß.

### Zusammensetzen
Für den Standfuß steckst du den Strohhalm so in die Knete, dass er gerade steht. Dann steckst du den Schaschlik-Spieß in den Strohhalm (siehe Abb. 108.1).

Das Wärmerad ist jetzt fertig und du kannst ausprobieren, ob es funktioniert.

**107.3** Die Falzlinien etwa 8 cm einschneiden.

## Versuch

Die Teelichter werden kreisförmig unter das Wärmerad gestellt und angezündet.

Achte darauf, dass dein Wärmerad gerade steht und nicht umfallen kann!
Lass die Kerzen nicht länger als fünf Minuten brennen, damit der Strohhalm nicht schmilzt. Sonst kann dein Wärmerad umfallen und anfangen zu brennen. Offenes Kerzenlicht niemals unbeaufsichtigt lassen!

108.1 Versuchsaufbau: Wärmerad

1. Berichte, wie sich das Wärmerad nach dem Anzünden der Kerzen verhält. Was beobachtest du?

2. Woran könnte das liegen? Versuche, den Vorgang naturwissenschaftlich zu erklären.

3. Was ist der Unterschied zwischen einem Wärmerad und einer Windmühle (siehe Abb. 108.4)? Gib eine kurze Erklärung zum Sachverhalt.

4. Versuche zu erklären, inwieweit das Wärmerad im Zusammenhang mit den Windrädern in Andalusien (siehe Abb. 108.2) und der Bewässerungsanlage in Griechenland (siehe Abb. 108.3) steht.

108.2 Windräder in Andalusien

108.3 Bewässerungsanlage in Griechenland

108.4 Windmühle in Mecklenburg

# **Projekt 3:** Handyhalter

Heutzutage haben fast alle ein Handy oder ein Smartphone oder kennen jemanden, der eines besitzt. Damit das mobile Telefon zuhause einen festen Platz hat, an dem es immer abgelegt und somit auch wieder aufgefunden werden kann, ist ein Handyhalter eine praktische Sache.

**109.1** Selbst gebauter Handyhalter

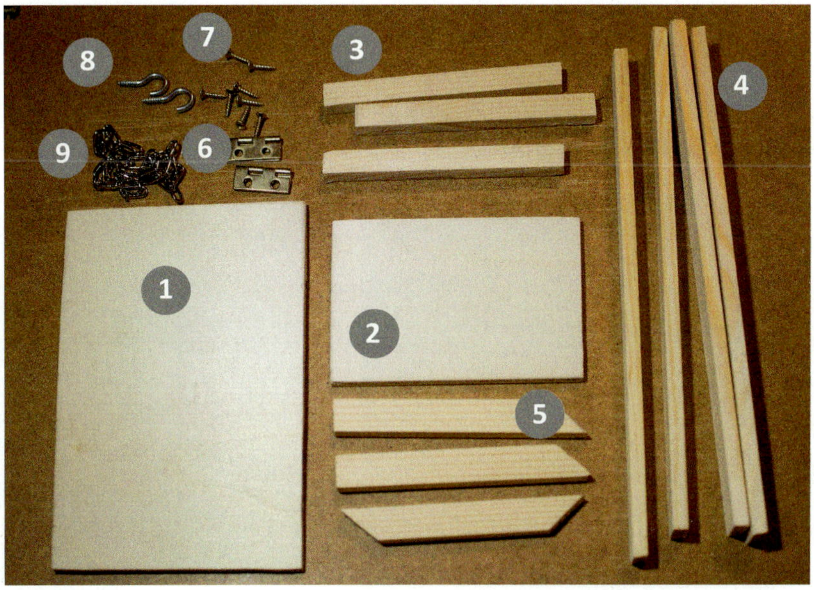


**109.2** Materialien (durchnummeriert) zum Bau eines Handyhalters

| **Materialliste:** | **Werkzeugliste:** |
|---|---|
| eine Spanholzplatte Format A5 | Laubsäge |
| 2 m Holzleisten, 5 x 10 mm | Leimzwingen |
| zwei Scharniere | Schleifpapier |
| vier kleine Schrauben | einen Schraubenzieher oder eine Bohrmaschine |
| zwei kleine Haken | eine Kneifzange |
| eine kurze Kette | |
| Holzleim | |

1. Überprüft, ob ihr alle notwendigen Werkzeuge in eurem Arbeitsraum vorfindet.

2. Organisiert das Material und die Werkzeuge, die ihr noch benötigt.

## Schritt für Schritt

Die Farben auf den Skizzen helfen dir, den genauen Ablauf der Arbeitsschritte zu verstehen.
Die Nummern der Materialien auf dem Bild (109.2) über der Material- und Werkzeugliste (siehe vorherige Seite) findest du hier in der Anleitung wieder. Damit siehst du, welches Material du bei dem jeweiligen Schritt brauchst.

### Schritt 1: Die Frontplatte

Die blaue Fläche entspricht der Größe des Handys.

- Miss dein Handy ab, gib links und rechts sowie unten 5 mm dazu und zeichne die Maße mit Bleistift auf die Spanholzplatte (1).

**Vorsicht:** An den Seiten und unten brauchst du diese 5 mm mehr Platz, um später die Leisten aufkleben zu können. Vergisst du sie, passt nachher dein Handy nicht rein.

- Schneide die Spanholzplatte mit der Laubsäge zu.
- Schleife die Kanten glatt.

### Schritt 2: Die Rückplatte

Die Platte für die Rückseite (2) ist genauso breit, wie die Frontplatte. Sie muss aber nur etwa 1/3 so hoch sein.

- Zeichne sie auf der Spanholzplatte vor.
- Säge sie mit der Laubsäge aus.
- Schleife anschließend die Kanten glatt.

### Schritt 3: Die Leisten

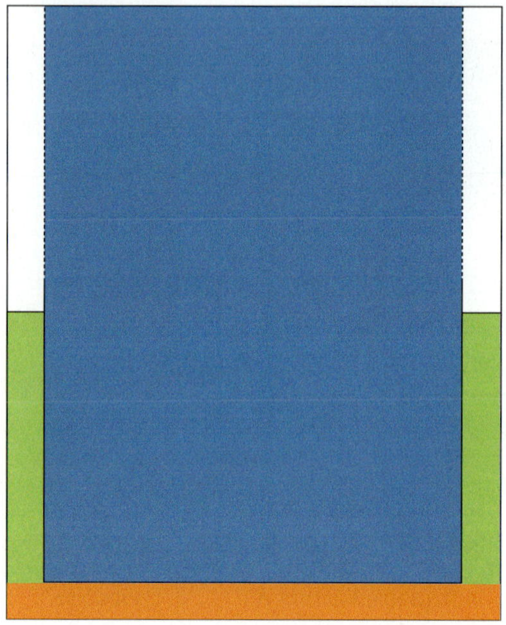

Die untere Leiste (3) ist so groß wie die orange Fläche.
Die beiden seitlichen Leisten (3) sind etwa 2/3 so lang, wie die Frontplatte hoch ist.
Vorsicht: Kontrolliere, ob dein Handy Knöpfe an der Seite hat. Die Leisten müssen dann entsprechend kürzer sein.

- Zeichne die richtige Länge an den Kanthölzern an.
- Säge sie mit der Laubsäge ab.
- Schleife die Kanten glatt.
- Befestige die Leisten auf der Spanplatte mit Leim.

Damit das Handy später nicht aus der Staffelei fällt, setzen wir drei weitere Leisten (5) auf die bereits angeleimten Leisten. Das nennt man „Blende“.

Wie du auf dem Materialbild bei (5) siehst, haben zwei Blenden ein Ende, das im 45°-Winkel zugeschnitten ist, eine Blende ist an beiden Enden im 45°-Winkel abgeschnitten. Das sieht am Schluss schöner aus. Gehe vor, wie gerade eben mit den geraden 90°-Leisten: Anzeichnen, zuschneiden, abschleifen, leimen.

111.1 Frontplatte mit aufgeklebten Leisten; es folgen die Blenden.

### Schritt 4: Die Füße

- Schneide für die Füße (4) vier 19 cm lange Stücke von den Holzleisten ab.
- Drehe die Frontplatte um und leime zwei Füße wie in der Skizze zu sehen auf.
- Mache das gleiche auf der Rückplatte.

### Schritt 5: Die Scharniere

Lege nun die Scharniere (6) wie in der Skizze auf die Leisten und schraube (7) sie fest:

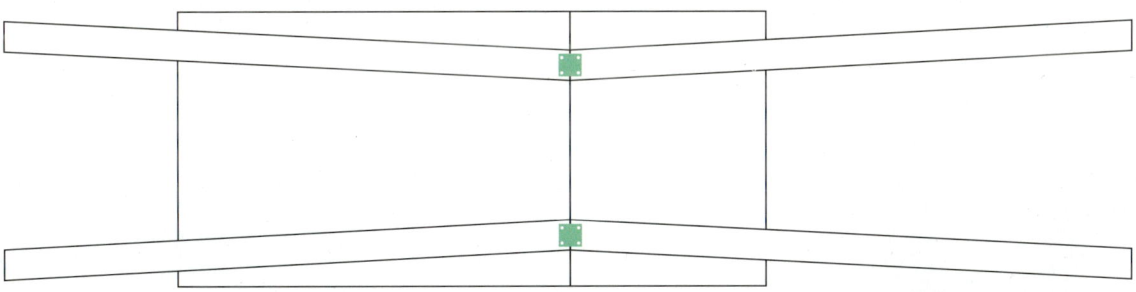

Nun fehlen nur noch die beiden Haken (8): Sie dienen dazu, dass dir die Staffelei nicht auseinander rutschen kann.

- Schraube sie auf einer Seite in den Fuß der Vorderplatte.
- Schraube den zweiten Haken in den gegenüberliegenden Fuß der Rückenplatte

**Vorsicht:** Die Haken müssen auf der gleichen Höhe befestigt werden!

Mit der Kette kannst du nun den Winkel einstellen, in dem der Handyhalter stehen soll (siehe Bild 109.1).

Rückspiegel

# Was habe ich gelernt?

In dieses Projekt hast du viel Zeit investiert. Nun solltest du dir Gedanken darüber machen, was verbesserungswürdig ist. Beim letzten Rückspiegel habt ihr die Mindmap genutzt, um festzuhalten, was euch gefallen hat. In einem weiteren Schritt geht es nun darum, zu erörtern, was beim nächsten Mal besser gemacht werden kann.

Für euer Projekt habt ihr verschiedene Bewertungskriterien festgelegt (siehe S. 96).

Diese trägst du nun in einer Tabelle in der linken Spalte ein. Um die eingetragenen Kriterien bewerten zu können, wählst du ein Benotungssystem für die zweite Spalte aus. Das können Schulnoten, ein Punktesystem von 1 bis 10 oder Symbole (Plus-/Minuszeichen, Daumen hoch/runter usw.) sein. In der dritten Spalte notierst du Vorschläge, die Antwort auf die Frage geben, was das nächste Mal besser gemacht werden kann.
Das Ganze kann zum Beispiel so aussehen:

| **Bewertungskriterien zu den Projektarbeiten** | **Wie gut habe ich das erledigt?** +++ ++ + \| - -- --- | **Was kann das nächste Mal besser gemacht werden?** |
|---|---|---|
| Handy abmessen | --- | Handy nicht runterfallen lassen |
| vorher vollständig skizzieren | ++ | Größenangaben hineinschreiben |
| Material rechtzeitig organisieren | - | pünktlich einkaufen |
| saubere Sägekanten | +++ | |
| Bohrlöcher genau anzeichnen | ++ | Bleistift vorher spitzen |
| ... | ... | ... |

1. Erstelle eine Mindmap zur Projektauswertung wie im Rückspiegel auf S. 101.
2. Zeichne eine Tabelle (Muster siehe oben) und trage alle Bewertungskriterien ein, die ihr festgelegt habt.
3. Bewerte, was du gut bzw. nicht so gut geschafft hast und schreibe dazu, was du verbessern kannst.

# **Lehrgang:** Raspeln, feilen, schleifen

Feilen, Raspeln und Schleifpapier verändern die Form eines Werkstücks, glätten die Oberfläche und bereiten es auf das Lackieren oder Streichen vor. Mit der Raspel kommt man schnell voran, für feinere Arbeiten greifen wir aber zur Feile. Der letzte Arbeitsschritt ist das Schleifen: Dadurch wird die Oberfläche des Werkstücks schön glatt.

113.1 Die richtige Handhaltung beim Feilen und Raspeln

## Feilen und Raspeln

Beim Feilen und Raspeln umfasst eine Hand den Griff des Werkzeugs, die andere drückt die Feile an der Spitze mit dem Handballen nach unten. Dann wird die Feile gleichmäßig und gerade vor und zurück bewegt. Da die Zähne auf der Feile nach vorne stehen. Druck übt man nur in der Vorwärtsbewegung aus, sonst wird die Feile stumpf. Das Holz nur in Faserrichtung raspeln und feilen, sonst kann es schnell ausreißen.
Die Einkerbungen in der Feile heißen Hieb. Die Hiebzahl gibt an, wie groß der Abstand zwischen ihnen ist. Die Zahlen reichen von 0 (grob) bis 5 (sehr fein). Nach der Arbeit wird die Feile mit der Feilenbürste gereinigt.

113.2 Feilensatz mit Bürste

## Schleifen

Schleifpapier gibt es in verschiedenen Körnungen. Wie grob oder fein ein Schleifpapier ist, steht als „Körnung“ auf der Rückseite: Je kleiner die Körnungszahl umso gröber das Schleifpapier. Beim Schleifen beginnt man mit grobem Schleifpapier und nimmt dann immer feineres, bis die Oberfläche richtig glatt ist.
Als Hilfsmittel eignet sich ein Schleifklotz, um den das Schleifpapier gewickelt wird. Schleifklötze gibt es in verschiedenen Formen. Man sucht sie abhängig von der Form des Werkstücks aus, das man schleifen will.

113.3 Schleifpapier verschiedener Körnung

**TIPP**

Geschliffen wird immer mit der Faser, ansonsten zerkratzt die Oberfläche. Nur wenn die Fläche danach gestrichen werden soll, kann man sie mit einem feinen Schleifpapier quer schleifen, damit die Farbe besser hält.

113.4 Schleifklotz im Einsatz. Geschliffen wird immer mit der Maserung (= natürliche Kennzeichnung des Holzes).

# Lehrgang: Sägen

Für verschiedene Materialien gibt es unterschiedliche Sägen. Als Faustregel gilt: Je härter das Material, umso kleiner sollten die Sägezähne sein.
Beim Sägen ist es wichtig, in welche Richtung die Zähne des Sägeblatts weisen: Zeigen sie nach vorne arbeitet man „auf Stoß“, also in der Vorwärtsbewegung. Zeigen sie zum Griff, wird „auf Zug“ gesägt, also in der Rückwärtsbewegung.

**114.1** Sägeblattzähne im Detail

## Holzsägen

### Feinsäge

Feinsägen werden, wie der Name schon sagt, für sehr feine und genaue Schnitte benutzt.

**114.2** Feinsäge

### Fuchsschwanz

Der Fuchsschwanz ist gut für das Bearbeiten größerer Objekte, wie Platten oder Hölzer, geeignet.

**114.4** Fuchsschwanz

## Metallsäge

Die Metallbügelsäge ist eine Metallsäge, die sehr gut für gerade Schnitte geeignet ist.

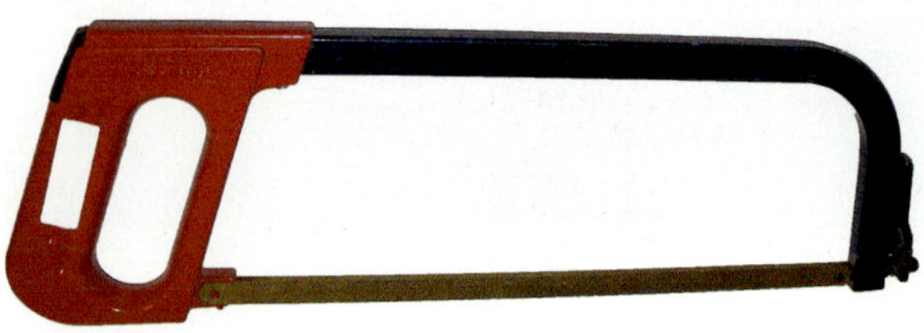

**114.6** Metallbügelsäge

## Laubsäge: Der „Allrounder“

Die Laubsäge eignet sich sehr gut, um Bögen und Kurven zu schneiden. Mit ihr lassen sich Holz, Metall und Kunststoff gut schneiden, man muss nur ein passendes Sägeblatt dafür einspannen.

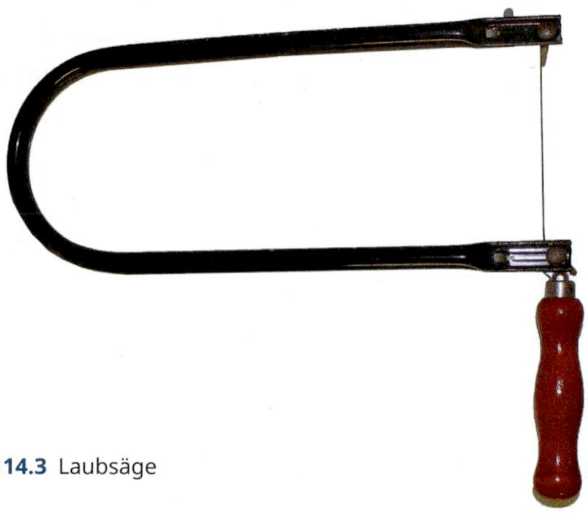

**114.3** Laubsäge

Die Gehrungslade ist ein praktisches Hilfsmittel, um Werkstücke in einem bestimmten Winkel durchzusägen.

**114.5** Gehrungslade

# **Lehrgang:** Laubsäge

## Einspannen des Werkstücks

Um einen schönen Schnitt zu erhalten, sollte das Werkstück immer eingespannt werden. Das Werkstück sollte dabei auf keinen Fall „federn", also sich trotz Schraubzwingen beim Sägen auf und ab bewegen.

**115.1** Zuerst wird das Sägeblatt auf der Seite des Griffes eingespannt.

## Einspannen des Blattes

Das Sägeblatt wird zuerst auf der Seite des Griffes eingespannt. Dann drückt man den Bügel gegen eine Kante der Werkbank und spannt das Blatt auf der Seite ein, die dem Griff gegenüber liegt.

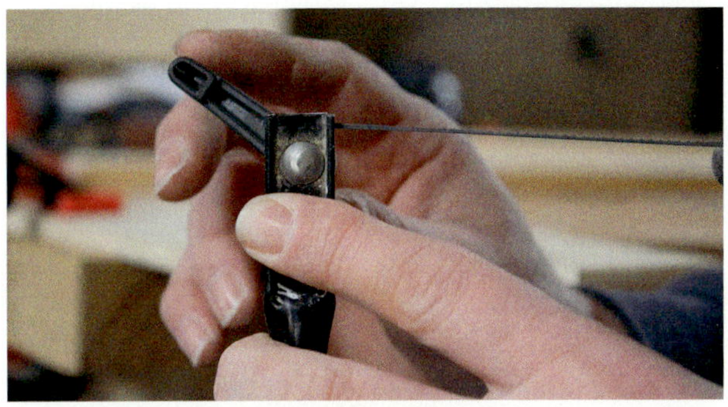

**115.2** Danach auf der gegenüberliegenden Seite.

## Ansägen

Damit die Säge nicht springt, sollten beim Ansetzen immer mehrere Zähne aufliegen. Am leichtesten erhält man eine Führungsschiene im Holz indem man die Säge am Anfang in einem 45°-Winkel auf das Werkstück aufsetzt. Es ist wichtig, ruhig und gleichmäßig zu arbeiten, die ganze Länge des Sägeblattes auszunutzen und wenig Druck auszuüben. Sonst verbiegt sich das Blatt oder bricht sogar.

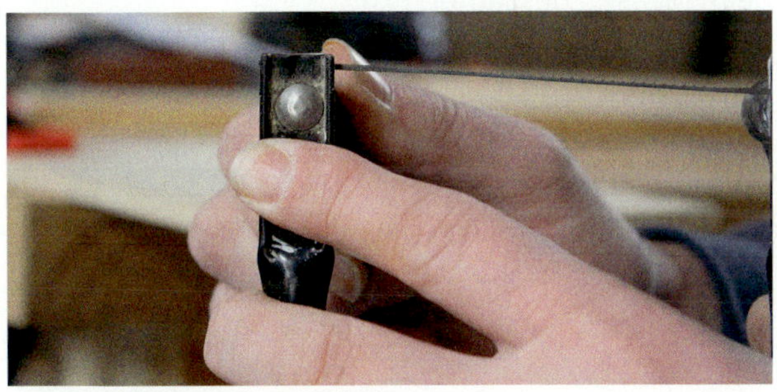

**115.3** Durch Umlegen des Hebels oder Festdrehen der Mutter wird das Sägeblatt festgespannt.

## Abschluss

Das Stück, das abgeschnitten wird, hält man fest, bevor man es fertig durchsägt. Wenn es einfach herunterfällt, könnte man sich daran verletzen. Außerdem reißt es sonst vielleicht Fasern aus dem Holz heraus, das weiter verwendet werden soll und sorgt so für einen unschönen Abschluss. Die Stücke die weggeschnitten werden, also der „Sägeabfall", wird auch Verschnitt genannt.

## Sägen aus der Mitte

Wenn in der Mitte des Materials mit dem Sägen begonnen werden soll, bohrt man zuerst ein Loch durch das Material. Dann wird das Sägeblatt auf einer Seite ausgehängt und durch das Loch gesteckt. Anschließend wird das Blatt wieder eingehängt und man kann zu Sägen beginnen.

**115.4** Die Säge wird gerade gehalten. Eine Hand ist am Griff, die andere am Werkstück.

# **Lehrgang:** Messen, anzeichnen, anreißen

**Messen** kann man mit Messwerkzeugen wie Gliedermaßstab und Stahlmaßstab. **Anreißen** nennt man das Anzeichnen von Maßen und Formen auf dem Werkstück. Beim Messen und Anreißen muss man sehr genau arbeiten, damit die Einzelteile eines Werkstücks am Ende auch zusammenpassen.

**Gliedermaßstab** (Bild 116.1) und **Stahlmaßstab** (Bild 116.2) sind **Messwerkzeuge,** mit denen du Längen messen kannst. Der Gliedermaßstab ist auch für Abmessungen von größeren Längen geeignet. Mit dem Stahlmaßstab kannst du sehr genaue Messergebnisse erzielen, er hat eine Skala mit Halbmillimetereinteilung. Die Skalen beider Messwerkzeuge beginnen bei null. Genaues Messen gelingt, wenn das Messwerkzeug im rechten Winkel zur Bezugskante (Bild 116.3) angelegt wird und beim Ablesen dein Blick möglichst nah und senkrecht auf die Skala gerichtet ist. Ansonsten schleichen sich Messfehler ein (Bild 116.4), ebenso wenn dein Werkstück beim Messen beschmutzt ist.

116.1

116.2

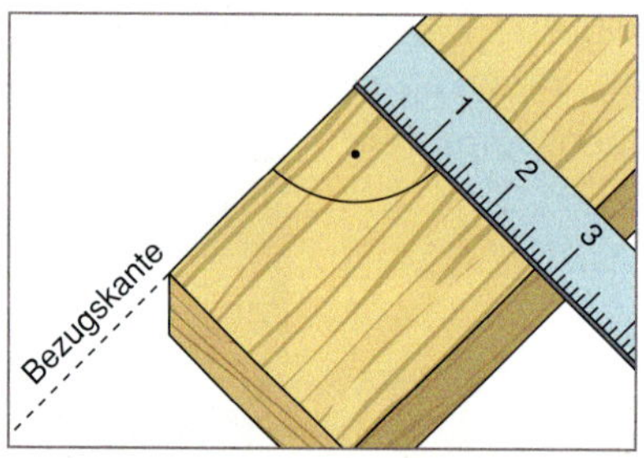


116.3

116.4

## Anreißen

Das genaue Übertragen von Formen und Maßen nennt man Anreißen. Dazu kannst du einen spitzen Bleistift, eine Anreißnadel oder einen Vorstecher verwenden.

In den Bildern 116.5 und 116.6 siehst du, wie mit einem **Anschlagwinkel** fachgerecht ein rechtwinkliger Sägeschnitt angerissen wird. Der Anschlagwinkel muss dabei exakt an der Werkstückkante anliegen und darf beim Anzeichnen nicht verrutschen.

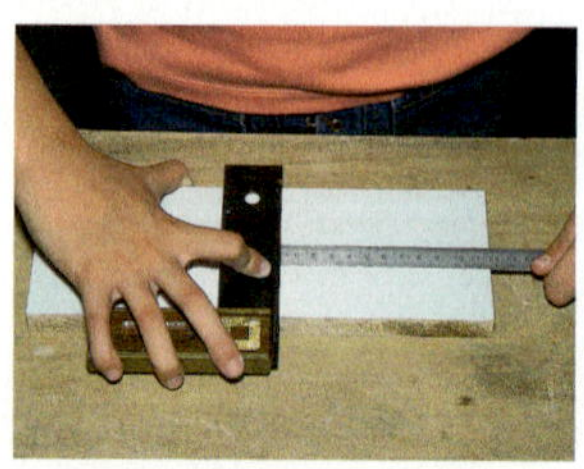

116.5

116.6

Manchmal ist es sinnvoll, eine Schablone in Originalgröße anzufertigen. Diese kann mit wenigen Klebepunkten auf deinem Werkstück befestigt werden.

**Bohrungen** werden mit einem Kreuz markiert. Die Kreuzlinien stehen dabei senkrecht aufeinander und gehen von den Bezugskanten aus (Bild 116.7). Die Kreuzlinien müssen länger als die Bohrung sein. So kannst du nach dem Bohren gut kontrollieren, ob das Loch genau sitzt. Mit einem Vorstecher (Bild 116.8) kannst du an der Kreuzmitte eine Vertiefung einstechen. So kann die Spitze des Bohrers genau an diesem Punkt ansetzen.

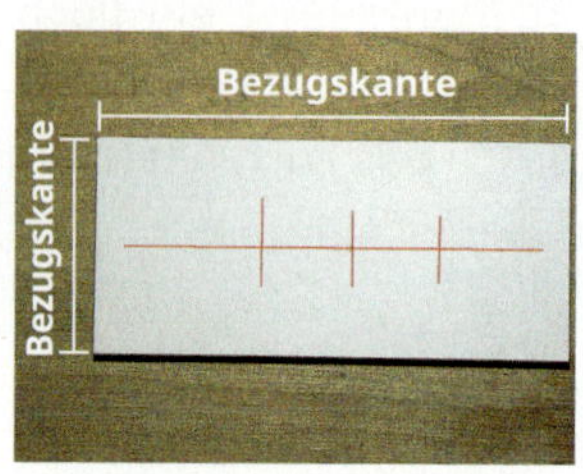


116.7

116.8

# Lehrgang: Das große Sägen

Das beste Gefühl für verschiedene Arten von Sägen bekommst du, indem du sie ausprobierst!

## Vorbereitung:

- Suche dir mindestens fünf verschiedene Sägen aus deinem Werkraum aus.
- Als Testmaterial brauchst du ein Stück Weichholz und ein Stück Hartholz mit jeweils rechteckiger Grundfläche (z. B. in der Stärke 4 x 4 cm).
- Lege eine Stoppuhr bereit.

## Untersuchung: Wie unterscheiden sich die verschiedenen Sägen?

- Test 1: Wie lange dauert es, das Holz durchzusägen?
- Test 2: Wie sieht die Kante aus? Glatt oder rau?
- Test 3: Lässt sich mit der Säge eine Kurve schneiden?

## Auswertung:

- Lege auf einem gesonderten Blatt oder am PC zwei Tabellen nach folgendem Muster an:

| Weichholz | Metallbügelsäge | Laubsäge | Fuchsschwanz | Feinsäge | ... |
|---|---|---|---|---|---|
| Zeit | | | | | |
| Kante | | Muster | | | |
| Kurventauglichkeit | | | | | |

| Hartholz | Metallbügelsäge | Laubsäge | Fuchsschwanz | Feinsäge | ... |
|---|---|---|---|---|---|
| Zeit | | | | | |
| Kante | | Muster | | | |
| Kurventauglichkeit | | | | | |

1. Erstelle die beiden Tabellen zur Auswertung nach dem obigen Muster. Fallen dir noch weitere Möglichkeiten ein, die Sägen zu vergleichen? Dann nimm sie in deine Tabellen auf.

2. Trage die Ergebnisse deiner Untersuchung für Weich- und Hartholz in deine beiden Tabellen ein.

3. Beurteile, wofür die verschiedenen Sägen deiner Meinung nach am besten geeignet sind.

## Überprüfung

Während der Arbeit musst du dir immer wieder diese Fragen stellen:

- Mache ich alles richtig?
- Funktioniert alles, was ich tue?
- Kann ich irgendetwas besser machen?

Zu schnell passiert mal ein kleiner Fehler und am Schluss weißt du nicht, was du falsch gemacht hast. Ein guter Tipp ist, während des Projektes ein Projekttagebuch zu führen, in das du den Projektablauf Schritt für Schritt einträgst.

Hierin schreibst du den Arbeitsablauf auf, vom Einkaufen des Materials bis zur letzten Tätigkeit im Projekt.

Das Projekttagebuch bietet auch die Möglichkeit, das Projekt später noch einmal zuhause nachzumachen. Dann muss du dir den Kopf nicht mehr darüber zerbrechen, was du alles brauchst oder wie du etwas gemacht hast. So kannst du dann z. B. einen perfekten Weihnachtsstern basteln oder einen Handyhalter nachbauen und verschenken.

Hier ein Beispiel für ein Projekttagebuch, das du auch am PC führen kannst:

| Projekttagebuch: Einen Weihnachtsstern basteln | | | |
|---|---|---|---|
| **Geplant am:** | **Einzelne Schritte** | **Skizze (falls nötig)** | **Erledigt am:** |
| 15.12.20.. | Einkauf buntes Bastelpapier | | ✓ 14.12.20.. |
| ... | ... | | |
| ... | ... | | |
| | | | |
| | | | |



❶ Übertrage das Projekttagebuch in dein Heft. Wenn dir noch eine weitere Überschrift für eine Spalte einfällt, dann ergänze sie in deinem Projekttagebuch. Bei Platzmangel (z. B. wegen großer Skizzen) kannst du die Tabelle auch im Querformat anlegen.

❷ Fülle die Spalten während eures Projektes aus.

# **Präsentieren** und **Bewerten**

Nachdem ihr euer Projekt erfolgreich durchgeführt habt, müsst ihr euch abschließend überlegen, wie ihr es präsentieren wollt. Wichtig ist dabei, nicht nur das fertige Ergebnis zu zeigen, sondern auch die Vorgehensweise bzw. Arbeitsabläufe zu dokumentieren. Außerdem sollt ihr aufzeigen, was gut gelaufen ist und wo Probleme auftraten.

Zur Präsentation gibt es verschiedene Möglichkeiten. Die bekannteste ist die Gestaltung eines Plakats. Man kann aber auch mithilfe eines Präsentationsprogrammes eine digitale Präsentation am PC gestalten. Dabei besteht die Möglichkeit, Effekte einzubauen oder auf Bilder zu zoomen. Die Voraussetzungen dafür sind eine entsprechende Ausstattung des Klassenzimmers und der geübte Umgang mit einem Präsentationsprogramm (siehe S. 202–211).

Eine dritte Möglichkeit ist die Gestaltung eines sogenannten Lapbooks. Das ist eine große Mappe, die sich mehrfach aufklappen lässt und in die kleine Faltbücher, Taschen, Klappkarten, Pop-ups, Umschläge mit Kärtchen usw. eingeklebt sind und die so immer wieder neue Überraschungen bietet. Dabei ist Kreativität gefragt. Das Ergebnis ist für die Betrachter aber oft interessanter als ein Plakat.

Hier siehst du Beispiele für Lapbooks:

**119.1** Präsentation eines Plakats im Team

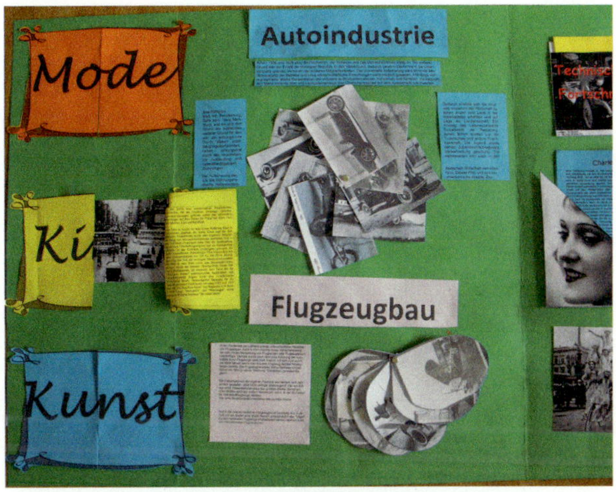


**119.3** Das fertige Lapbook als Ergebnis der Gruppenarbeit.

**119.2** Eine Lerngruppe gestaltet gemeinsam ein Lapbook.

**119.4** Naturwissenschaftliches Lapbook in Form eines Vulkans

## Alternative Präsentationsformen

Für kreative Köpfe gibt es noch mehr spannende Präsentationsmöglichkeiten:

Zeige deinen Mitschülern eine Videoanleitung.

Erstelle eine Foto-Story.

Spielt einen Sketch zum Projekt vor.

Erstelle ein Ratespiel zu deinem Vortrag.

Schreibe und Gestalte das Projekt als Speisekarte.

Schreibe alles auf wie ein Märchen.

Erstellt in Gruppen mehrere Stationen-Plakate und stellt sie euch gegenseitig vor.

Führt ein Interview dazu durch, wie andere eure Ergebnisse sehen.

Schreibe einen lustigen Blog.

1. Informiere dich (z. B. im Internet) über die auf dieser Seite genannten Präsentationsformen, die du noch nicht kennst.
2. Überlege, welche Möglichkeiten der Präsentation am besten zu dir passen und die du gerne ausprobieren möchtest.
3. Gestalte ein Plakat oder eine digitale Präsentation oder ein Lapbook zu deinem Projekt.

## Was wird bei einer Präsentation bewertet?

Bei einer Präsentation ist für die Zuschauer nicht nur das Thema wichtig und was ihr darüber berichtet, sondern auch die Art und Weise eures Vortrags, also wie ihr sprecht und ob ihr selbstbewusst auftretet. Im Info-Kasten rechts findet ihr Fragen, aus denen ihr Bewertungskriterien ableiten könnt.

Die Präsentation kann in die Benotung einfließen.
Die Tabelle zeigt dir ein Beispiel dafür.

Name: Anna, Klasse 6 a

| **Das wird bewertet** | **Beschreibung** | **eher nicht** | **geht so** | **ganz gut** | **super** |
|---|---|---|---|---|---|
| Sprache | Es wird verständlich formuliert, laut, deutlich und hochdeutsch gesprochen | x | | | |
| Körpersprache | Steht sicher vor der Gruppe. | | | x | |
| Inhalt | Es werden genügend und richtige Informationen gegeben. | | | x | |
| Demonstration | Die Funktion des Gegenstandes (Laterne) wird gezeigt; sie funktioniert. | | | x | |
| Aufbau | Die Reihenfolge im Vortrag war gut. Es wurde nichts vergessen. | | x | | |
| ... | ... | | | | |
| **Bewertung** | **Dieser Durchschnitt wurde erreicht.** | | | x | |

**Beispiel**

1. Überlege dir weitere Bewertungskriterien.
2. Erstelle eine Tabelle mit eigenen Bewertungskriterien.
3. Fallen dir weitere Fragen ein, die du dir vor der Gestaltung der Präsentation stellen könntest? Besprecht sie in der Klasse.

**INFO**
### Welche Fragen muss ich mir stellen?

#### Beim Gestalten der Präsentation:

- Welche Methode nutze ich, um mein Projekt und das Ergebnis vorzustellen?
- Was brauche ich für diese Methode (z. B. einen Plakatkarton und einen Farbstift um ein Plakat zu gestalten)?
- In welcher Reihenfolge erkläre ich mein Projekt?
- Habe ich alle Inhalte untergebracht?
- Wer präsentiert? – Einer oder alle Gruppenmitglieder?

#### Zum Inhalt der Präsentation:

- Wie war der Ablauf unseres Projekts?
- Wie haben wir alles dokumentiert?
- Hat alles wie geplant funktioniert?
- Habe ich Fotos, die ich herzeigen möchte?
- Wie sieht das Projektergebnis aus? Wie ist das Ergebnis gelungen?
- Hat das Projekt Spaß gemacht? Kann ich es weiter empfehlen?

## Wie kann ich ein Produkt bewerten?

Um ein Produkt zu bewerten, gibt es verschiedene Möglichkeiten. Hier siehst du Beispiele dafür:

### Bewertung mit Punkten

| Kriterien Handyhalter | maximale Punktezahl | Schüler/-in | Lehrer/-in |
|---|---|---|---|
| Skizze angefertigt? | 3 | 2 | 1,5 |
| Richtig gemessen? | 5 | 3,5 | 4 |
| Sauber geleimt? | 4 | 2 | 2 |
| Alle Kanten abgeschliffen? | 4 | 4 | 3,5 |
| | … | … | … |
| gesamt | … | … | … |

### Bewertung anhand einer Tabelle

| Kriterien Handyhalter | Notenpunkte | | | | | |
|---|---|---|---|---|---|---|
| | 1 | 2 | 3 | 4 | 5 | 6 |
| Skizze | | x | | | | |
| Richtig messen | | | | x | | |
| … | | | | | | |
| Alle Kanten abgeschliffen? | | | | | | |
| Gesamtnote = $\frac{\text{Summe der Notenpunkte}}{\text{Anzahl der Kriterien}}$ | | | x | | | |

Zur Bewertung kannst du auch die dir bereits bekannte Methode mit dem Selbsteinschätzungsbogen (siehe S. 15) wählen.

### Bewertung mit Selbsteinschätzungsbogen

| Selbsteinschätzungsbogen zur Projektbewertung | ☺☺ | ☺ | ☹ | ☹☹ |
|---|---|---|---|---|
| Ist das Ziel des Projekts erreicht? | | x | | |
| Funktioniert das Projektergebnis einwandfrei? | x | | | |
| Ist das Projektergebnis sauber gearbeitet? | | | x | |
| Könnte am Ergebnis noch viel verbessert werden? | | | x | |
| War es ein Team-Ergebnis oder haben nur einige Schüler/-innen das Projekt vorangebracht? | | x | | |
| Zähle zusammen: | | | | |

**Dein Fazit:**
Das Projekt hat Spaß gemacht, aber …
Gerne würde ich … . Ich denke, …

1. Überlegt euch gemeinsam, welche Art der Bewertung am besten zu eurem Projekt passt.
2. Entwickelt Kriterien (Fragen) zur Bewertung und erstellt den Bewertungsbogen eurer Wahl am PC.

## Und wozu das alles?

Im Bereich Technik und Naturwissenschaft lernst du viele Dinge kennen, die dir Aufschluss über deine Interessen und Stärken geben und es dir damit ermöglichen, später einen Ausbildungsberuf auszuwählen, der zu dir passt. Sieh dir die Bilder an – das kannst du bereits:

123.1

123.2

123.3

123.4

123.5

1. Erkläre genau, was du auf den Bildern siehst.
2. Überlege dir, welche Berufe es gibt, in denen diese Fertigkeiten wichtig sind.

## Ökologie und Nachhaltigkeit

Was bedeuten die Begriffe Ökologie und Nachhaltigkeit denn eigentlich?
**Ökologie** beschreibt den Zusammenhang von Menschen, Tieren und Pflanzen; wie sie sich gegenseitig beeinflussen und voneinander abhängen. Ein Ökologe könnte z. B. untersuchen, wie der Bau einer Straße das Leben einer Eidechsenart beeinflusst, die in der Nähe lebt. Der Umweltschutz ist inzwischen für Ökologen einer der wichtigsten Bereiche geworden, denn der Mensch beeinflusst seine Umwelt enorm.
**Nachhaltigkeit** trägt ganz entscheidend zum Umweltschutz bei. Der Begriff meint, dass man darauf achtet, die Ressourcen der Erde so zu verwenden, dass auch die kommenden Generationen noch gut leben können.
Ein Beispiel für Nachhaltigkeit ist, recyceltes Papier zu verwenden (also Papier, das aus Altpapier hergestellt wurde) oder Pfandflaschen statt Einwegflaschen zu kaufen.

### Täglich ...

- werden weltweit ungefähr 99 Millionen Tonnen Kohlendioxid in die Luft ausgestoßen.
- werden auf der Welt rund 36 000 Hektar Wald zerstört.
- verbrauchen Menschen etwa 11 Milliarden Liter Frischwasser.
- verringert sich die globale Ackerbaufläche um ca. 33 000 Hektar.
- fangen Menschen rund 256 000 Tonnen Fisch aus Ozeanen und Seen.
- werden drei neue Tier- und Pflanzenarten als bedrohte Arten eingestuft und auf die Rote Liste gesetzt.
- verursacht die Weltbevölkerung etwa 3,6 Millionen Tonnen Müll.

Quelle: dpa-Globus ©Westermann 36852EX

124.1 Mensch, Natur und Technik beeinflussen sich gegenseitig.

In den hier im Buch vorgestellten Projekten arbeitest du viel mit Holz. Ob du nachhaltig angebautes Holz kaufst, kannst du zum Beispiel an folgenden Zeichen erkennen:

PEFC™

124.2 PEFC-Siegel

FSC®

124.3 FSC®-Siegel

EU Ecolabel
www.ecolabel.eu

124.4 EU Ecolabel

❶ Erkläre in eigenen Worten die Begriffe „Ökologie" und „Nachhaltigkeit".

❷ Finde eigene Beispiele im Alltag, in denen du „nachhaltig" handeln kannst.

Rückspiegel

# Was habe ich gelernt?

Dieser „Planungspfeil" zeigt dir im Rückblick noch einmal den Weg durch ein Projekt. Du kannst ihn auf jedes andere Projekt anwenden.

**Projekt-Start**

**1. Schritt**

Ideen sammeln und auf ein Thema einigen.

**2. Schritt**

Recherchieren, Informationen sammeln und erste Vorstellungen zum Thema entwickeln.

**Verbesserungen,** Vorstellungen anpassen

**3. Schritt**

Genau planen und vorbereiten, Skizze zeichnen, Materialliste erstellen, Bewertungskriterien festlegen.

**4. Schritt**

Durchführung: Material und Werkzeug bereit legen, mit der Umsetzung beginnen.

**Verbesserungen** anbringen

**5. Schritt**

Überprüfung: Kontrolle der Umsetzung, mögliche Verbesserungen.

**6. Schritt**

Präsentation und Bewertung: Projekt-Ergebnis abschließend vorstellen und bewerten.

**Projekt-Ergebnis**

1. Vervollständige das Projekttagebuch zu deinem Projekt.
2. Überlege, welche weiteren Projekte könntest du so planen. Oder plane gleich dein Lieblingsprojekt.

# Wirtschaft und Verwaltung

Was mache ich mit meinem Taschengeld?

Wie kann ich mich über ein Produkt informieren?

Wie sieht ein Betrieb von innen aus?

WuV

Wo kaufe ich am besten ein?

Stimmt das, was in der Werbung versprochen wird?

Warum kann ich mir nicht alle Wünsche erfüllen?

# Bestandsaufnahme

## In diesem Fach ...

dreht sich vieles um die Wirtschaft. Auch wenn du dir vielleicht noch nicht bewusst Gedanken darüber gemacht hast, nimmst du doch täglich am Wirtschaftsleben teil. Deshalb ist es wichtig, ein paar grundlegende Dinge über die Wirtschaft zu wissen.

128.2

### Wo stehe ich? Was möchte ich lernen?

**Wirtschaft und Verwaltung** – ein neues Fach für dich, aber sicherlich hast du schon Erfahrungen gesammelt und kennst schon einiges, was mit dem neuen Wahlpflichtfach zusammenhängt.
In der Wirtschaft geht es meist um Kaufen und Verkaufen. Damit du etwas kaufen kannst, musst du genug Geld haben. Damit die Menschen Geld verdienen, gehen sie arbeiten. Sie bauen Autos, Maschinen, Häuser, nähen Kleidung, backen Brot, pflanzen Getreide oder bauen Obst an, das dann wiederum verkauft wird. Die Wirtschaft sorgt also dafür, dass die Menschen Güter und Dienstleistungen erhalten, die benötigt werden.
Im Fach Wirtschaft und Verwaltung erhältst du einen Einblick in das Wirtschaftsleben.

128.3

**Das kann ich**
- meine Stärken nennen
- im Internet surfen
- anderen helfen
- mit Geld umgehen
- alleine einkaufen
- sparen
- mich über Produkte informieren
- in einer Gruppe arbeiten
- Produkte nach Qualität unterscheiden
- mit meinem Taschengeld verantwortungsbewusst umgehen
- auf Menschen zugehen
- Dinge organisieren
- erkennen, dass Werbung mich beeinflusst
- andere beeinflussen
- gut rechnen
- mich informieren

128.1

**Eigenschaften**
ordentlich, zuverlässig, genau, energisch, kreativ, gut im Zuhören, ausgeglichen, gut im Organisieren, freundlich, fleißig, hilfsbereit, gewissenhaft, flexibel, mutig, draufgängerisch, ausdauernd, planvoll ...

1. Nenne fünf Berufe aus den Bereichen Wirtschaft und Verwaltung.

2. Welche drei Eigenschaften sind nach deiner Meinung in den Berufen in Wirtschaft und Verwaltung die wichtigsten? Begründe deine Aussage.

3. Sortiere auf einem Blatt die „Das-kann-ich-Tabelle“. Schreibe das, was du am besten kannst, ganz nach oben.

Vielleicht hast du festgestellt, dass du schon in vielen Bereichen von Wirtschaft und Verwaltung Erfahrungen mitbringst, möglicherweise ganz andere als deine Mitschülerinnen und Mitschüler.

Schreibe drei Dinge auf, die du im Bereich Wirtschaft besonders gut kannst.

Notiere drei Situationen, in denen du Verantwortung übernimmst.

- Ich gehe gerne shoppen mit meinen Freunden.
- ...

- Hamster pflegen und füttern
- ...

- Lernen, wie ich mit Geld sinnvoller umgehe.
- ...

ein Foto von dir

Was möchtest du in Wirtschaft und Verwaltung im 6. Schuljahr lernen? Schreibe drei Beispiele auf.

1. Gestalte eine Seite, auf der du deine Begabungen und Vorkenntnisse darstellst!
2. Ergänze deine Beispiele mit passenden Zeichnungen, Bildern und Fotos. Vielleicht auch auf einem zweiten Blatt.

# **Einblicke** ins Marktgeschehen

### Wünsche und Bedürfnisse

130.1

130.2

Es gibt viele Dinge, die man gerne haben möchte. Meistens hat man aber nicht genügend Geld oder Zeit, um sich seine Wünsche selbst erfüllen zu können. Aber selbst wenn man sich die Sachen dann von anderen wünscht, muss man Entscheidungen treffen ...

**Meine persönliche Wunschliste**

1. Fahrrad
2. neue Schultasche
3. Ausflug in den Freizeitpark
4. ...
5. ...
6. ...

❶ Du bekommst 15 € geschenkt und hast diese zur freien Verfügung. Was würdest du damit machen?

❷ Ordne deine eigenen Wünsche in einer Wunschliste.

❸ Welche Wünsche deiner Wunschliste können erfüllt werden?

❹ Wie kannst du einen Teil deiner anderen Wünsche irgendwann doch noch verwirklichen?

## Menschen haben Bedürfnisse

Emil hat Hunger und braucht etwas zu Essen. Katrins alte Schuhe passen nicht mehr. Sie möchte sich neue kaufen. Emre wünscht sich endlich ein Tablet, mit dem er im Internet surfen kann. Lisas Mutter wünscht sich schon so lange die Goldkette mit einem schönen Anhänger. Sie alle haben das Gefühl, dass ihnen etwas fehlt. Sie haben Bedürfnisse. Bedürfnisse sind meist vielfältig und grenzenlos. Aber sie lassen sich nach Notwendigkeit sortieren. Es gibt Bedürfnisse, die zum Überleben notwendig sind. Andere sind in unserer Gesellschaft üblich und wieder andere sind Luxus.

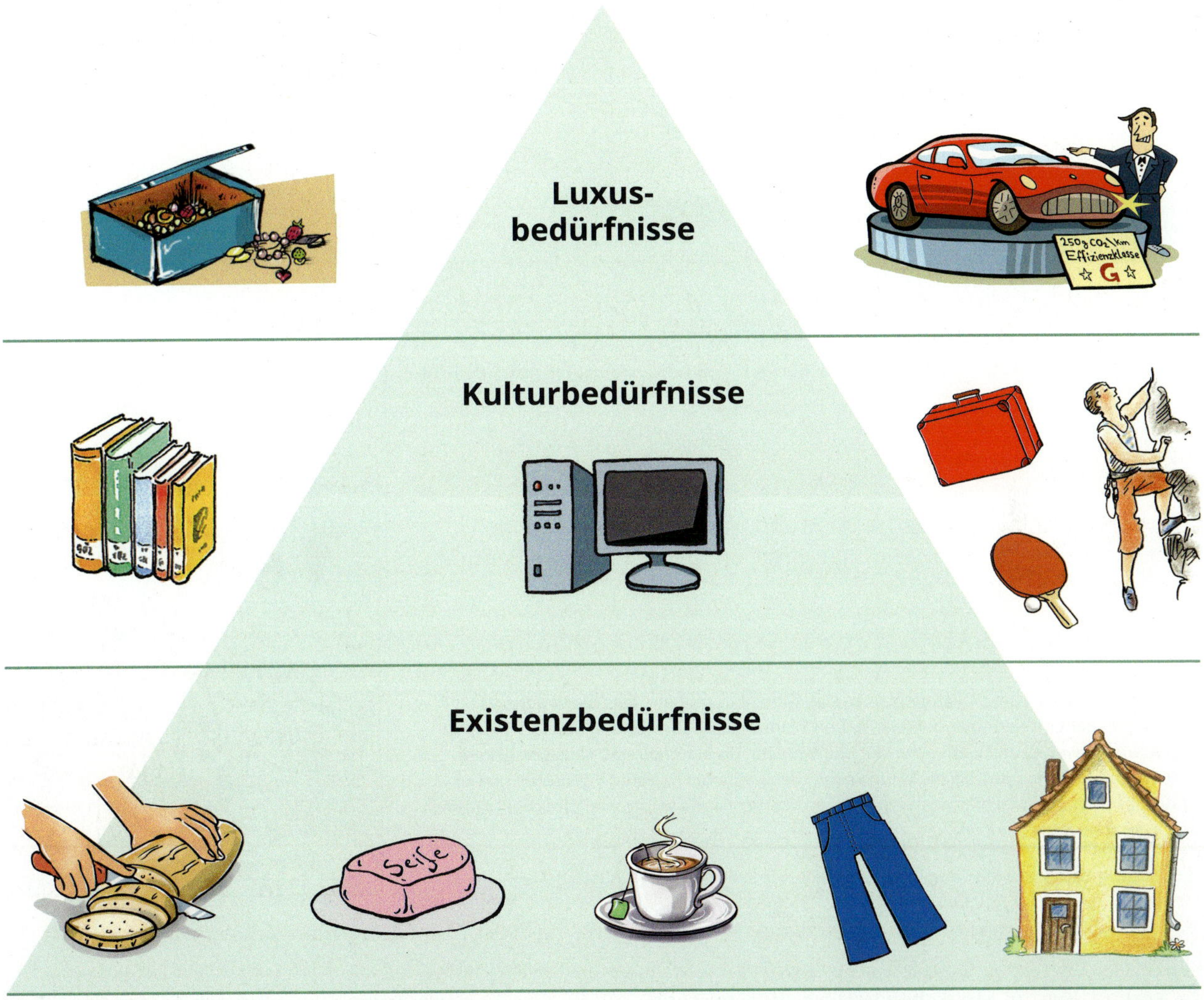


❶ Beschreibe in eigenen Worten die drei Bedürfnisarten.

❷ Nenne jeweils fünf Beispiele für die oben beschriebenen Bedürfnisarten.

❸ Nimm drei Beispiele aus deiner Wunschliste (S. 130) und erkläre, um welche Art von Bedürfnissen es sich handelt.

❹ In Deutschland gilt ein Flachbildfernseher als Kulturbedürfnis. Erkläre, weshalb dies in anderen Ländern nicht der Fall sein muss.

## Menschen müssen wirtschaften

Wir alle haben sehr viele Bedürfnisse. Genau betrachtet haben wir beinahe unendlich viele Bedürfnisse. Die Mittel, mit denen wir unsere Bedürfnisse erfüllen können, sind aber begrenzt. Neben den Süßigkeiten, dem Kinobesuch und dem neuen Spiel für die Konsole brauchen wir vielleicht auch noch dringend einen neuen Pullover. Das Geld reicht nicht, alle Wünsche zu erfüllen. Wir müssen uns genau überlegen, wofür wir das Geld ausgeben. Wir müssen vernünftig planen, um uns die wichtigsten Bedürfnisse erfüllen zu können. Das bedeutet: Wir müssen wirtschaften.

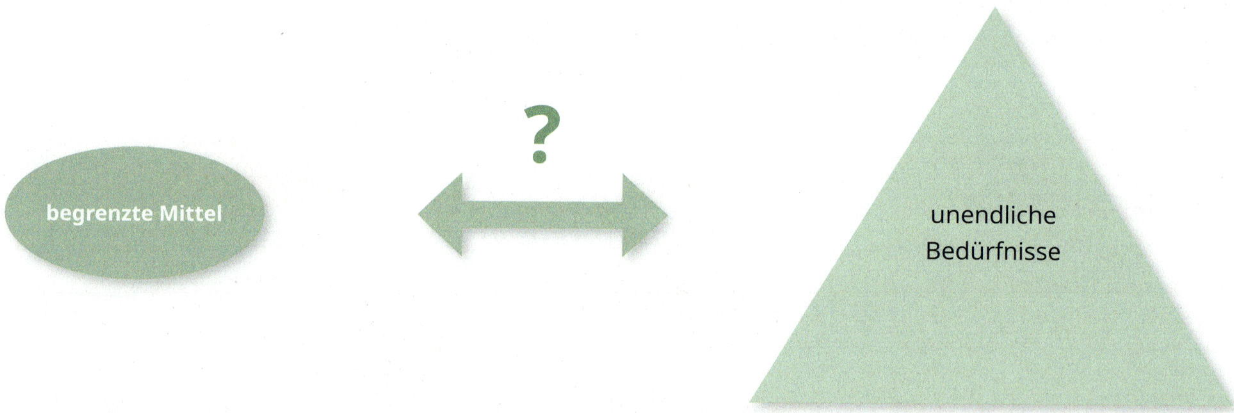


**Wirtschaften**

Wirtschaften heißt also, vernünftige und planvolle Entscheidungen über knappe Mittel (z. B. Geld) zu treffen, um bestmöglich die Bedürfnisse zu befriedigen.

**132.1** Das Märchen vom Schlaraffenland: „Das könnt ihr glauben, dass die Vögel dort gebraten in der Luft herumfliegen, Gänse und Truthähne, Tauben und Kapaunen, Lerchen und Krammetsvögel, und wem es zu viel Mühe macht, die Hand darnach auszustrecken, dem fliegen sie schnurstracks ins Maul hinein. Die Spanferkel [...] laufen gebraten umher und jedes trägt ein Tranchiermesser im Rücken, damit, wer da will, sich ein frisches, saftiges Stück abschneiden kann."

Aus: Ludwig Bechstein: Märchen, Kapitel 35, Thienemanns Verlag, Stuttgart 1942.

1. Erkläre, warum Menschen wirtschaften müssen.
2. Im Text wird als begrenztes Mittel häufig Geld genannt. Liste andere Mittel auf, die knapp sind und mit denen wir planvoll und vernünftig umgehen müssen.
3. Es gibt das Märchen vom Schlaraffenland (vgl. Abb. 132.1). Menschen müssen nur den Mund aufmachen, und schon fliegt das Essen hinein. Begründe, ob die Menschen im Schlaraffenland auch wirtschaften müssen.
4. Ein Eichhörnchen sammelt Nüsse. Einen Teil vergräbt es für den Winter. Diskutiere, ob das Eichhörnchen wirtschaftet.

## Vor dem Einkauf informieren

Wer ärgert sich nicht, wenn er sich z. B. ein Handy angeschafft hat und danach feststellt, dass es woanders wesentlich preisgünstiger angeboten wird? Deshalb sollte beim Kauf hochwertiger Gegenstände planvoll vorgegangen werden. Vor dem Kauf müssen allerdings wichtige Fragen beantwortet werden:

- Wie viel Geld steht mir zur Verfügung?
- Welche Geräte gibt es in dieser Preiskategorie?
- Welche Anforderungen stelle ich an das Gerät?
- Welche Marken kommen infrage?
- Welche Ausstattung soll es haben?
- Welche Geräte sind besonders preisgünstig?
- Wo kann ich es kaufen?
- Welche Serviceleistungen werden angeboten?

1. Nimm einen Wunsch aus deiner Wunschliste (siehe S. 130) und überlege dir Fragen, die vor dem Kauf geklärt werden müssen.
2. Im obigen Text findest du dir mehrere Fragen. Warum stellst du dir solche Fragen vor dem Kauf? Erkläre.
3. Befrage Erwachsene, wie sie sich vor Kaufentscheidungen für verschiedene Produkte informieren.

**134.1** Viele Hersteller bieten viele Modelle an.

## Viele Modelle – wie finde ich das Richtige?

Paula darf sich zum Geburtstag ein neues Fahrrad aussuchen, da ihr altes zu klein geworden ist. Sie weiß aber noch nicht welches. Ihre Freundinnen und Freunde haben zum Teil schon tolle neue Fahrräder. Levin hat ein cooles Mountainbike, Maria ein schickes BMX und Laura ist mit ihrem Rennrad häufig mit dem Radsportverein unterwegs. Für Paula steht fest, es soll ein schönes Jugendfahrrad werden, so wie Nele eines hat, nur in anderer Farbe. Sie beschließt, noch nach anderen Modellen im Internet zu schauen.

### Suchmaschine

Zunächst ruft Paula eine der Suchmaschinen im Internet auf und gibt ihren Wunsch ein. Innerhalb von einer halben Sekunde hat sie 300.000 Treffer. Die ersten sind mit der Bemerkung „Anzeige" gekennzeichnet. Als sie auf das Suchergebnis blickt, findet sie sich bei einem bekannten Onlineshop wieder, der unter anderem auch Fahrräder verkauft. Sie beschließt, die Seite zu verlassen und den ersten Beitrag ohne die Bemerkung „Anzeige" zu wählen. Hier wird sie schon eher fündig.

### Onlineshop

Auf dieser Seite kann Paula ihre Wünsche und Vorstellungen über eine Auswahl (Filter) genau angeben. Sie wählt aus, wie teuer das Fahrrad sein darf und gibt außerdem noch ihr Geschlecht und die gewünschte Farbe an. Aber viele Fragen kann sie nicht beantworten. Sie weiß nicht, welche Rahmengröße sie braucht, wie groß die Räder sein sollen oder wie viele Gänge das Fahrrad haben soll. Und was ist der Vor- oder Nachteil der verschiedenen Materialien? Immerhin findet sie ein paar Modelle, die ihr zumindest gut gefallen. Aber sind diese für Paula auch geeignet? – Gut aussehen heißt noch lange nicht gut sein.

### Herstellerseite

Jetzt surft sie zu den Herstellerseiten. Hier findet sie alle Informationen, die die Hersteller ins Netz stellen: Produktname, technische Details usw. Leider aber keine Preise oder Vergleiche zu anderen Herstellern. Ihr scheint es auch, als ob jeder Hersteller sich möglichst toll präsentieren will.

### Onlinetest

Paula macht sich also auf die Suche nach möglichen Vergleichen zwischen den Fahrrädern. Dabei wird sie schnell fündig. Im Internet gibt es eine ganze Reihe von Seiten, auf denen Testberichte von verschiedenen Produkten zu lesen sind – unter anderem auch Fahrräder.

**TIPP**

*www.test.de* oder
*www.testberichte.de*

### Verbraucherforum

Zu fast jedem Thema finden sich im Internet Meinungen von anderen Verbrauchern. Manchmal haben sie ein Produkt nur bewertet, manchmal einen ganzen Bericht darüber geschrieben und mit anderen diskutiert. Solche Informationen helfen Paula bei ihrer Entscheidung.

### Fahrradhändler

Paula hat nun viel gelesen und jetzt eine Vorstellung davon, welches Produkt ihr Favorit ist. Aber der große Nachteil bei der Internetrecherche ist, dass man das Fahrrad nur auf Bildern sieht, es nicht anfassen und auch nicht ausprobieren kann. Hier muss sich Paula auf die Ausssagen von anderen verlassen. Deshalb macht sie sich auf den Weg zum Fahrradhändler.

## Gefahren bei der Internet-Recherche

Die Recherche im Internet ist schnell und bequem. Aber Vorsicht, es lauern eine ganze Reihe von Gefahren im WorldWideWeb. Stell dir ein riesiges Regal vor und jeder darf seine Notizen oder selbst geschriebenen Bücher hineinstellen. So ähnlich ist es im Internet. Millionen Menschen stellen in jeder Sekunde neue Informationen ein. Sie können aber Fehler oder sogar Lügen enthalten, weil jeder schreiben darf, was er will. Außerdem können die Informationen veraltet sein.

135.1

### Suchmaschinen nutzen

Suchmaschinen zu bedienen ist kinderleicht – lediglich den Suchbegriff in das Suchfeld eintragen und schon erhält man unzählige Informationen zum Thema. Diese Informationen wurden aber von der Suchmaschine gefiltert und aufbereitet, nach welchen Kriterien ist den Nutzern unbekannt. Damit kann die Suchmaschine den Nutzer beeinflussen und auf bevorzugte Seiten lenken, z. B. auf Seiten von Werbepartnern, oder Informationen ganz aussparen.

**Eingabe der Suchbegriffe:**

- Suchbegriff richtig schreiben, Groß- und Kleinschreibung ist egal.
- Nicht mit Sätzen suchen. Nur die wichtigen Hauptwörter eingeben.
- Zwei oder mehr passende Begriffe eingeben, dann werden weniger Seiten angezeigt.

**Umgang mit den Suchergebnissen:**

- Verschaffe dir einen Überblick, wie viele Treffer angezeigt werden. Bei zu vielen Treffern erneut versuchen mit enger fassenden Begriffen.
- Nicht unbedingt die erste Seite anklicken, da sie nicht das beste Suchergebnis sein muss und es sich häufig um Werbeanzeigen handelt.
- Eventuell weitere Seiten anklicken, um eine übersichtliche Auswahl an Seiten zu nutzen.

1. Finde für deinen persönlichen Fahrradkauf (also für dein Modell):
   a) bei drei Suchmaschinen
   b) auf fünf Online-Shops
   c) fünf Hersteller.
   d) drei Seiten mit Online-Tests zu Fahrrädern.
   e) drei Seiten, auf denen Verbraucher etwas über Fahrräder berichten.
   f) Fahrradhändler in deiner Nähe.
   g) weitere Möglichkeiten.

2. Wähle ein Produkt aus deiner Wunschliste, über das du dich informieren möchtest und recherchiere.

3. Formuliere Tipps zum Erkennen von verdächtigen Seiten.

4. Erkläre, weshalb dich Suchmaschinen auf bestimmte Seiten lenken wollen.

5. Die Internetrecherche hat Vor- und Nachteile gegenüber dem herkömmlichen Einkaufen. Stelle diese dar.

## Stiftung Warentest – Hilfe für die Verbraucher

**136.1** „test" erscheint monatlich und vergleicht unabhängig und objektiv Produkte.

Für die meisten Verbraucher ist es schwierig, sich einen Überblick auf dem Markt zu verschaffen. Deshalb wurde vom Deutschen Bundestag die Stiftung Warentest gegründet. Sie führt regelmäßig Untersuchungen durch über die Qualität von Waren und Dienstleistungen, die zum Kauf angeboten werden. Die Ergebnisse werden auf ihrer Webseite oder in der Zeitschrift „test" veröffentlicht. Dazu werden Tests der verschiedensten Produkte durchgeführt. Stiftung Warentest testet vom Handyanbieter bis zur Waschmaschine, von Versicherungen bis zum Kinderspielzeug.

Die Hauptaufgabe der Stiftung Warentest besteht darin, dass Verbraucher das Angebot einfach und übersichtlicher erkennen können. Die Verbraucher sollen sich über die Vielfalt der Produkte, deren Einsatzmöglichkeiten, Qualität, Umweltverträglichkeit und Preise informieren können. Die Stiftung Warentest gibt damit eine Entscheidungshilfe auf einem unübersichtlichen Markt.

**136.2** Paula hat sich für ein Rad mit dem Testergebnis „gut" entschieden.

Wenn Produkte oder Dienstleistungen in einem Test „gut" oder sogar „sehr gut" abgeschnitten haben, verwenden die Unternehmen die Ergebnisse häufig als Werbung auf ihrer Verpackung. Ein positives Urteil kurbelt den Umsatz des Unternehmens an, weil Verbraucher meist dem Urteil der Stiftung Warentest vertrauen. Die Urteile haben somit bedeutende Auswirkungen auf den Verkauf der Produkte.

**TIPP**

Im Internet findest du viele Filme zu der Arbeit der Stiftung Warentest.

1. Internetrallye: Rufe die Seite www.test.de auf.

2. Notiere die Antworten zu den folgenden Fragen und Aufgaben in deinem Heft:
   a) Finde heraus, wo die Stiftung Warentest ihren Sitz hat.
   b) Notiere verschiedene Tests und ihre Rubriken aus dem aktuellen „test"-Heft.
   c) Es gibt eine weitere Heft-Reihe, die von der Stiftung Warentest herausgegeben wird. Notiere den Titel und beschreibe kurz, was in diesem Heft getestet wird.
   d) Finde drei Tests zu verschiedenen Themen, die dich interessieren.
   e) Deine Familie braucht eine neue Geschirrspülmaschine. Finde den letzten Testsieger.
   f) Wurde eigentlich dein Handy oder euer Fernseher auch schon einmal von der Stiftung Warentest getestet?
   g) Erkläre, warum es nicht immer sinnvoll ist, nur den Testsieger kaufen zu wollen.

3. Denke dir selbst noch Aufgaben zur Internetrallye aus.

## Projekt „Selber testen"

### Die Lizenz zum Kauen

**Da hat sich das Kauen gelohnt: 1. Platz beim Wettbewerb „Jugend testet".**

Was macht eigentlich einen guten Kaugummi aus? Dieser Frage sind Schüler aus Esslingen nachgegangen. Das Kaugummikauen an ihrer Schule ist strikt verboten. Doch Ende vergangenen Jahres erteilte die Schulleitung den vier Schülern eine Ausnahmegenehmigung. Sie erhielten sozusagen die Lizenz zum Kauen. Das Entgegenkommen der Schulleitung hat sich gelohnt. Denn die vier Schülerinnen und Schüler haben den von der Stiftung Warentest bundesweit ausgeschriebenen Wettbewerb „Jugend testet" in der Kategorie Produkte gewonnen.

Die Schüler hatten sich zur Teilnahme entschlossen und sich dem Test neun verschiedener Kaugummisorten verschrieben – auf dass dem Verbraucher eine Entscheidungshilfe an die Hand gegeben wird, welches Produkt für seine Kauvorliebe das Beste ist. Sie haben Kaugummis auf verschiedene Eigenschaften hin getestet: von der Geschmacksintensität und -dauer bis hin zur größten möglichen Blase. Blasen machen und den Atem erfrischen: Ein Kaugummi ist inzwischen längst nicht mehr nur zum Kauen da.

Die Tester suchten den Alleskönner unter den Kaugummis. Sie maßen, wie lang sich die Gummis ziehen und wie groß sich Blasen damit machen ließen. Außerdem sollten die Kaugummis üblen Mundgeruch beseitigen.

Am besten schnitt die Marke Big Red ab. Doch den perfekten Kaugummi hat das Testteam nicht gefunden.

1. Beschreibe das Vorgehen der Schüler aus Esslingen.
2. Welche Kriterien für einen guten Kaugummi waren der Schülergruppe wichtig?
3. Finde Kriterien für einen Test von Schokolade, Handys oder einem Produkt deiner Wahl.
4. Welche Kriterien wären für den Test von Bäckereien wichtig?

**Testobjekt auswählen**
Überlege dir, welches Produkt oder welche Dienstleistung du testen möchtest. Du solltest dabei im Blick haben, wie du die Produkte oder Dienstleistungen untersuchen kannst, ohne dass große Kosten entstehen.

**Testkriterien festlegen**
Ist die Idee gefunden, brauchst du nur noch eine geeignete Methode für deinen Test. Überlege genau: Was macht ein Produkt zu einem guten Produkt? Versuche Kriterien zu finden, die du miteinander vergleichen kannst. Arbeite möglichst genau. Wenn am Ende deines Tests eine neue Erkenntnis mit Informationswert herauskommt, hast du alles richtig gemacht.

**Ergebnisse präsentieren**
Die Idee ist gefunden und getestet hast du auch schon. Nun müssen dein Test und deine Ergebnisse noch präsentiert werden. Deine Testmethode und dein Ergebnis sollten gut beschrieben und nachvollziehbar sein. Hierzu nutzt du am besten Grafiken, Tabellen und Bilder, damit du spannend präsentieren kannst.

1 Führe die oben beschriebenen Schritte durch.
   a) Lege für die Präsentation eine Mappe an.
   b) Erstelle eine Wandzeitung.
   c) Erstelle ein Plakat.

2 ehmt mit euren Testergebnissen am Wettbewerb „Jugend testet“ tu (*www.jugend-testet.de*).

# Was habe ich gelernt?

### Einblicke ins Marktgeschehen

In den vergangenen Wochen hast du einige erste Einblicke ins Marktgeschehen erhalten. Du konntest einige deiner praktischen Erfahrungen, die du zum Thema Wirtschaft bereits hattest, mit theoretischem Wissen unterbauen.

### Daran arbeiten …

1. Erläutere, was man unter „wirtschaften" versteht und gib einige Beispiele aus deinem Umfeld, in welchen Situationen deine Familie oder deine Freunde wirtschaften (müssen).

2. Ordne die Beispiele aus der Abbildung den verschiedenen Bedürfnissen zu.

**139.1** Verschiedene Bedürfnisse

3. Lege eine Vokabelliste mit Fachbegriffen an, auf der du zehn Begriffe aus dem vorangegangenen Kapitel oder aus dem vergangenen Unterricht erklärst.

4. Bildet in der Klasse zwei Stuhlkreise mit gleich vielen Stühlen. Ein Stuhlkreis innen und einer außen. Es sitzt je ein Mitschüler aus dem Innenkreis einer Schülerin oder einem Schüler aus dem Außenkreis gegenüber (vgl. Abb. 139.2).

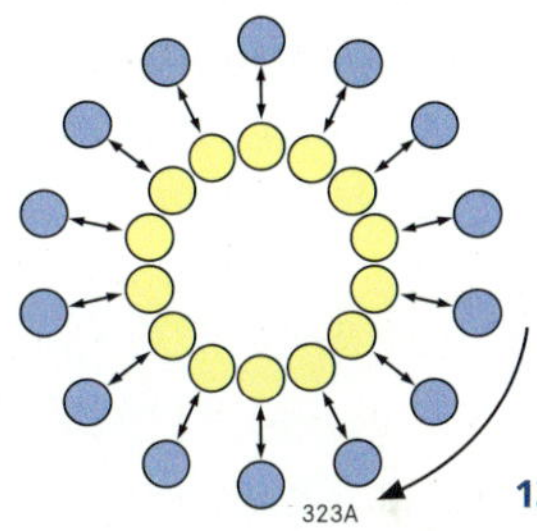


**139.2** Methode Kugellager

   a) Die Schüler/-innen im Außenkreis fragen die Schüler/-innen aus dem Innenkreis mit Hilfe Ihrer Vokabelliste (aus Aufgabe 3) ab und geben Rückmeldung.
   b) Dann bilden sich neue Paare, indem die Schüler/-innen des Innen- oder Außenkreises nach dem Signal der Lehrerkraft einen Platz weiterrücken.
   c) Nun fragen die Schüler/-innen im Innenkreis die Schüler/-innen im Außenkreis ab. Dieser Vorgang kann mehrfach wiederholt werden.

5. Gestalte für deine Kompetenzmappe ein Blatt auf dem du die folgenden Satzanfänge beendest. Manchmal genügen wenige Worte, manchmal musst du mehrere Sätze schreiben.

In diesem Kapitel habe ich erfahren, dass …
Das für mich interessanteste war …
Mit meiner Gruppe …
Zu Hause waren alle überrascht, …
Richtig schwierig war …

# **Werbung** weckt **Bedürfnisse**

Werbung begegnet uns jeden Tag und überall. Morgens schallen bereits die Radiospots beim Frühstück durch die Küche und wenn wir an der Bushaltestelle stehen, dann schauen wir auf die ersten Werbeplakate. Die Schule wirbt mit einem Flyer für den Tag der offenen Tür oder hängt Werbeplakate für die Berufswahl aus. Zuhause angekommen quillt der Briefkasten aufgrund der Werbeprospekte fast über und im Fernsehen sind wir schon daran gewöhnt, dass immer im spannendsten Moment der Werbespot eingeblendet wird. Viele Spiele auf dem Smartphone sind zwar kostenlos, aber dafür werden die Spiele häufig durch Werbevideos oder Anzeigen unterbrochen und man ist gezwungen, sich die Werbung anzuschauen. Beim Sport findet sich auf jedem Trikot ein Hinweis auf den hiesigen Sponsor, der am Spielfeldrand auch noch ein großes Werbebanner aufgehängt hat. Werbung begegnet uns also fast überall.

Warum ist das so? – Wer etwas verkaufen will, muss werben. Hersteller und Händler wollen durch Werbung auf ihre Produkte aufmerksam machen. Sie wollen die Verbraucher beeinflussen, ihre Waren zu kaufen oder ihre Dienstleistungen in Anspruch zu nehmen.

Es gibt unterschiedliche Werbemittel, also Gegenstände oder Wege, die uns Werbebotschaften übermitteln. Profis helfen den Anbietern beim Verkauf ihrer Produkte. Solche Fachleute sind in Werbeagenturen beschäftigt. Sie werden dafür bezahlt, Werbung zu entwickeln.

Werbefachleute wissen, dass eine erfolgreiche Werbung vor allem vier Punkte beachten muss:

**Attention**
Werbung muss auffallen und **Aufmerksamkeit** erwecken.

**Interest**
Werbung muss **Interesse** am Produkt wecken.

**Desire**
Werbung muss den **Wunsch** auslösen, dieses Produkt zu besitzen.

**Action**
Werbung muss zum **Handeln** – also zum Kauf – veranlassen.

Dieses AIDA-Modell wurde bereits 1889 von dem US-Amerikaner Elmo Lewis entwickelt. Die Werbung soll also zunächst die Aufmerksamkeit des Kunden erregen, um dann das Interesse zu wecken. Dadurch soll beim Kunden der Wunsch ausgelöst werden, das Produkt zu kaufen (handeln).

❶ Finde Beispiele, wo dir in deinem Tagesablauf Werbung begegnet. Beginne morgens nach dem Aufstehen.

❷ Erläutere, was Werbung erreichen will.

❸ Auf der rechten Seite siehst du eine Werbung von 1890. Vergleiche sie mit aktuellen Werbeplakaten.

❹ Hast du schon einmal etwas gekauft, weil dich Werbung beeinflusst hat?

❺ Erkläre, weshalb Werbung in der Schule oder auch im Sportunterricht nicht erlaubt ist.

❻ Sammle Werbung, die speziell an Jugendliche gerichtet ist. Untersuche, wie diese besonders angesprochen werden.

**140.1** Werbung um 1890

## Werbung im Internet

Fast 20 Milliarden Euro nehmen die deutschen Medien durch Werbung im Jahr ein. Dabei geben die Unternehmen, die über das Internet ihre Waren verkaufen (E-Commerce) und PKW-Hersteller das meiste Geld für Werbung aus. Den größten Teil davon für Fernsehwerbung und Zeitungsanzeigen. Ein großer Teil geht aber auch in den Bereich der „mobilen Werbung". Es wird immer mehr Werbung über das Internet am Tablet, Smartphone oder auch am heimischen Rechner geschaltet.
Internetwerbung hat ganz unterschiedliche Formen. Manche Firmen schreiben ihre Kunden gezielt über eine E-Mail an und werben in dieser für ihre Produkte. Surft man hingegen im Internet, stößt man häufig auf sogenannte Bannerwerbung. Das sind Anzeigen, die auf der besuchten Internetseite eingebunden sind. Dadurch, dass diese Werbebanner auf vielen Seiten zu finden sind, tritt bei den Verbrauchern schnell ein Gewöhnungseffekt auf und sie werden nicht mehr wahrgenommen.
Auffälliger sind sogenannte Popups. Hierbei geht ein neues Fenster auf und es öffnet sich vor dem, was man sich gerade anschaut eine Werbeanzeige oder ein Werbevideo. Dabei öffnet sich häufig eine Anzeige zu Produkten, die bereits vorher betrachtet wurden. Die meisten Internetseiten hinterlegen sogenannte Cookies im Webbrowser, die darauf hinweisen, auf welchen Seiten der Nutzer bereits war. Damit kann die Werbung genau auf den Kunden zugeschnitten werden und es ploppt immer die „richtige" Werbung auf. Damit ist Internetwerbung sehr effektiv für die Unternehmen, da sie interessierte Kunden direkt erreicht.
Vorsicht auch bei Suchmaschinen wie z. B. Google und Bing. Bei der Nutzung dieser Dienste ist ein genauer Blick notwendig. Oftmals erhält man neben den gewünschten Suchergebnissen auch Werbung und diese ist schwierig zu erkennen. Manchmal sind diese farblich markiert oder es findet sich ein kleiner Hinweis. Es empfiehlt sich also unterschiedliche Suchmaschinen zu nutzen, wenn ein objektives Ergebnis erreicht werden soll. Vor allem jüngere Kinder können häufig nicht zwischen Werbung und tatsächlichen Suchergebnissen unterscheiden.

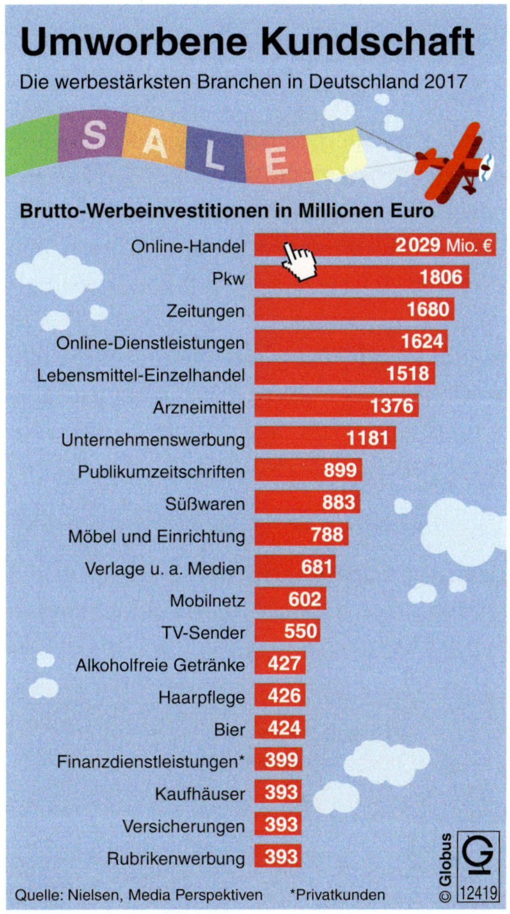


**141.1** Umworbene Kundschaft

Für die meisten ist besonders nervig, wenn auf dem Smartphone-Display beim Surfen ein scheinbares Gewinnspiel, eine Anzeige oder ein Gutschein aufploppt, da diese das ganze Display blockieren. Hier ist besonders wichtig, dass man nichts antippt oder persönliche Daten in Eingabefelder eingibt, denn dahinter stecken oft Adressensammler und Abzocker.

1. Erstelle eine Mindmap zum Thema Internetwerbung.

2. Gibt es Möglichkeiten, sich am Computer oder auf dem Smartphone vor Internetwerbung zu schützen?

3. Recherchiere im Internet, wie hoch die Kosten für 1.000 beidseitig farbig bedruckte Flyer Größe A6 wären. Notiere die Seite und die Kosten.

## Werbung analysieren

Unternehmen werben für die von ihnen hergestellten Güter, um so viel wie möglich davon zu verkaufen und so möglichst viel Gewinn zu machen. Dabei informieren sie die Verbraucher über die besonderen Vorteile der Ware, die sie zum Verkauf anbieten. So versuchen sie die Menschen zu überzeugen, das von ihnen hergestellte Produkt zu kaufen.

In der Werbung sind häufig zutreffende und sachliche Informationen enthalten. Das eigentliche Ziel der Werbung ist aber nicht die Information, sondern der Verkauf der Ware.

Werbung (Anzeigen, Plakate, Spots usw.) besteht häufig aus folgenden Teilen:

- Abbildungen des Produkts
- Textteile mit Informationen über das Produkt, z. B. Hersteller, Marke, Produkteigenschaften und Preis.
- Bilder von Dingen oder Situationen, mit denen die Betrachter Angenehmes verbinden.
- Bilder von Personen, die bekannt sind, oder Bilder, die beim Betrachter den Wunsch auslösen, so zu sein wie sie.
- Textteile, in denen etwas versprochen wird, was mit dem Produkt eigentlich gar nichts zu tun hat.

### Untersuchung von Werbung

Wenn Werbeanzeigen genauer betrachtet werden, sind folgende Leitfragen nützlich:

**Produkt:** Für welches Produkt wird geworben?

**Bild:** Was wird abgebildet? Fällt an der Abbildung etwas auf, z. B. das Motiv? Was hat die Abbildung mit dem Produkt zu tun?

**Zielgruppe:** Welche Verbraucher soll die Anzeige besonders ansprechen?

**Wirkung:** Werden Wünsche, Träume, Gefühle angesprochen? Wie möchte die Werbung wirken?

**Mittel:** Was wird in der Anzeige dargestellt? Wie wird versucht, Aufmerksamkeit zu erregen?

**Nutzen:** Welcher Nutzen des Produkts wird angekündigt? Was wird versprochen?

**Text:** Gibt es etwas Auffallendes beim Text? Enthält er Informationen über das Produkt? Welche sind das?

1 Analysiere eine Werbeanzeige mithilfe der oben stehenden Leitfragen.

## Projekt „Werbung“

Werbung wird für alles gemacht: für Nahrungsmittel, Möbel, Autos, Reisen oder Handys, Banken, Kosmetik, Getränke, Waschmittel, Spielzeug, Dörfer oder Städte, Feste und vieles mehr. Durch Werbung werden die Kunden auf das Produkt aufmerksam.

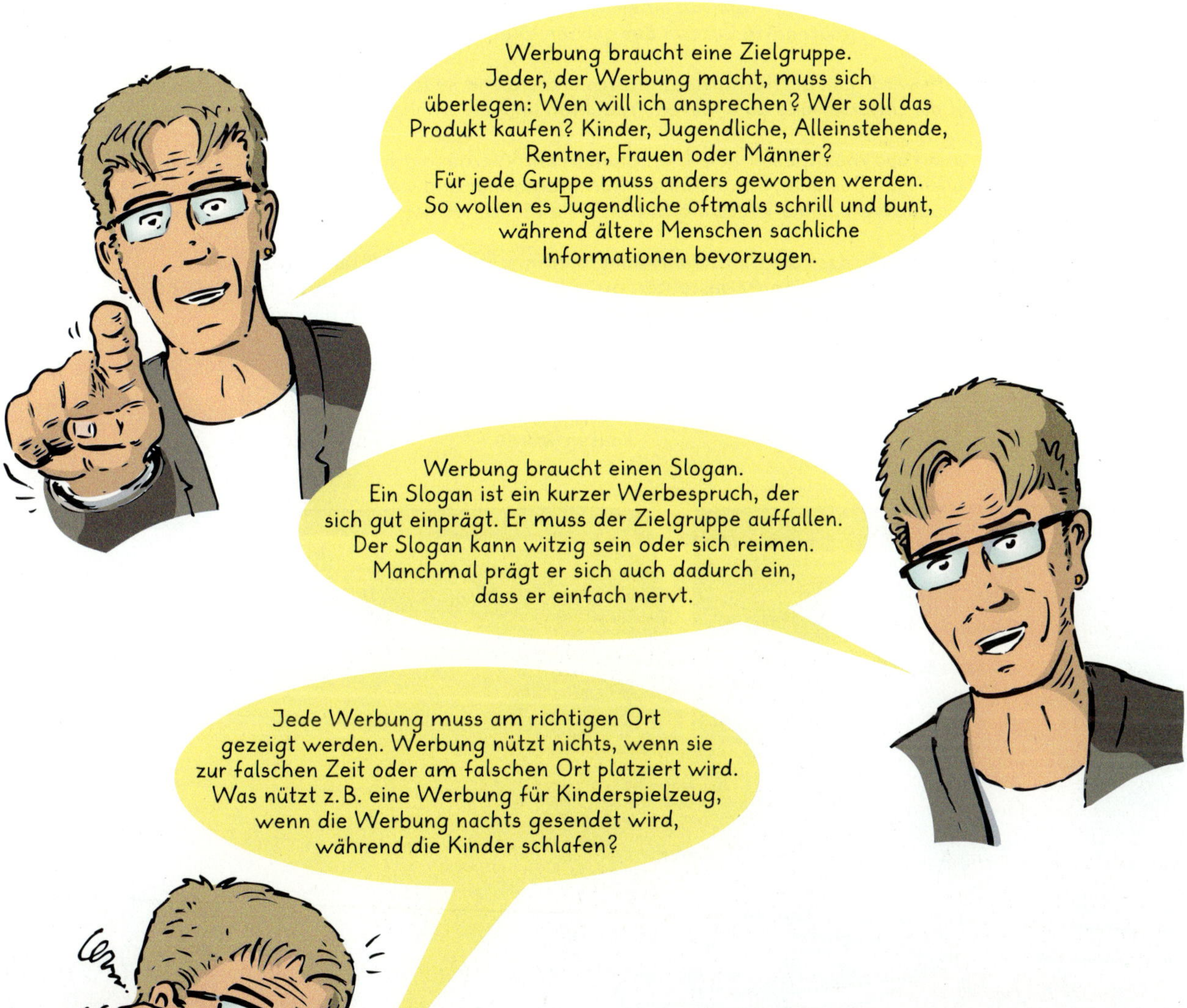

1. Erstellt eure eigene Werbung für ein Produkt. Überlegt, welche Art der Werbung dafür geeignet wäre (Radio- oder Fernsehspot, Flyer, Plakat, Zeitungs- oder Internetanzeige). Beachtet dabei die oben stehenden Tipps.

2. Überprüft, ob eure Werbung die Kriterien in den Sprechblasen erfüllt.

## Diskussionsrunde: Ist Werbung gut oder schlecht?

Paula und Daniel streiten sich vor dem Fernseher über das Thema Werbung.
Jeder hat seine eigene Sicht der Dinge.

144.1

145.1

1. Lies dir die Meinungen von Paula und Daniel genau durch.
2. Schreibe die Argumente von Paula oder Daniel auf eine Stichwortkarte.
3. Vergleiche die Argumente auf deiner Stichwortkarte mit einer Mitschülerin oder einem Mitschüler.
4. Suche mit einer Mitschülerin oder einem Mitschüler weitere Argumente, die Paulas oder Daniels Meinung unterstützen.
5. Stelle in einer Diskussionsrunde deine Argumente vor.

**TIPP**

Hinweise zum Diskutieren findest du auf der Methodenseite „Pro- und Kontra-Debatte“, Seite 146.

# Pro- und Kontra-Debatte

Streiten im Unterricht? Das klingt zunächst ein wenig ungewöhnlich, wo doch sonst Streit im Klassenzimmer vermieden werden soll. Im Leben gibt es allerdings viele Themen, zu denen man unterschiedlicher Meinung sein kann. Der eine ist dafür, im Lateinischen heißt das pro. Der andere ist dagegen, was im Lateinischen contra heißt. Wenn Menschen mit unterschiedlichen Meinungen über eine Streitfrage diskutieren, sollten sie dabei nur mit sachlichen, verständlichen und stichhaltigen Begründungen argumentieren. Außerdem müssen sie stets auch offen sein für die Argumente anderer. Das Argumentieren kann man durch eine Pro- und Kontra-Debatte üben.

**146.2** Gemeinsam fair diskutieren

## Vorbereitung

Zunächst muss man sich mit dem Thema, der Problemstellung, vertraut machen. Dann werden Gruppen für die jeweiligen Positionen gebildet, am besten per Losverfahren. Es geht hier nämlich nicht um die eigene Meinung, sondern darum, Begründungen für eine Meinung vorzutragen, in die man sich hineinversetzt. Mithilfe von Info-Materialien erarbeiten die Gruppen nun begründete Standpunkte für ihre Position und bereiten sich auf die denkbaren Gegenargumente vor. Anschließend wählt jede Gruppe einen Gruppensprecher und alle Schülerinnen und Schüler wählen einen Diskussionsleiter, den Moderator.

**146.1** Die Gesprächsleiterin eröffnet das Gespräch

## Umsetzung

Bevor das Streitgespräch beginnen kann, muss eine geeignete Sitzordnung gefunden werden. Im Zentrum der Beobachtung sollte der Gesprächsleiter mit den Gruppensprechern, den Streitparteien, sitzen. Die übrigen Schülerinnen und Schüler setzen sich als Zuschauer um sie.

Der Gesprächsleiter eröffnet die Debatte, indem er das Thema noch einmal vorstellt und den Streitgegnern dann abwechselnd das Wort erteilt (Rede und Gegenrede). Er achtet darauf, dass allen Beteiligten die gleiche Zeit für ihre Argumentation zur Verfügung steht. Die übrigen Kinder beobachten die Diskussion und machen sich Notizen.

## Auswertung

Nach der Diskussion berichten zunächst die Streitgegner, wie sie sich während der Debatte gefühlt haben. Dann werden die Beobachter befragt:

- Wer hat am überzeugendsten argumentiert?
- Wer ist auf den anderen eingegangen?
- Wer ist sachlich geblieben?
- Wie wurde argumentiert?

# Was habe ich gelernt?

## Werbung weckt Bedürfnisse

In den vergangenen Wochen hast du einiges zum Thema Werbung gelernt.

### Daran arbeiten ...

1. Zeige an einigen bekannten Werbungen das AIDA-Prinzip.

2. Betrachte die Karikatur.
   a) Beschreibe, was du siehst.
   b) Welche Situation will der Zeichner hier darstellen? Auf welchen Umstand will er hinweisen?
   c) Wie ist deine persönliche Meinung zu der dargestellten Situation? Ist es dir auch schon einmal so ergangen?

**147.1** „Blödsinnig, diese Werbung ..."

**147.2** Unter dem Motto „Brot statt Böller" ruft Brot für die Welt zum Jahreswechsel zu Spenden auf. Allein in Deutschland werden zu Silvester mehr als 100 Millionen Euro für Feuerwerk ausgegeben.

3. Erstelle eine Collage aus Werbeanzeigen, bei der möglichst viele Produkte zu finden sind.

4. Erstelle einen Radio- oder Videowerbespot mit einem Tablet oder Smartphone für deine Schule.

5. Das nebenstehende Bild (147.2) zeigt auch eine Werbung, allerdings wird hier nicht für ein Produkt geworben. Erläutere, warum diese Organisation eine solche Werbung schaltet.

6. Gestalte für deine Kompetenzmappe ein Blatt auf dem du die folgenden Satzanfänge beendest. Manchmal genügen wenige Worte, manchmal musst du mehrere Sätze schreiben.

In diesem Kapitel habe ich erfahren, dass ...
Das für mich interessanteste war ...
Mit meiner Gruppe ...
Zu Hause waren alle überrascht, ...
Richtig schwierig war ...

# Den **Markt erkunden**

## Was ist ein Markt?

Der Begriff „Markt" ist dir sicherlich schon einmal begegnet. Einkaufen im Supermarkt, alte Spielsachen verkaufen auf dem Flohmarkt, frisches Obst und Gemüse auf dem Wochenmarkt besorgen, usw.
Doch was ist eigentlich ein Markt?

**148.1** Auf dem Wochenmarkt: Angebot und Nachfrage

Von einem Markt spricht man immer, wenn zwei verschiedene Gruppen zusammenkommen, um etwas zu kaufen oder zu verkaufen. Am Beispiel des Wochenmarktes kann man dies deutlich machen:
Es gibt Marktleute, die frisches Obst und Gemüse verkaufen wollen. Sie sind die Anbieter der Waren. Auf der anderen Seite sind die Menschen, die frisches Obst und Gemüse kaufen wollen. Sie nennt man Nachfrager. Dort wo diese beiden Gruppen zusammenkommen ist der Markt. Das kann im Beispiel des Wochenmarktes der Marktplatz einer Stadt sein.

**Anbieter → Markt ← Nachfrager**

Der Markt ist also immer der Treffpunkt von Angebot und Nachfrage. Dies gilt auch für den Supermarkt und den Flohmarkt.

## Anbieter und Nachfrager haben verschiedene Interessen

Am Beispiel des Flohmarktes kann man erkennen, dass die Anbieter und Nachfrager zwar miteinander ins Geschäft kommen wollen, dabei aber unterschiedliche Ziele haben. Wenn du z. B. deine alten Spielsachen verkaufen möchtest, willst du dafür einen möglichst hohen Verkaufspreis erzielen. Willst du jedoch auf dem Flohmarkt Spiele kaufen, möchtest du dafür möglichst wenig bezahlen. Wenn sich Anbieter und Nachfrager einig werden und die Ware gegen Geld den Besitzer wechselt, dann ist dieser Geldbetrag der Marktpreis.

**Angebot → Marktpreis ← Nachfrage**

Hat ein Anbieter am Stand nebenan das gleiche Spiel, dann kann der Nachfrager dort einkaufen, wo er es günstiger erwerben kann. Ist umgekehrt nur ein Exemplar dieses Spiels auf dem Markt, kann der Anbieter einen höheren Preis verlangen, wenn der Nachfrager dieses Spiel unbedingt haben will. Der Marktpreis kann also schwanken, je nach Angebot und Nachfrage.

**148.2** Beim Stöbern auf dem Bücherflohmarkt

1. Erkläre, was ein Markt ist.
2. Nenne fünf verschiedene Märkte.
3. Erkläre, wie sich der Marktpreis bildet.

Methode

# Eine Markterkundung durchführen

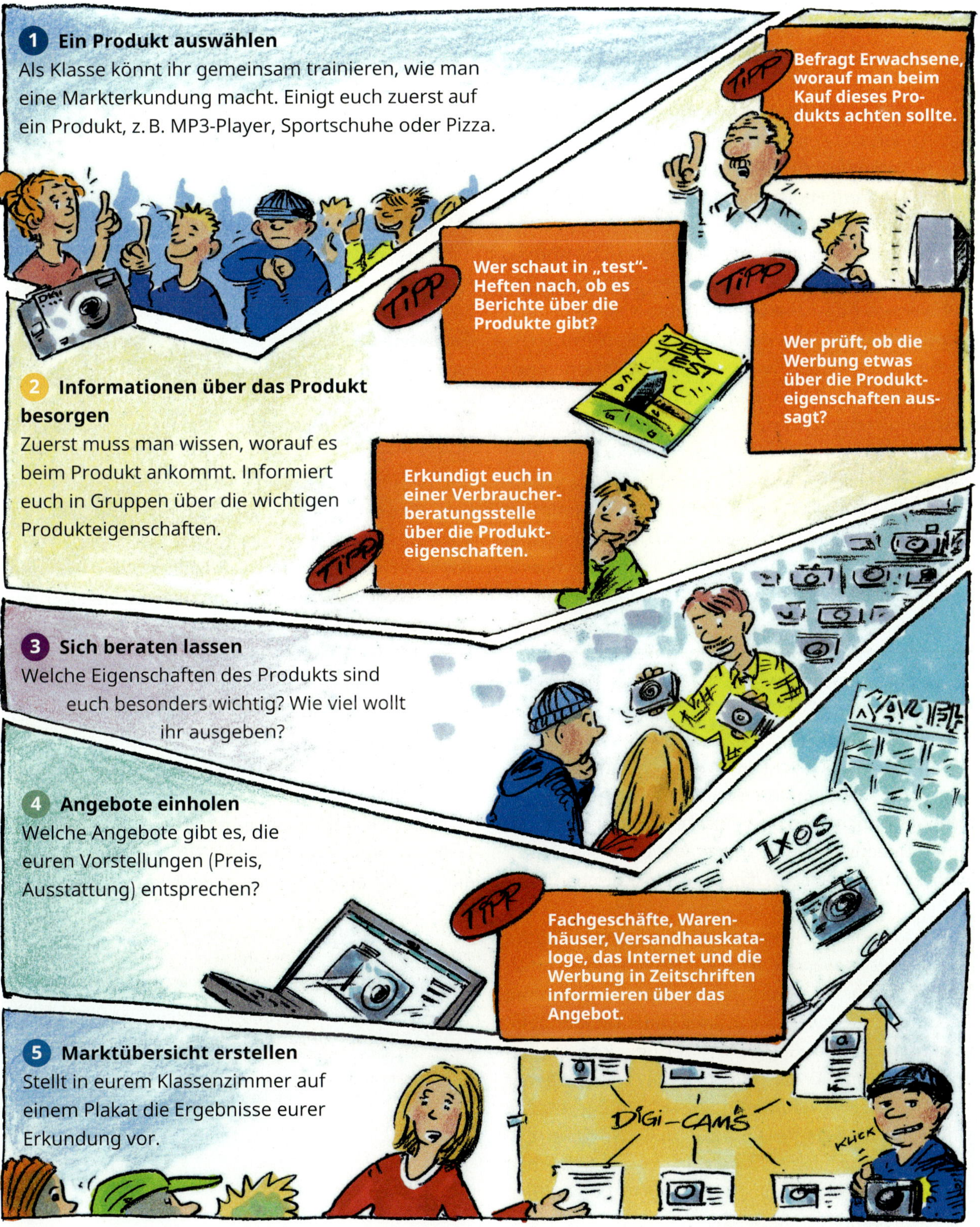


### 1 Ein Produkt auswählen

Als Klasse könnt ihr gemeinsam trainieren, wie man eine Markterkundung macht. Einigt euch zuerst auf ein Produkt, z. B. MP3-Player, Sportschuhe oder Pizza.

**TIPP:** Befragt Erwachsene, worauf man beim Kauf dieses Produkts achten sollte.

**TIPP:** Wer schaut in „test"-Heften nach, ob es Berichte über die Produkte gibt?

**TIPP:** Wer prüft, ob die Werbung etwas über die Produkteigenschaften aussagt?

### 2 Informationen über das Produkt besorgen

Zuerst muss man wissen, worauf es beim Produkt ankommt. Informiert euch in Gruppen über die wichtigen Produkteigenschaften.

**TIPP:** Erkundigt euch in einer Verbraucherberatungsstelle über die Produkteigenschaften.

### 3 Sich beraten lassen

Welche Eigenschaften des Produkts sind euch besonders wichtig? Wie viel wollt ihr ausgeben?

### 4 Angebote einholen

Welche Angebote gibt es, die euren Vorstellungen (Preis, Ausstattung) entsprechen?

**TIPP:** Fachgeschäfte, Warenhäuser, Versandhauskataloge, das Internet und die Werbung in Zeitschriften informieren über das Angebot.

### 5 Marktübersicht erstellen

Stellt in eurem Klassenzimmer auf einem Plakat die Ergebnisse eurer Erkundung vor.

# Ein Name – ein Produkt?

## Ein Papiertaschentuch

Sicherlich ist euch schon einmal die Nase gelaufen und ihr hattet kein Taschentuch einstecken. Habt ihr vielleicht gesagt: „Ich brauche bitte ein Tempo!", um ein Papiertaschentuch zu bekommen? Die Bezeichnung „Tempo" ist bei vielen Menschen gleichgesetzt mit dem Begriff Papiertaschentuch.

Bereits seit 1929 gibt es diese Papiertaschentücher, die aus mehreren Lagen zusammengesetzt sind und dafür sorgen, dass man eine saubere Nase bekommt. Obwohl die Mehrzahl der verkauften Papiertaschentücher mittlerweile von anderen Unternehmen stammt, hat sich der Begriff „Tempo" für Papiertaschentuch durchgesetzt. Für ein Unternehmen, dessen Markenname mit allen anderen Produkten dieser Art gleichgesetzt wird und in die Alltagssprache einfließt, ist das sehr vorteilhaft. Das Produkt ist dadurch weitreichend bekannt (kostenlose Werbung) und Kunden halten häufiger das Original für besser als eine billigere Nachahmung. Auch dann, wenn die Marke selbst nur eine Nachbildung ist. So gab es z. B. Nougatcreme für Kinder schon lange vor „Nutella". Nur wurde keine andere so erfolgreich auf dem Markt etabliert.

Es kann aber auch von Nachteil sein, wenn der Markenname zur gängigen Bezeichnung einer ganzen Produktgruppe wird. Der Markeninhaber läuft Gefahr, seine Rechte am Markennamen zu verlieren. So wehrt sich deshalb z. B. das US-amerikanische Unternehmen Google schon seit Jahren dagegen, dass das Verb „googeln" als Synonym für die allgemeine Suche im Internet verwendet wird. Auf Drängen des Unternehmens musste ein entsprechender Dudeneintrag wieder geändert werden. Offiziell bedeutet „googeln" jetzt nur noch „mit Google im Internet suchen".
Außerdem sind für den Hersteller als Namensgeber einer ganzen Produktgruppe auch Imageverluste und dadurch bedingte Umsatzeinbußen möglich, z. B. wenn Verbraucherschützer auf die gesundheitlichen Risiken des Verzehrs von extrem zucker- und koffeinhaltigen Limonaden hinweisen.

**150.1** Ein nützlicher Helfer: das Papiertaschentuch

Markennamen sind meistens dann erfolgreich, wenn dieses Produkt eine technische Erneuerung darstellt, d.h. dass dieses Produkt vorher nicht auf dem Markt war. Eine weitere Voraussetzung ist, dass ein Hersteller, zumindest zeitweise, den Markt beherrscht. Solche Produkte können auch wieder verschwinden, wenn technisch bessere Produkte erscheinen. Ein Beispiel hierfür ist die Bezeichnung „Walkman" für einen tragbaren Kassettenrecorder.

Für andere Unternehmen, die das gleiche Produkt unter anderem Namen preisgünstiger anbieten, kann sich ebenfalls ein Vorteil daraus entwickeln, denn die Verbraucher verbinden z. B. mit „Tempo" ein Papiertaschentuch, auch wenn es nicht von „Tempo" hergestellt ist. Diese Unternehmen können also auch von einem Markennamen, der Kundenwünsche erzeugt, profitieren.

1. Nenne mögliche Vor- und Nachteile, die sich daraus ergeben können, dass ein Firmen- oder Markenname für eine Produktart steht.

2. Finde weitere Beispiele, bei der ein Markenname für eine Produktart steht.

3. Erstelle einen Steckbrief eines solchen Produkts.

# Einen **Steckbrief** erstellen

Auf der vorangegangenen Seite habt ihr euch mit bekannten Produkten auseinandergesetzt.
Nun könnt ihr darüber einen Steckbrief erstellen und der Klasse vorstellen.
Wie ihr dabei vorgeht, zeigt euch die Anleitung auf dieser Seite.

## 1. Entscheidung für ein Produkt

Zuerst müsst ihr euch für ein Produkt entscheiden. Dabei ist es wichtig, dass man auch genügend sinnvolle Informationen über diesen Gegenstand erhält.

## 2. Informationen sammeln

Das Zusammentragen von brauchbaren Informationen ist für euch vielleicht schwerer als gedacht. Im Internet gibt es eine unüberschaubare Fülle davon. Es ist schwierig, brauchbare von unbrauchbaren Informationen zu trennen. Ein kleiner Tipp: Brauchbare Informationen sind die, die ihr auch versteht. Diese Frage müsst ihr euch dabei jedes Mal stellen. Wenn eine Information für euch unverständlich ist, müsst ihr euch darüber informieren. Wenn ihr sie dann versteht, könnt ihr diese Information verwenden und bei Nachfragen auch erklären.
Ist die Information weiterhin für euch unverständlich, lasst sie weg, denn dann könnt ihr den Begriff auch bei Nachfragen eurer Mitschüler/-innen oder eurer Lehrkraft nicht erklären.

| **Name:** | **Tempo** |
|---|---|
| | 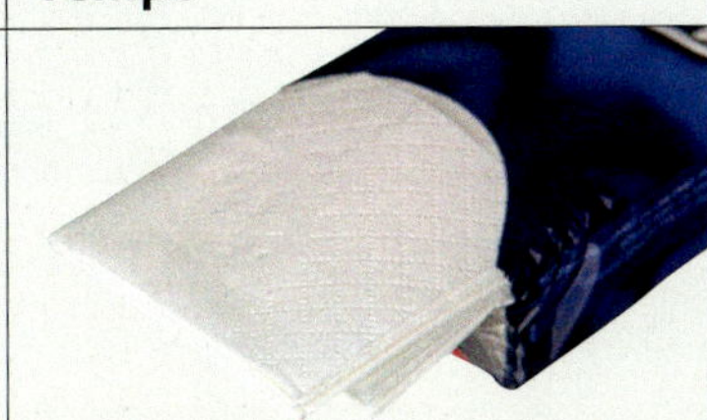 |
| Produkt: | Papiertaschentuch |
| Markteintritt: | 1929 |
| Andere Marken: | TaTü, Kleenex, Softies u.v.a. |
| Geschichte: | ... |

**151.1** Steckbrief (Auszug)

## 3. Begriffe ordnen

Habt ihr genügend Informationen über den Gegenstand, zu dem ihr einen Steckbrief erstellen wollt, müsst ihr die Begriffe ordnen. Die wichtigsten Informationen kommen zuerst, die Reihenfolge muss so eingehalten werden, dass ein logischer Aufbau stattfindet. Das heißt, dass in der Regel zuerst der Name des Gegenstandes erscheint, den ihr vorstellt.
Bei einem Steckbrief werden Informationen stichwortartig zusammengetragen. Diese Informationen werden zunächst gesammelt und später nach deren Wichtigkeit geordnet. Zuletzt werden diese Informationen in tabellarischer Form aufgeschrieben.

## 4. Auswertung

Die Auswertung kann in der Klasse erfolgen. Legt vorher einen Kriterienkatalog fest, nach dem ihr die Steckbriefe bewertet, z. B. nach folgendem Muster:

| | | | | |
|---|---|---|---|---|
| Informationen | ++ | + | o | - |
| Fehler | ++ | + | o | - |
| ... | | | | |

Die Bewertung kann entweder durch die Klasse oder gegenseitig vorgenommen werden. Sie kann z. B. nach folgenden Gesichtspunkten erfolgen:

- Sind die wichtigsten Informationen enthalten?
- Sind Fehler inhaltlicher Art oder in der Rechtschreibung festzustellen?
- Ist der Steckbrief schön gestaltet und gut aufgebaut?
- Sind Bilder oder Zeichnungen enthalten?
- Kann der Verfasser die Fragen zum Steckbrief beantworten?
- ...

1 Erstelle einen Steckbrief zu einem bekannten Produkt, dessen Name für alle Produkte der gleichen Art steht.

# Markterkundung

## Alternative Produkte

Wenn ich ein Produkt kaufen möchte, muss ich mir überlegen, ob es nicht eine Alternative für dieses Produkt gibt. So eignen sich Batterien vielleicht für eine Armbanduhr, weil diese wenig Energie verbraucht und die Batterie lange hält. Benutze ich ein Gerät, dass mehr Energie verbraucht, dann eignen sich Akkus besser, denn die kann ich wieder aufladen. Akkus sind allerdings in der Anschaffung teurer.

**152.1** Batterien

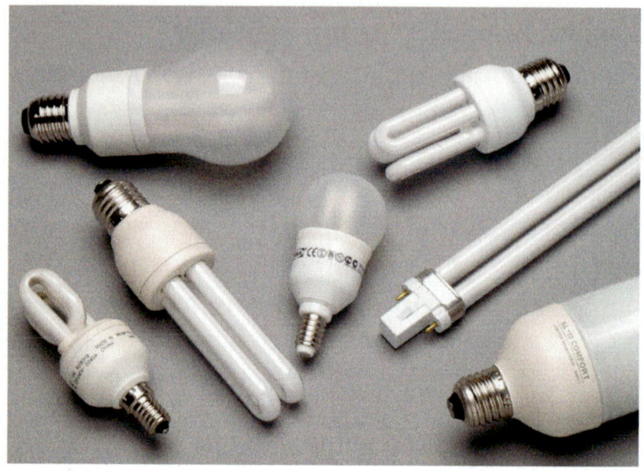

**152.2** Energiesparlampen

**152.3** Fertigpizza

**152.4** Mineralwasserflaschen

1. Finde Vor- und Nachteile der oben abgebildeten Produkte. Fertige dazu eine Tabelle an.
2. Gibt es Alternativen zu den abgebildeten Produkten? Benenne welche, soweit es dir möglich ist.
3. Finde weitere Beispiele und erstelle auch dazu eine Tabelle mit Vor- und Nachteilen dieser Produkte.

Auf der Seite 152 hast du alternative Produkte kennengelernt. Eine Kaufentscheidung für ein alternatives Produkt ist oft von den Kosten abhängig.
Nahrungsmittel aus biologischem Anbau kosten meistens mehr, weil deren Erzeugung teurer ist. Auch andere Produkte, bei deren Herstellung faire Löhne gezahlt und höhere Umwelt- und Arbeitsschutzbedingungen eingehalten werden, kosten mehr.

**153.1** Bioprodukte bieten viele Vorteile

## Reicht mein Taschengeld?

Du kennst das Problem: Das Taschengeld ist immer zu knapp für die Wünsche die man hat. Kauft man sich Markenkleider, die gerade angesagt sind, reicht das Geld nicht mehr für den Kinobesuch mit Freunden. Kauft man sich ein Eis oder geht man lieber ins Fast-Food-Restaurant?

## Eine schwierige Entscheidung

Es ist natürlich sinnvoller, für die Spielekonsole Akkus zu kaufen, weil sie aber teurer als Batterien sind, bleibt vom Taschengeld weniger übrig. Man kann sich dann aber andere Dinge, die man gerne gekauft hätte, nicht mehr leisten.
Die Entscheidung für ein teureres Produkt (wie z. B. die Akkus für die Spielekonsole) kann sich auf Dauer jedoch lohnen, weil man dann in Zukunft weniger Ausgaben hat (z. B. für Batterien). Dieses Geld kann man dann für andere Dinge ausgeben.

**153.3** Eine schwierige Entscheidung

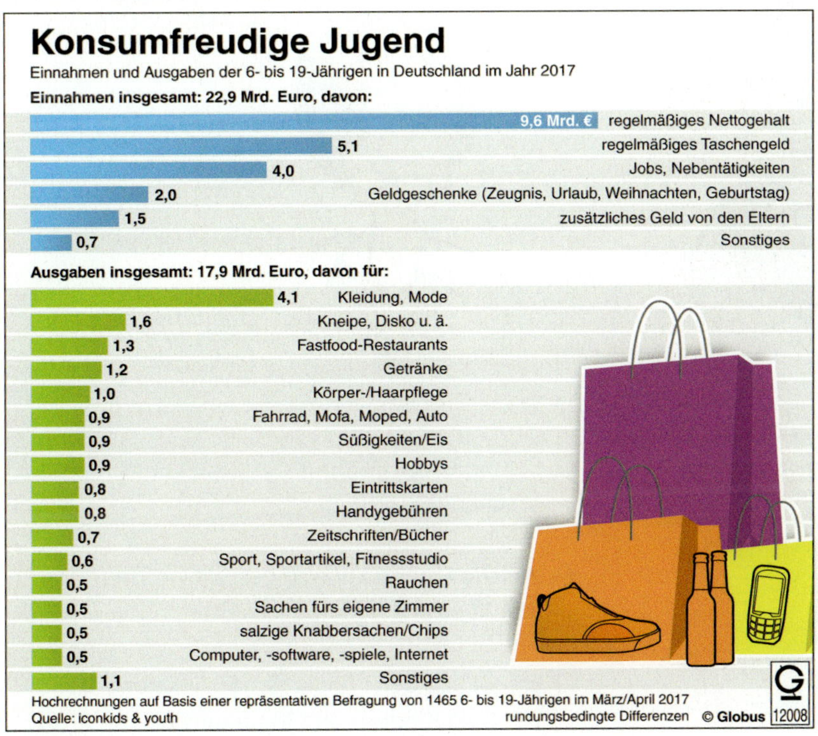


**153.2** Konsumfreudige Jugend

1. Erkläre, warum manche Waren teurer sind, als gleichartige (z. B. Bioprodukte).
2. Schildere eine Situation, bei der du dich zwischen zwei Alternativen entscheiden musstest.
3. Wofür geben Kinder und Jugendliche ihr Taschengeld am meisten aus? Werte die Grafik 153.2 aus.
4. Wofür gibst du dein Taschengeld aus? Vergleiche dein Konsumverhalten mit der Grafik 153.2.

## Das Taschengeld

❶ Erstellt einen Erkundungsbogen zum Thema Taschengeld.

❷ Welche Fragen können gestellt werden? Überlegt Auswertungsmöglichkeiten.

❸ Erseht aus der Tabelle (S. 156 links oben) wie viel Geld Kindern und Jugendlichen zur Verfügung stehen sollte.

## Wie viel Taschengeld brauchen Jugendliche?

Wenn du von deinen Eltern Taschengeld verlangst, kannst du dich dabei nicht auf ein Gesetz stützen. Du hast also keinen rechtlichen Anspruch darauf. Trotzdem sollten dir deine Eltern regelmäßig und pünktlich einen bestimmten Taschengeldbetrag geben, denn der Deutsche Kinderschutzbund ist der Meinung, Kinder hätten ein moralisches Recht auf Taschengeld.

Sinnvoll ist eine wöchentliche oder monatliche Zahlung des Taschengeldes, wobei sich die Höhe des Betrages an der wirtschaftlichen Situation der Familie orientieren muss. Die Jugendämter und der Deutsche Kinderschutzbund bieten eine Orientierungshilfe für die Höhe des Taschengeldes an. Die Taschengeldtabelle ist nicht verbindlich, sondern nur eine Empfehlung. Eltern können sich auch direkt bei ihrem zuständigen Jugendamt nach aktuellen Richtgrößen erkundigen.

## Der Taschengeldparagraf

**Bürgerliches Gesetzbuch § 110**

Ein von dem Minderjährigen ohne Zustimmung des gesetzlichen Vertreters geschlossener Vertrag gilt als von Anfang an wirksam, wenn der Minderjährige die vertragsmäßige Leistung mit Mitteln bewirkt, die ihm zu diesem Zwecke oder zu freier Verfügung von dem Vertreter oder mit dessen Zustimmung von einem Dritten überlassen worden sind.

Wer noch nicht 18 Jahre alt ist, ist nach dem Gesetz ein Minderjähriger. Minderjährige dürfen noch keinen Vertrag abschließen, auch keinen Kaufvertrag. Da jeder Einkauf rechtlich gesehen ein Kaufvertrag ist, dürften Minderjährige eigentlich allein nichts kaufen.

**Ein Beispiel:** In einem Laden werden Spielfilme auf DVD für 12,95 Euro angeboten. Wenn der 19-jährige Timo eine solche DVD nimmt und an der Kasse bezahlt, wurde rechtlich gesehen ein gültiger – man sagt dazu wirksamer – Kaufvertrag abgeschlossen.

**155.1** „dekarbonisiert" = frei von Kohlenstoff; aus lat. *carbo* = Kohle

Wenn die 16-jährige Nicole ebenfalls diese DVD kaufen will, müsste eigentlich die Frau an der Kasse Nicole fragen, wie alt sie ist. Da sie erst 16 Jahre alt ist, müsste die Kassiererin die Annahme der 12,95 Euro verweigern. Sie müsste Nicole erklären, dass sie noch keinen Kaufvertrag abschließen dürfe, weil sie noch minderjährig sei. Es müsse die Zustimmung ihrer Eltern („gesetzliche Vertreter") vorliegen.
Wenn die Kassiererin die 12,95 Euro dennoch nimmt, hat Nicole zwar die DVD. Es wurde jedoch kein gültiger Kaufvertrag abgeschlossen. Nicoles Mutter könnte beispielsweise die DVD wiederbringen und das Geld zurückverlangen.

Weil das alles im Alltag sehr unpraktisch wäre, gibt es im Gesetzbuch den „Taschengeldparagrafen". Er enthält eine Ausnahmeregelung: Ein Minderjähriger darf sein Taschengeld („Mittel") selbst ausgeben. Das gilt auch für geschenktes Geld, z. B. wenn der Onkel („Dritter") Nicole 30 Euro zum Geburtstag schenkt und ihr sagt, sie solle sich etwas dafür kaufen („zu freier Verfügung").
Also: Im Rahmen ihres Taschengeldes dürfen auch Minderjährige Kaufverträge abschließen. Die Kassiererin wird daher Nicole die DVD für 12,95 Euro verkaufen, da dieser Betrag im Rahmen des üblichen Taschengeldes liegt. Anders wäre es, Nicole wollte eine teure Digitalkamera für 500 Euro kaufen. Dieser Betrag liegt weit über dem üblichen Taschengeld.

Jugendliche sind eine interessante Zielgruppe. Deshalb gibt es viele Institute, die Einnahmen und Ausgaben von Jugendlichen untersuchen. Im Diagramm siehst du die Auswertung einer solchen Untersuchung.

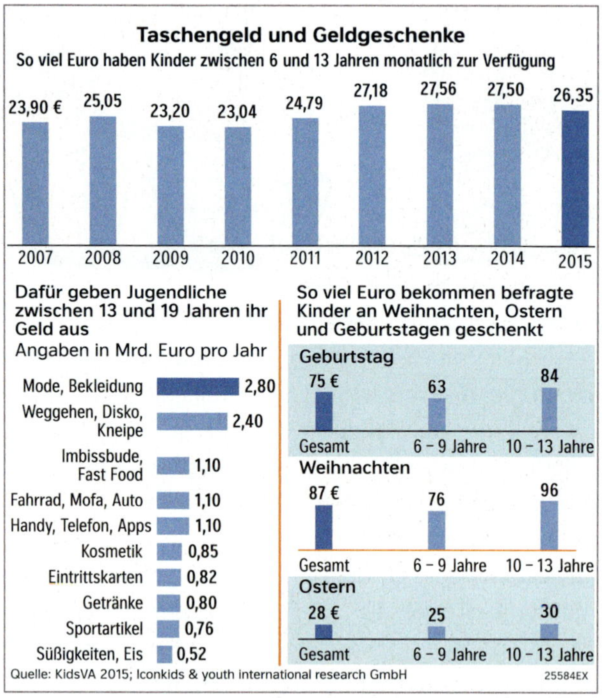


❶ Diagrammanalyse:

a) Wer hat dieses Diagramm erstellt?
b) Wie viel Geld hatten Jugendliche in den letzten Jahren pro Monat durchschnittlich zur Verfügung?
c) Wofür geben Jugendliche das meiste Geld aus?
d) Zu welchem Anlass bekommen Jugendliche das meiste Geld geschenkt?
e) Vergleiche deine eigenen Einnahmen und Ausgaben mit dem obigen Diagramm.
f) Finde weitere interessante Aspekte im Diagramm.

❷ Erstelle eine eigene Umfrage. Auf der rechten Seite ist ein Beispiel für eine mögliche Vorgehensweise.

## Projekt „Umfrage“

### I. Idee der Umfrage

Zuerst solltet ihr euch überlegen, zu welchem Thema ihr etwas herausfinden wollt. Legt ein Thema für eure Umfrage fest. Eine Möglichkeit wäre das Thema Taschengeld. Informiert euch, wie viel Taschengeld andere Schüler bekommen oder wofür eure Mitschüler ihr Geld ausgeben.

### II. Vermutungen finden

Stellt Vermutungen an: Überlegt euch, wie sich die Befragten voneinander unterscheiden könnten.

**Beispiele:**

- **Vermutung 1:**
  Mädchen bekommen mehr Taschengeld als Jungen.
- **Vermutung 2:**
  Jungen haben häufiger Nebenjobs als Mädchen.
- **Vermutung 3:**
  14-jährige Schüler/-innen geben mehr Geld aus für Süßigkeiten als 12-Jährige.

### III. Fragebogen entwickeln

Jetzt müsst ihr die Fragen zusammenstellen, mit denen ihr die Vermutungen überprüfen könnt. Das geht am schnellsten am Computer.

**Beispiele:**

- Kreuze an: männlich oder weiblich.
  M ☐ W ☐
- Alter: ______
- Wie viel Taschengeld bekommst du?
  ________________________________
- Wofür gibst du dein Geld hauptsächlich aus?
  ________________________________

## IV. Umfrage umsetzen

Damit ihr die Umfrage ausführen könnt, müsst ihr den entwickelten Fragebogen noch vervielfältigen. Sucht euch geeignete Testpersonen, die ihr dann befragt.

**TIPP**

Je mehr Personen ihr testet, desto aussagekräftiger wird die Umfrage.

**157.1** Schüler befragen Schüler.

## V. Auswertung

Jetzt müssen die Daten ausgewertet werden. Zählt die Fragebögen aus und notiert die Antworten auf die einzelnen Fragen.
Wie viele Jungen, wie viele Mädchen haben mitgemacht?
Überprüft anhand der Umfrageergebnisse eure aufgestellten Vermutungen. Lagt ihr richtig?

Um die Ergebnisse klarer darzustellen, benutzt ihr am besten Diagramme. Damit sieht man häufig schon auf den ersten Blick das Ergebnis der Umfrage.

**157.2** Schüler befragen Passanten

## VI. Präsentation der Ergebnisse

Zeigt den Verlauf und vor allem die Ergebnisse eurer Umfrage. Eure Testfragen und eure Ergebnisse sollten gut beschrieben und nachvollziehbar sein. Dazu nutzt ihr am besten Grafiken, Tabellen und Bilder, damit ihr spannend präsentieren könnt.

**TIPP**

Eure Umfrageergebnisse könnt ihr im Schulhaus ausstellen, sodass alle Schülerinnen und Schüler informiert werden.

**157.3** Schüler präsentieren ihre Ergebnisse.

## Einkaufen – eine klare Sache?

### Unterwegs in der Shopping-Welt

Mit dem Taschengeld etwas Schönes kaufen. Das hast du mit Freundinnen und Freunden bestimmt schon getan und festgestellt, dass man immer etwas zu wenig Geld hat, als man ausgeben möchte.

Du hast dir auch bestimmt schon etwas gekauft, wo du hinterher gedacht hast, dass es ein Fehlkauf war. Du bist vielleicht auf die Werbung hereingefallen oder du wurdest von Freunden oder auch vom Verkaufspersonal falsch beraten.

**158.1** Jugendliche beim Einkauf

### Klug Einkaufen

Wenn du in ein Geschäft gehst, gibt es dort Personal, das dich beim Einkauf unterstützen kann. Ein guter Verkäufer wird dich beraten und dich nicht zum Kauf überreden wollen. Er will dich als Kunden gewinnen oder behalten und möchte, dass du auch in Zukunft wieder zu ihm kommst.

Kaufleute wollen jedoch etwas verkaufen, denn davon leben sie. Für dich als Käufer ist es wichtig, dass du nicht etwas Falsches kaufst, deshalb solltest du nicht unvorbereitet sein.

- Überlege vor dem Einkauf genau, was du einkaufen willst und was du dafür ausgeben willst. Hilfreich kann ein Einkaufszettel sein.
- Lasse dich nicht zu einem Kauf überreden, weder von Freunden noch von einem Verkäufer. Schließlich ist es dein Taschengeld, das du ausgibst.
- Wenn du einen Verkaufsberater brauchst, gehe auf ihn zu und schildere genau, was du gerne kaufen möchtest. Er kann dir dabei helfen, deine Vorstellungen zu erfüllen.
- Bist du nicht vom Produkt überzeugt, dann lass es sein. Beim nächsten Einkauf ist vielleicht etwas dabei, das besser passt.

**158.2** Ein guter Kauf

### Beide Seiten sind zufrieden

Ein angenehmer Einkauf hilft beiden Seiten: Der Verkäufer hat den Kunden gut beraten und etwas verkauft, der Käufer hat etwas gekauft, das zu ihm passt. Aus einem erfolgreichen Einkauf kann sich so eine längerfristige Geschäftsbeziehung entwickeln. Die Verkäufer sprechen dann von einem „Stammkunden".

1. Erläutere, welche Fehler man beim Shoppen machen kann.
2. Begründe, warum es sinnvoll ist, gut vorbereitet einzukaufen.
3. Erkläre, was ein „Stammkunde" ist.

## Verkaufsgespräche

159.1 Die Verkäuferin (V) zeigt Sarah (S) ein T-Shirt.

**Verkäuferin:** Guten Tag, was darf es sein?
**Sarah:** Ich hätte gern ein T-Shirt.
**V:** Da haben wir sehr schöne, neu hereingekommene Sachen *(die Verkäuferin holt ein buntes T-Shirt mit V-Ausschnitt und ein bedrucktes mit weitem Ausschnitt).* Das dürfte auch deine Größe sein: 36.
**S:** Das bunte T-Shirt würde mir schon gefallen. Bloß hätte ich es gerne mit Kragen.
**V:** Das haben wir natürlich auch: bunt, mit Kragen. Du willst es doch sicherlich in reiner Baumwolle. Das ist beim Tragen sehr angenehm.
**S:** Ja, natürlich!
**V:** *(Die Verkäuferin bringt das bunte T-Shirt mit Kragen und aus reiner Baumwolle.)* Darf ich es dir einmal hinhalten? Schau in den Spiegel. Das steht dir ausgezeichnet.
**S:** Ja, das stimmt. Das nehme ich.
**V:** Gut. Möchtest du noch ein nettes Tüchlein probieren? In diesem schönen Orange, das in dem T-Shirt vorkommt?
**S:** Ja, probieren wir es einmal.
**V:** *(Hält das Tuch an den Kragen des T-Shirts.)* Das passt ideal dazu. Und es kostet nur 4 Euro – beides zusammen 19 Euro.
**S:** Also, das nehme ich dazu.
**V:** Darf ich dir sonst noch etwas zeigen?
**S:** Nein, danke.
**V:** Dann darf ich mich bedanken. Da hast du ja nun etwas Passendes gefunden. Ich bringe es zur Kasse. Auf Wiedersehen!
**S:** *Auf Wiedersehen! (Geht zur Kasse und zahlt.)*

### Regeln für den Verkauf im Einzelhandel

**Freundlich sein:** Der erste Eindruck ist wichtig für das folgende Gespräch. Die Kunden begrüßen und beim Gespräch Blickkontakt halten.
**Fragen stellen:** Stelle den Kunden offene Fragen, um ihre Bedürfnisse zu ermitteln. Stelle die Fragen so, dass sie diese nicht einfach mit „Ja“ oder „Nein“ beantworten können. Zeige Interesse für ihre Wünsche und Vorstellungen. Eine genaue Bedarfsermittlung erspart unnötiges Vorlegen von Waren.
**Freiraum lassen:** Den Kunden den nötigen Freiraum lassen, wenn sie nur bummeln wollen. Gib ihnen Zeit, um Entdeckungen zu machen und gehe nach einer Weile auf sie zu. Bedränge sie aber nicht!
**Gut betreuen:** Schenke den Kunden Aufmerksamkeit und gib ihnen das Gefühl, jederzeit für sie da zu sein.
**Zuhören:** Höre den Kunden aufmerksam zu und unterbrich ihre Ausführungen nicht. Lobe sie für Fachwissen und Geschmack. Sei aber auch ehrlich, denn eine aufrichtige Beratung bindet Kunden langfristig.
**Bedanken:** Bedanke dich bei den Kunden für ihren Besuch, auch wenn sie nichts gekauft haben. Eine gute Beratung bleibt den Kunden in Erinnerung und sie kommen in Zukunft gerne auf dich zu.

Methode

# **Rollenspiele** zu Verkaufsgesprächen

In Rollenspielen kann man das Verhalten während eines Käufer-Verkäufer-Gesprächs sehr gut üben. Geht bei der Umsetzung der Rollenspiele so vor:

- Bildet zwei Gruppen. Eine übernimmt die Rolle des Verkäufers, die andere die des Käufers.
- Jede Gruppe bereitet sich vor: Die Verkäufergruppe überlegt sich die Angaben (Preis, Ausstattung, usw.) für die Produkte und das mögliche Vorgehen bei der Gesprächsführung. Die Käufergruppe überlegt sich, welche Gesichtspunkte für die gespielte Kaufentscheidung wichtig sein könnten.
- Jede Gruppe wählt dann einen Spieler für das Rollenspiel aus. Die anderen notieren sich während des Spiels Stichwörter zum Verhalten und zu den Aussagen der Spieler.

## Situation 1

Miroslav ist im zweiten Lehrjahr zum Elektromechaniker. In seiner Freizeit geht er gerne in die Natur. Er fährt Rad und unternimmt mit seinen Freunden vom Pfälzerwald-Verein lange Wanderungen. Miroslav will sich einen neuen Anorak kaufen. Wichtiger als das Aussehen ist ihm dabei das Material. Er hat gehört, dass es Gewebe aus Mikrofasern gibt, das leicht ist und in dem man nicht so schnell ins Schwitzen kommt. Für solch einen Anorak würde er schon 100 bis 150 Euro zahlen.

**160.1** Ein Anorak

## Situation 2

Marie will ihrer Tante zum 60. Geburtstag ein Buch kaufen. Welches, das weiß sie nicht – vielleicht einen Bildband oder einen spannenden Roman. Marie hat 50 Euro dabei, will aber nur 20 bis 30 Euro für das Buch ausgeben.

**160.2** Ein Buch als Geschenk

## Situation 3

Tim hat zu Weihnachten von seinen Eltern und Verwandten 200 Euro geschenkt bekommen, damit er sich einen seiner zahlreichen Wünsche erfüllen kann. Tim möchte sich dafür gerne einen PC-Monitor kaufen. Allerdings will er nicht den gesamten Betrag für einen neuen Bildschirm ausgeben.

**160.3** Ein PC-Monitor/Bildschirm

# Was habe ich gelernt?

## Den Markt erkunden

In der vergangenen Unterrichtseinheit hast du gelernt, was ein Markt ist, wie dieser funktioniert und wie man sich als Marktteilnehmer in verschiedenen Bereichen verhalten kann.

### Daran arbeiten ...

1. Nenne fünf verschiedene Märkte.

2. Gestalte ein Plakat zum Thema Taschengeld.

3. Gestalte einen Kurzvortrag zum Thema: „Wie führe ich eine Markterkundung durch?"

4. Gestalte für deine Kompetenzmappe ein Blatt, auf dem du beschreibst, was du Neues über deine Fertigkeiten erfahren hast. Vielleicht helfen dir folgende Satzanfänge:

> Ganz neu für mich war ...
> In der praktischen Arbeit ...
> Mit meiner Gruppe ...
> Zu Hause waren alle überrascht, ...
> Richtig schwierig war ...

**161.1** Karikatur von Freimut Woessner

5. Betrachte die abgebildete Karikatur (161.1) und versuche zu erklären, was sie aussagen soll.
   a) Beschreibe, was du siehst.
   b) Welche Situation will der Zeichner hier darstellen? Auf welchen Umstand will er hinweisen?
   c) Wie ist deine persönliche Meinung zu der dargestellten Situation? Ist es dir auch schon einmal so ergangen?

6. Entwickelt in der Lerngruppe einen Einschätzungsbogen für euren Unterricht. Eventuell könnt ihr einige der unten aufgeführten Punkte in euren Einschätzungsbogen aufnehmen.

**Ich kann ...**

- erklären, was ein Markt ist.
- die Vor- und Nachteile von alternativen Produkten aufzählen.
- einen Steckbrief zu einem Produkt erstellen.
- mit meiner Lerngruppe eine Umfrage durchführen.
- gut vorbereitet einkaufen gehen und dabei Einkäufe vermeiden, die ich hinterher bereue („Spontaneinkäufe").
- mit den Regeln umgehen, die Verkäufer/-innen im Einzelhandel anwenden.
- Rollenspiele zu Verkaufsgesprächen durchführen.

7. Wertet den Einschätzungsbogen zur Markterkundung aus. Welche Kompetenzen habt ihr trainiert? Wie gut waren sie ausgeprägt (++, +, –, ––)?

# **Projekt:** Eine Betriebsbesichtigung organisieren

Die Klasse 6b plant eine Betriebsbesichtigung. Die Klasse macht sich viele Gedanken zu der Besichtigung. Die einzelnen Schritte müssen rechtzeitig geplant und vorbereitet werden. Mit einer guten Vorbereitung wird die Betriebsbesichtigung sicher erfolgreich verlaufen.

**Auswertung:**
- Welche Aufgabe übernimmt jedes Gruppenmitglied?
- Präsentation: Plakat, Handout, digitale Präsentation?

**Ausführung:**
- Einen Fragenkatalog erstellen.
- Sicherheitsbestimmungen kennen und einhalten.
- Im Betrieb richtig verhalten.

**Planung:**
**Welchen Betrieb nehmen wir?**
- Vor Ort oder außerhalb?
- Gruppeneinteilung
- Kontakt mit dem Betrieb aufnehmen.
- Wer ist unser Ansprechpartner?
- Informationen über den Betrieb einholen.
- Anreise planen: Zu Fuß oder mit Bus/Bahn?

**162.1** Betriebsbesichtigung in der Landwirtschaft

**Idee: Betriebsbesichtigung**
- Produzierender Betrieb (Industrie)
- Supermarkt (Handel)
- Verwaltung
- Handwerksbetrieb
- ...

**162.2** Betriebsbesichtigung in einem Autohaus

Methode

# Eine **Mindmap** erstellen

Übersetzt heißt Mindmap „Gedankenlandkarte". Hierbei wird zuerst ein Ausgangsbegriff in die Mitte des Blattes geschrieben. Alle Ideen werden dann an abgehende „Straßen" geschrieben. Diese Ideenhauptstraßen können wiederum um Nebenstraßen ergänzt werden, sodass bald ein Bild von vielen verschiedenen Gedankenstraßen entsteht.

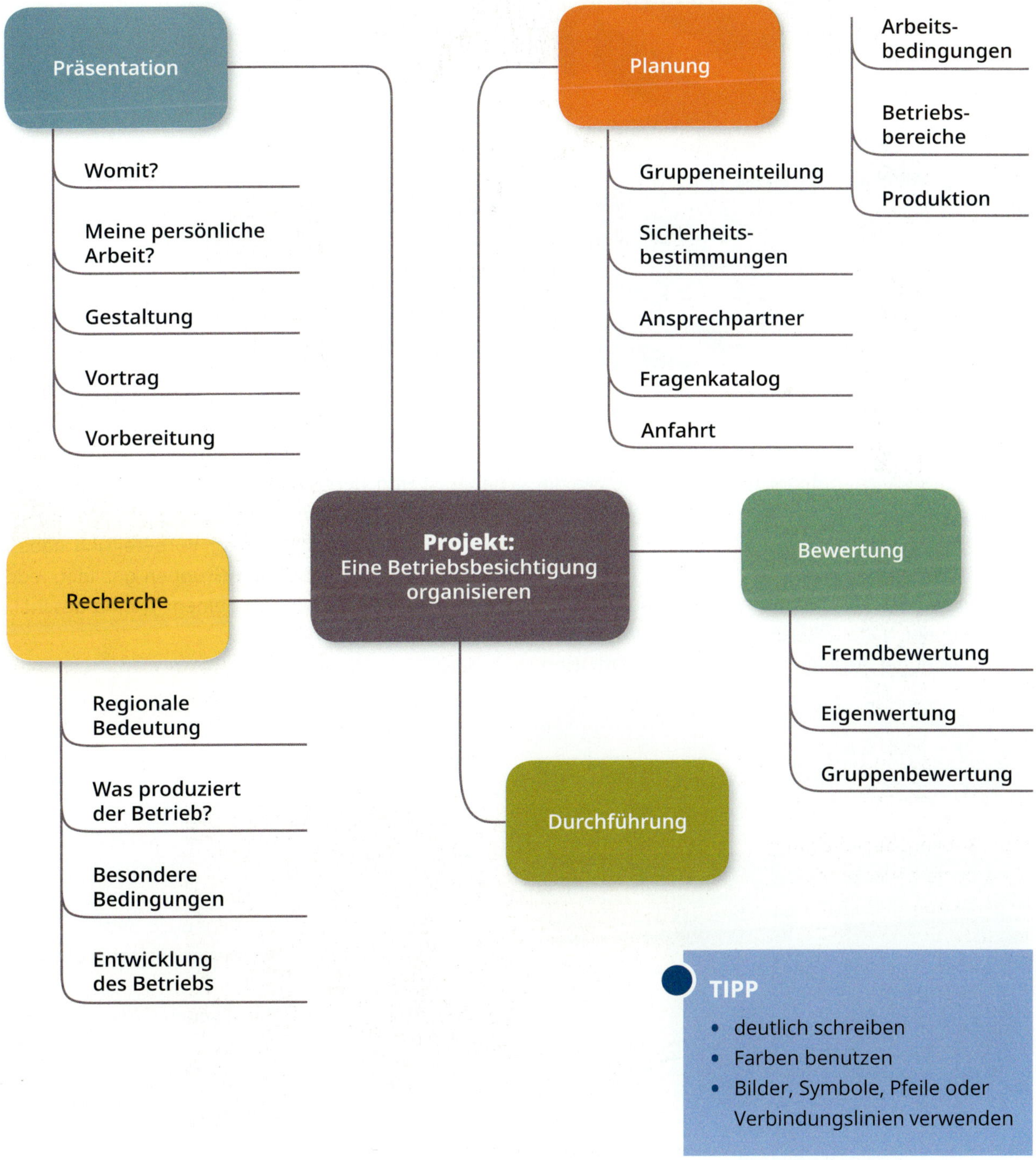


**TIPP**

- deutlich schreiben
- Farben benutzen
- Bilder, Symbole, Pfeile oder Verbindungslinien verwenden

# Wir **erkunden** einen Betrieb

## Zu Gast bei der Firma Löffel

164.1 Die Firma Löffel aus der Vogelperspektive

Liegt in eurer Nähe ein Betrieb, den ihr gerne erkunden wollt? Vielleicht habt ihr die Möglichkeit, wie die Klasse 6 b aus Herxheim, ihn zu erkunden.

**Linda berichtet:**
„Gemeinsam mit unserem Lehrer besuchen wir einen Betrieb in der Nähe unserer Schule. Die Firma Löffel ist ein wichtiger Arbeitgeber in unserem Ort. Herr Otto Löffel, der Inhaber des Betriebes (der zweite Inhaber ist Herr Bernd Löffel) ist bereit, uns seinen Betrieb vorzustellen. Er nimmt sich viel Zeit, um uns alles zu zeigen und zu erklären. Zur Vorbereitung haben wir im Unterricht schon vier Gruppen gebildet. Jede Gruppe hat sich intensiv mit einem Thema beschäftigt."

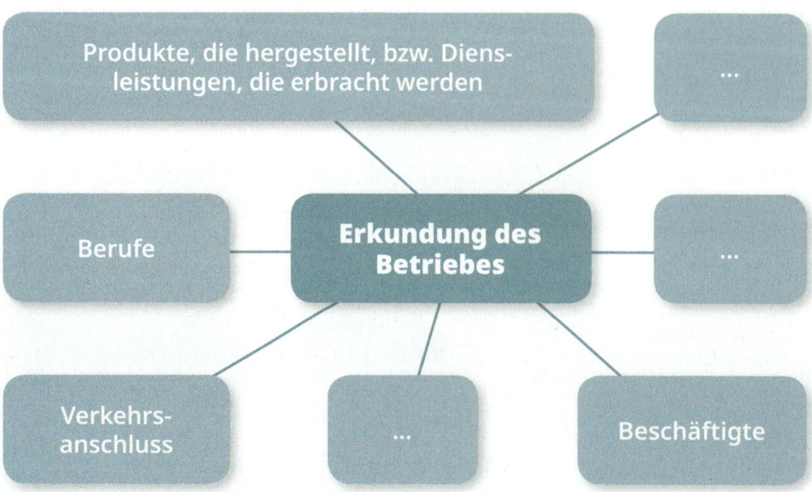


164.2 Cluster einer Betriebsbesichtigung

❶ Überlegt euch Betriebe, die ihr besichtigen wollt.

❷ Notiert euch Fragen, die ihr dem Betriebsinhaber stellen möchtet. Der Cluster (engl. Traube, Schwarm) hilft euch dabei.

165.1 Die Klasse 6 b aus Herxheim besichtigt die Firma Löffel.

**Herr Löffel erzählt:**
„Der Betrieb wurde 1928 als eine Glaserei in Herxheim gegründet. Schon 1933 wurde mit der Herstellung von Holzfenstern begonnen.

1964 hat man mit dem Bau der Produktionshallen hier in Herxheim begonnen. Seit 1967 werden zusätzlich Aluminiumfenster hergestellt, und 1973 wurde hier auch die Produktion von Kunststofffenstern aufgenommen. In der Zwischenzeit wurde das Betriebsgelände nach und nach erweitert. Mit dem Bau des Verwaltungsgebäudes und mehreren Erweiterungen der Produktionshallen hat unser Betrieb die heutige Größe erreicht."

**Steckbrief der Fa. Löffel GmbH**

Gründung:

Inhaber:

Was wird produziert:

Unternehmensform:

Arbeitskräfte:

Fuhrpark:

...

## Gruppe 1 – Allgemeine Angaben

Robin hat sich Fragen notiert:
„Wie viele Menschen arbeiten im Betrieb und wie viele Fahrzeuge haben Sie?"
Herr Löffel antwortet: „Wir haben insgesamt 90 Mitarbeiter, 23 Fahrzeuge gehören zu unserem Fuhrpark. Mit den Lkws fahren wir unsere Fenster zu den Kunden und bauen sie gleich in die Gebäude ein."

1. Erstellt einen Steckbrief des Betriebes.
2. Beschreibe die Entwicklung der Firma Löffel im Lauf der Jahre. Welche Güter wurden in welchem Jahr in die Produktion mit aufgenommen?
3. Herr Löffel ist Betriebsinhaber. Welche Vorteile und welche Nachteile hat dies? Erstelle eine Tabelle.

166.1 Arbeiten in der Verwaltung

166.2 In der Produktion werden ...

166.3 ... die Endprodukte gefertigt.

## Gruppe 2 – Berufe und Beschäftigte

Die zweite Gruppe befragt Herrn Löffel nach den Berufen und der Zahl der Beschäftigten in seinem Betrieb. Er berichtet, dass viele unterschiedliche Arbeiten in seinem Betrieb anfallen.

„Bei uns gibt es zunächst einmal zwei unterschiedliche Bereiche: die Verwaltung und die Produktion. In der Verwaltung arbeiten 27 Menschen. Ein typischer Beruf in der Verwaltung ist der Groß- und Einzelhandelskaufmann. Auch technische Zeichner, Architekten und ein Betriebswirt arbeiten hier.

In der Produktion und Montage sind 63 Menschen beschäftigt. Sie bearbeiten Rohstoffe und Vorprodukte und wandeln diese in unsere Endprodukte um, die wir an unsere Kunden weiterverkaufen. Hier arbeiten z. B. Metallbauer, Lackierer sowie Glaser und Fensterbauer.
In unserem Betrieb arbeiten insgesamt 90 Menschen, davon sind 8 Auszubildende, einer in der Verwaltung und 7 in der Produktion."

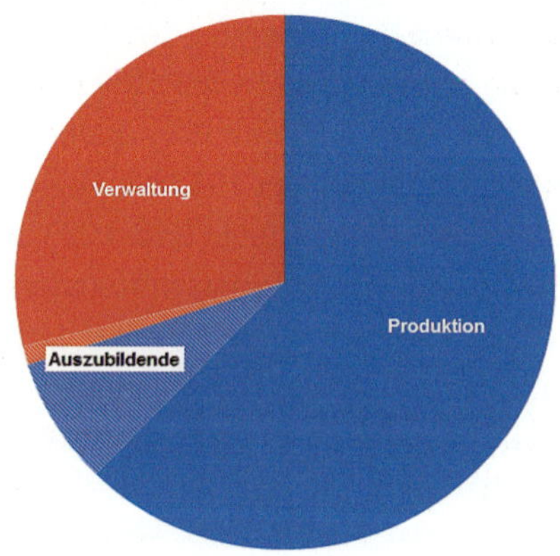


166.4 Statistik: Beschäftigte der Firma Löffel

❶ Wie werden die unterschiedlichen Bereiche in einem Betrieb bezeichnet?

❷ Nenne jeweils drei Berufe aus jedem Bereich.

## Gruppe 3 – Produkte, Dienstleistungen

Wie du auf Seite 165 gelesen hast, werden in der Firma Löffel Fenster hergestellt.

Herr Löffel berichtet aus der **Produktion**: „Um die Fenster herzustellen und zu vertreiben, muss unser Betrieb Rohstoffe und Vorprodukte beschaffen. Ein wichtiger Rohstoff ist natürlich Holz, das wir aus Deutschland, aber auch aus dem Ausland geliefert bekommen. Vorprodukte sind bereits fertige Fensterprofile aus Kunststoff oder Metall. Auch die Glasscheiben bekommen wir in der passenden Größe geliefert. Dieses Material kaufen wir bei anderen Firmen ein.

Arbeitskräfte bearbeiten die Fensterprofile. Holzfenster müssen lackiert und die Glasscheiben müssen ebenfalls eingebaut werden. Unsere Fahrzeuge bringen die passenden Fenster zu den Gebäuden. Unsere Monteure bauen sie an der entsprechenden Stelle ein."

Die Klasse kommt in die **Verwaltung**. Herr Löffel schildert auch dort, woran die Menschen arbeiten: „Ein Teil der Mitarbeiter hat die Aufgabe, die Rechnungen zu schreiben und die Löhne an unsere Mitarbeiter auszubezahlen. Ein anderer Teil muss dafür sorgen, dass wir genügend Aufträge bekommen, denn wenn wir keine Fenster mehr ausliefern können, fehlt uns Geld, um unseren Betrieb vernünftig weiterzuführen."

**167.2** Holz ist ein wichtiger Rohstoff.

**167.3** Die Fenster werden eingebaut.

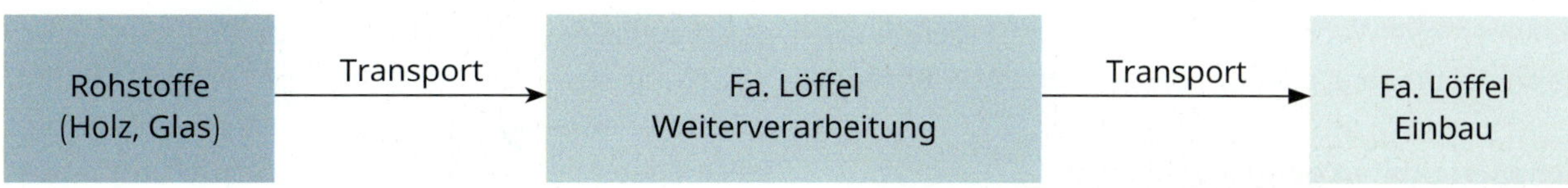


**167.1**

❶ Beschreibe mit eigenen Worten, wie aus den Vorprodukten ein Fenster entsteht.

❷ Worauf muss Herr Löffel achten, damit er genügend Aufträge bekommt?

❸ Erkläre, was die oben stehende Grafik 167.1 verdeutlicht.

❹ Was würde passieren, wenn Herr Löffel nicht mehr genügend Fenster verkaufen kann?

❺ Wärst du gerne Unternehmer wie Herr Löffel? Begründe deine Meinung.

## Gruppe 4 – Arbeitsplatzbeschreibung

Herr Bauer arbeitet seit vielen Jahren als Meister bei der Firma Löffel. Er schildert einen typischen Tag an seinem Arbeitsplatz.

„In meiner Abteilung werden die Holzfenster produziert. Morgens gehe ich an meinen Arbeitsplatz und schaue mir zunächst die Aufträge des kommenden Tages an.

Mit meinem Team versuche ich, zuerst die Fenster herzustellen, die am dringendsten gebraucht werden. Beispielsweise wenn in einem Geschäft eine Fensterscheibe zerbrochen ist.

### Vieles funktioniert automatisch

Bei der Herstellung eines Fensters geht vieles automatisch. Ein Mitarbeiter bedient die Maschine, welche die Fensterprofile auf die richtige Länge zuschneidet. Ein anderer Mitarbeiter baut die Profile zum Fensterrahmen zusammen. In der Lackiererei werden die Fensterrahmen mit einer Lackschicht versehen, die sie vor der Witterung schützt. Die Kunden können von uns auch farbige Fenster bekommen. Nach der Lackierung müssen die Fenster trocknen. Wir können dann erst am nächsten Tag weiterarbeiten.

Ein Fensterbauer baut im nächsten Arbeitsschritt Metallteile (z. B. Scharniere) ein, damit man das Fenster auch öffnen kann. Danach setzt der Glaser die Glasscheiben ein. Wenn das Fenster fertig ist, geben wir es an die Monteure weiter, die zur Baustelle fahren.

### Schwierigkeiten gemeinsam lösen

Ich bin verantwortlich dafür, dass die Mitarbeiter in meiner Firma gut zusammenarbeiten. Bei Problemen kommen sie zu mir, damit wir auftretende Schwierigkeiten zusammen lösen können. Manchmal muss ich aber auch bei der Produktion einspringen."

**168.1** Bevor die Fenster eingebaut werden können, sind mehrere Arbeitsschritte notwendig.

Herr Bauer berichtet der Schulklasse auch, wie er in den Betrieb gekommen ist. „Ich habe eine Ausbildung zum Glaser und Fensterbauer bei einer anderen Firma absolviert. Nach meiner Gesellenprüfung arbeitete ich einige Jahre dort weiter. Weitere fünf Jahre später machte ich die Meisterprüfung. Nachdem ich diese bestanden hatte, bewarb ich mich bei der Firma Löffel."

1. Für welche Bereiche ist Herr Bauer im Betrieb verantwortlich?
2. Welche Ausbildung muss man haben, um die Arbeit von Herrn Bauer erledigen zu können?

Rückspiegel

# Was habe ich gelernt?

## Betriebserkundung

Ihr habt an dieser Stelle bereits eine Betriebserkundung durchgeführt. Auf dieser Seite findet ihr noch ein paar Aufgaben zu diesem Thema.

### Daran arbeiten ...

1. Wenn du die sieben folgenden Fragen von a) bis g) richtig löst, ergibt sich ein Lösungswort. Die erste Zahl hinter der Frage gibt an, wie viele Wörter der gesuchte Begriff hat. Die zweite Zahl gibt die Stelle des Lösungsbuchstabens an (Ä, Ö, Ü = ein Buchstabe). Alle gesuchten Begriffe findest du auch im Buch auf den Seiten 162 - 168.

   a) Ein anderes Wort für Mitarbeiter eines Betriebes (12 Buchstaben/1. Buchstabe gesucht).
   b) Der Bereich im Betrieb, in dem keine Produktion stattfindet (10/2).
   c) Produkt, das die Firma Löffel herstellt (7/5).
   d) Damit werden Güter zum Kunden transportiert, alle zusammen bilden sie den Fuhrpark (Mehrzahl, 9/4).
   e) In diesem Bereich des Betriebes werden die Güter hergestellt (10/8).
   f) In einem Betrieb der ausbildet, erlernt man einen ... (5/2).
   g) Wenn junge Menschen einen Beruf erlernen, sind sie in dieser Zeit ... (Mehrzahl, 13/6).

2. Gestalte für deine Kompetenzmappe ein Blatt, auf dem du beschreibst, was du bei der Betriebserkundung Neues erfahren hast. Vielleicht helfen dir folgende Satzanfänge:

> Ganz neu für mich war ...
> Alle waren überrascht, dass ...
> Richtig schwierig zu verstehen war ...

3. Bei dieser Aufgabe sind die Textbausteine durcheinandergeraten. Suche die passenden Teile, setze sie sinnvoll zusammen und schreibe sie in dein Heft. Hilfe bieten dir auch hier im Buch die Seiten 162 - 168.

- In einem Produktionsbetrieb ♦ ist der Groß- und Einzelhandelskaufmann
- Die erfolgreiche Ausbildung in einem Handwerksbetrieb ♦ wird hauptsächlich am Schreibtisch gearbeitet.
- Typische Berufe in der Produktion von Fenstern ♦ werden Rohstoffe weiterverarbeitet.
- Nach der Betriebsbesichtigung ♦ muss man diese Besichtigung planen.
- In der Verwaltung eines Betriebes ♦ sind Glaser und Fensterbauer.
- Bevor man einen Betrieb besichtigt ♦ mit der Gesellenprüfung.
- Ein typischer Beruf in der Verwaltung eines Betriebes ♦ erfolgt eine Auswertung und Präsentation.

### Zum Weiterarbeiten:

In vielen deutschen Städten finden alljährlich Berufsfindungs- und/oder Ausbildungsmessen statt, auf denen Jugendliche von Betrieben und Ausbildern völlig unverbindlich über viele interessante Ausbildungsberufe informiert werden. Plant für das nächste Schuljahr das Projekt „Besuch einer Ausbildungsmesse“.

**169.1** Ausbildungsmesse

# Informatische Bildung

Wie sammle ich Informationen aus dem Internet?

Wie kann ich meine persönlichen Daten im Internet schützen?

Wie gestalte ich Dokumente ansprechend?

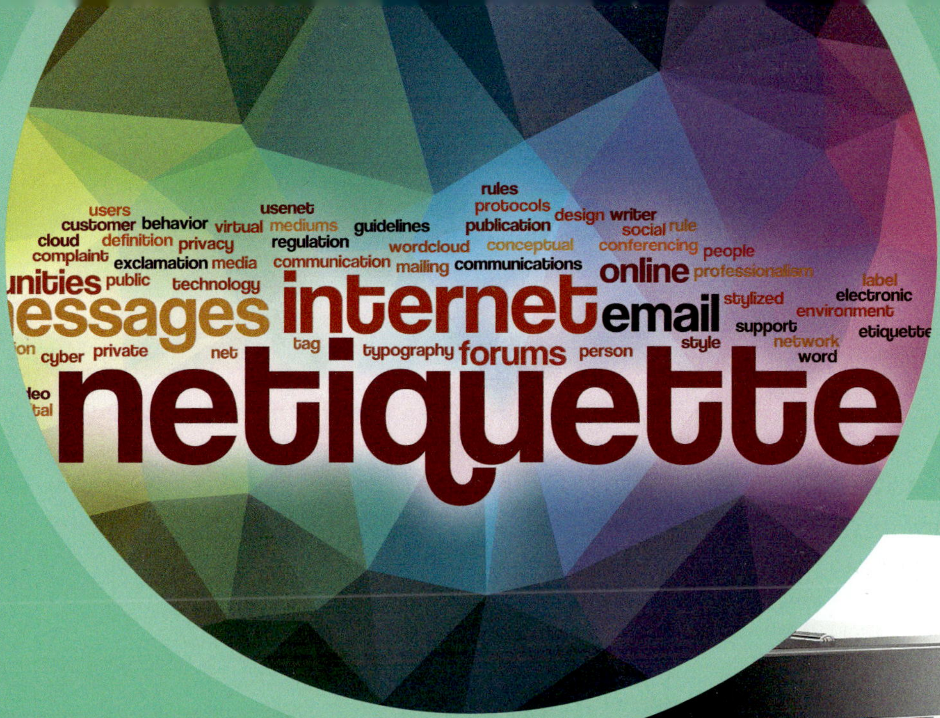


Was ist das Urheberrecht?

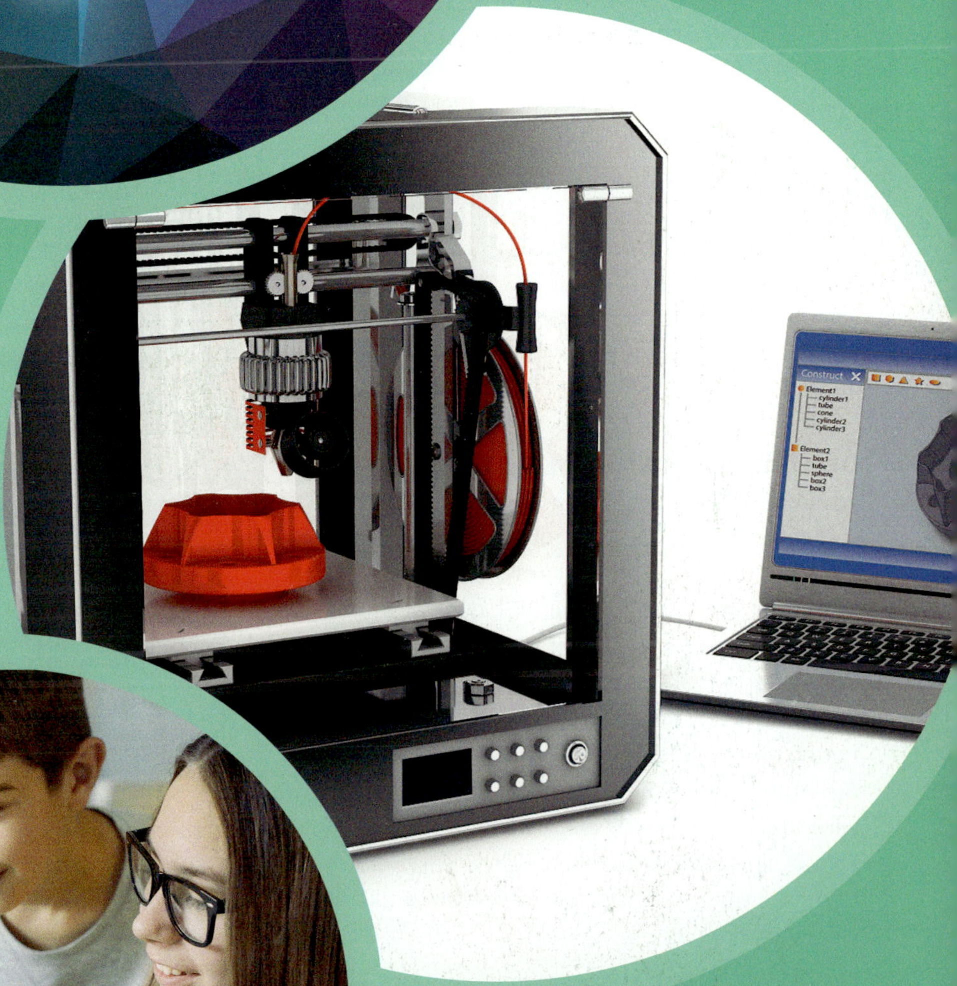

Wie nutze ich die Tabellenkalkulation?

Wie kann ich eine Webmail-Adresse nutzen?

# Erste **Schritte** am Computer

## Arbeiten im Computerraum

Wenn du im Computerraum arbeitest, gelten wie in jedem Fachsaal besondere Regeln:

1. Im Computerraum stehen empfindliche Geräte. Man kann leicht über Kabel stolpern. Deshalb darf dort nicht gedrängelt und geschubst werden.
2. Krümel oder Flüssigkeiten können Computer verschmutzen und beschädigen. Deshalb darf im Computerraum weder gegessen noch getrunken werden.
3. Wenn deine Lehrerin oder dein Lehrer der Gruppe etwas erklären möchte, müsst ihr aufmerksam sein. Es lenkt dich und deine Mitschülerinnen und Mitschüler ab, wenn ihr weiterarbeitet. Deshalb gilt: sobald ein vereinbartes Signal (z. B. eine Tischglocke) ertönt – Hände weg von Tastatur und Maus.
4. ...

### Ein- und Ausgabegeräte

Alle Geräte, die direkt an den Computer angeschlossen werden, nennt man Peripheriegeräte. Dazu gehören beispielsweise eine Maus, ein Bildschirm oder ein Drucker.

### Den Computer starten

Wenn du einen Computer anschaltest, ist er nicht sofort einsatzbereit. Der Computer muss sich zunächst noch auf die Arbeit vorbereiten. Man sagt dazu: „der Computer fährt hoch". Dabei wird das Betriebssystem (z. B. Windows 10) gestartet. Das kann einige Sekunden dauern.

Nach dem „Hochfahren" wird auf dem Bildschirm häufig ein Anmeldefenster angezeigt. Nachdem man die notwendigen Eintragungen vorgenommen hat, wird der Computer für die Arbeit freigegeben. In der Schule sind die Computer in einem Netzwerk mit anderen Computern verbunden und man muss sich am Netzwerk anmelden.

**INFO**

Den Benutzernamen und dein Kennwort für das Schulnetzwerk erfährst du von deiner Lehrerin oder deinem Lehrer.

**1** Gib deinen Benutzernamen ein.

**2** Gib dein persönliches Kennwort ein.

**3** Bestätige mit einem Linksklick auf den Pfeil.

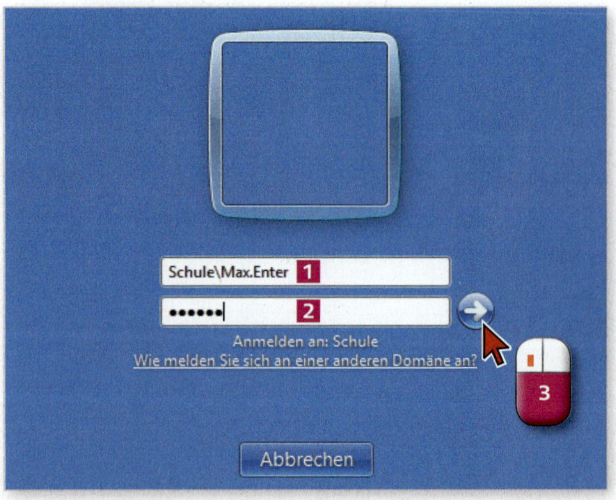


① Notiere weitere Regeln zum Verhalten im Computerraum.

## Den Desktop kennenlernen

Nach der Anmeldung wird auf dem Bildschirm der „Desktop“ angezeigt. Der Desktop ist wie ein großer Schreibtisch, auf dem du mit geeigneten Hilfsmitteln – den Programmen – Texte schreiben, Bilder bearbeiten, Informationen nachschlagen, Unterlagen in Ordnern sortieren und vieles andere mehr machen kannst.

**Papierkorb:** Dateien, die du löschst, werden in den Papierkorb verschoben.

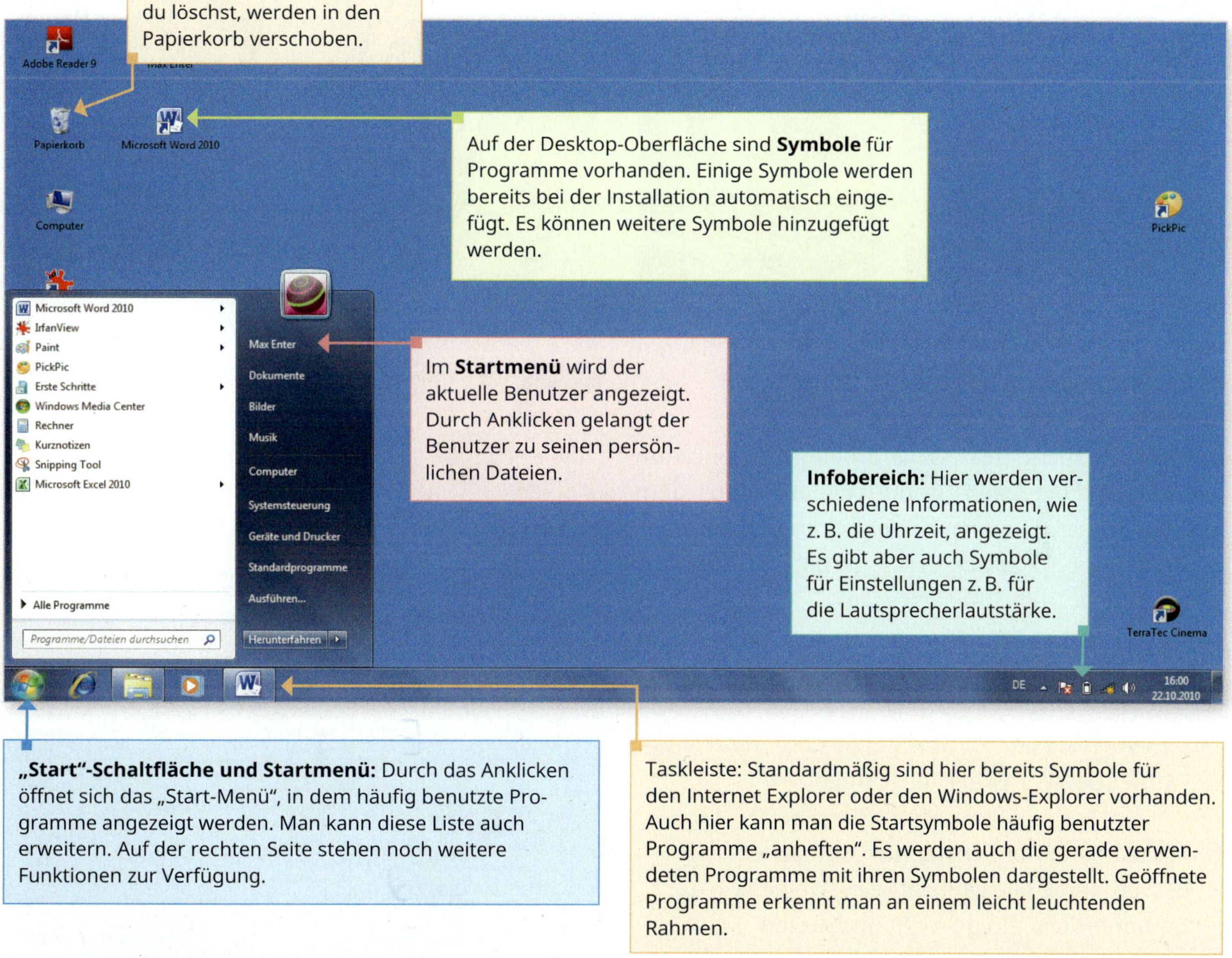


Auf der Desktop-Oberfläche sind **Symbole** für Programme vorhanden. Einige Symbole werden bereits bei der Installation automatisch eingefügt. Es können weitere Symbole hinzugefügt werden.

Im **Startmenü** wird der aktuelle Benutzer angezeigt. Durch Anklicken gelangt der Benutzer zu seinen persönlichen Dateien.

**Infobereich:** Hier werden verschiedene Informationen, wie z. B. die Uhrzeit, angezeigt. Es gibt aber auch Symbole für Einstellungen z. B. für die Lautsprecherlautstärke.

**„Start“-Schaltfläche und Startmenü:** Durch das Anklicken öffnet sich das „Start-Menü“, in dem häufig benutzte Programme angezeigt werden. Man kann diese Liste auch erweitern. Auf der rechten Seite stehen noch weitere Funktionen zur Verfügung.

Taskleiste: Standardmäßig sind hier bereits Symbole für den Internet Explorer oder den Windows-Explorer vorhanden. Auch hier kann man die Startsymbole häufig benutzter Programme „anheften“. Es werden auch die gerade verwendeten Programme mit ihren Symbolen dargestellt. Geöffnete Programme erkennt man an einem leicht leuchtenden Rahmen.

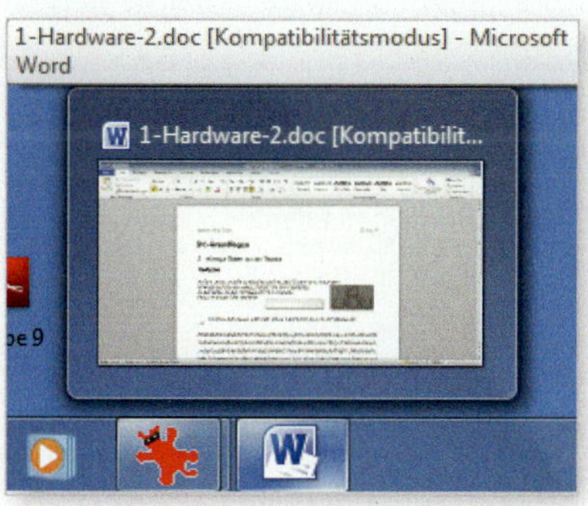


**TIPP**

Wenn man in der Taskleiste mit dem Mauspfeil über die Symbole fährt, öffnet sich eine Minivorschau des Programms.

## Eine Datei herunterladen und öffnen

Hier siehst du eine Bildergeschichte über ein ganz besonderes Geburtstagsgeschenk. Was könnten die beiden miteinander reden? Das Geburtstagskind ist sehr gespannt. Was der Junge wohl denkt, als er das Geschenk auspackt?

Auf den nächsten Seiten schreibst du zu den Bildern einen Text und gestaltest ihn.

Starte dazu zuerst ein Textverarbeitungsprogramm und lade dir die Datei „Geburtstag.docx" aus dem Internet *(www.westermann.de/nah-dran-rp)* herunter. Wie man eine Datei aus dem Internet herunterlädt, kannst du auf Seite 188 nachlesen.

Öffne anschließend die Bildergeschichte:

**1** Wähle „Datei" im Register „Öffnen".

**2** Klicke im Auswahlfenster auf „Computer". Es werden dir alle Laufwerke auf deinem Computer und einige wichtige Dateien angezeigt.

**3** Wähle das Laufwerk mit der Datei „Geburtstag.docx".

**4** Öffne die Datei „Geburtstag.docx"

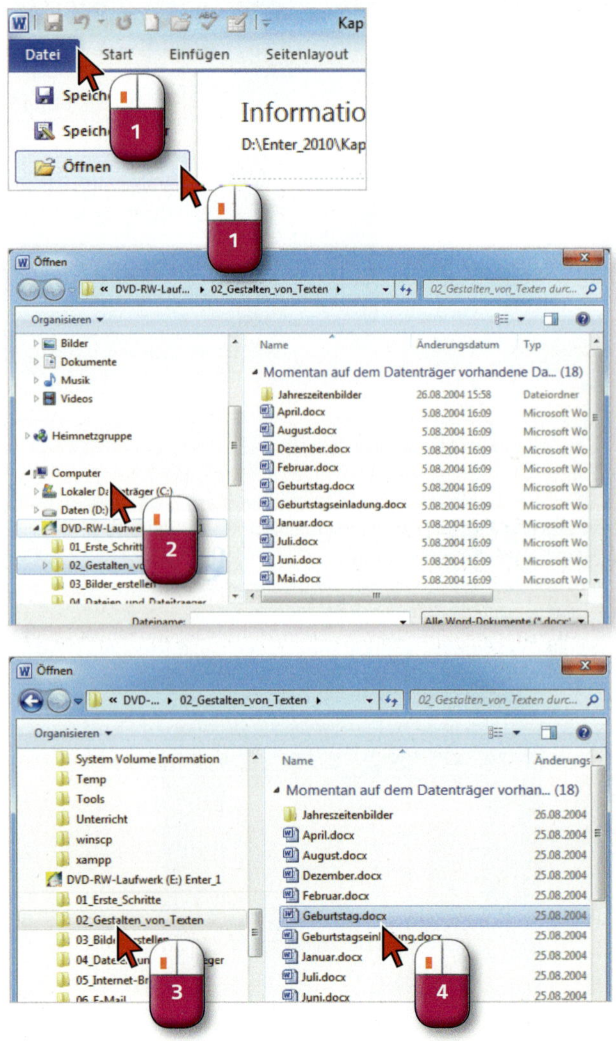

## Eine Datei speichern

Damit deine Änderungen nicht verloren gehen, solltest du Dateien immer zuerst in deinem eigenen Verzeichnis speichern.

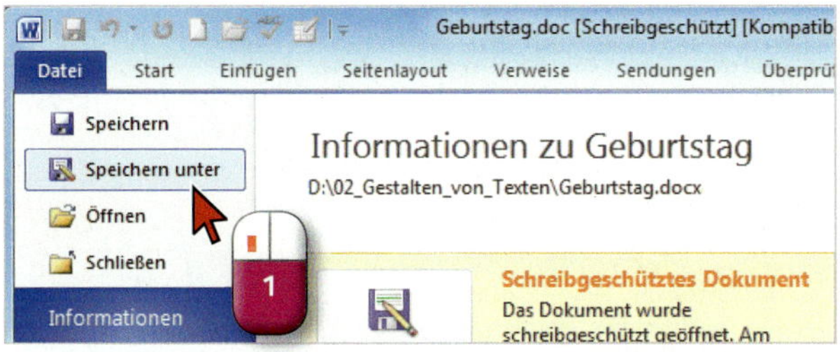


**1** Klicke im Register „Datei“ auf „Speichern unter…“

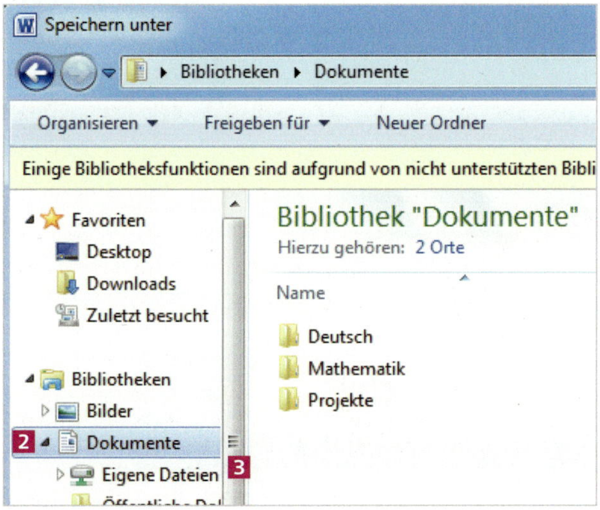


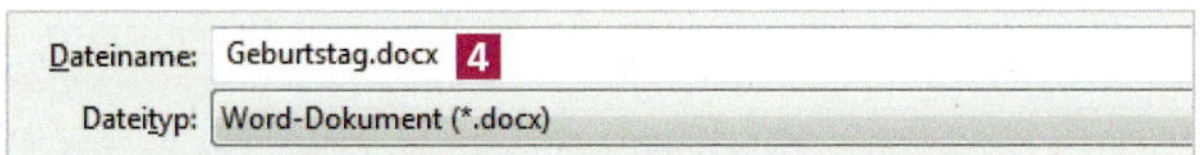


Es öffnet sich das Auswahlfenster „Speichern unter“. Es sieht dem Auswahlfenster „Öffnen“ ziemlich ähnlich.

**2** Wähle nun den Speicherort „Bibliotheken-Dokumente“ und dort

**3** „Eigene Dateien“.

**4** Im Feld „Dateiname“ steht bereits der Dateiname, den die Datei bisher hat.

**5** Bestätige mit „Speichern“.
Die Datei ist nun mit diesem Dateinamen in der „Bibliothek Dokumente“ unter „Eigene Dateien“ abgespeichert.

**TIPP**

Wenn du sicher sein willst, dass man diese Datei auch mit einer älteren Word-Version öffnen und bearbeiten kann, muss dieses Häkchen gesetzt sein:

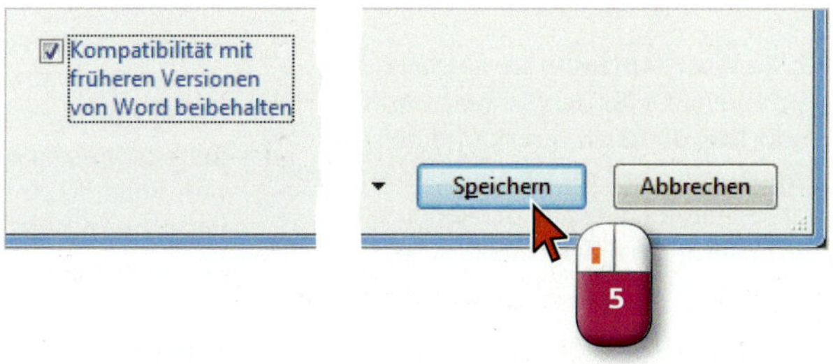


**6** Um der Datei einen neuen Namen zu geben, setze den Cursor mit einem Mausklick in das Feld und gib einen passenden Dateinamen ein.
Achte darauf, dass du dir den Dateinamen gut merken kannst.
Bestätige wieder mit „Speichern“.

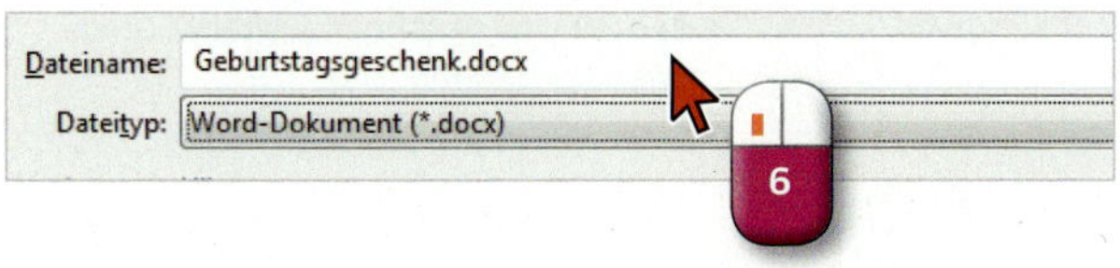

# Textverarbeitung

## Das Programmfenster

Wird ein Programm gestartet bzw. geöffnet, dann wird es in einem eigenen Bildschirmbereich, dem „Programmfenster" dargestellt. Es können mehrere Programmfenster gleichzeitig geöffnet sein. Dies kann man in der Taskleiste erkennen. Die Fenster können in ihrer Größe geändert werden. Viele Programme haben gleiche bzw. ähnliche Elemente wie hier das Textverarbeitungsprogramm.

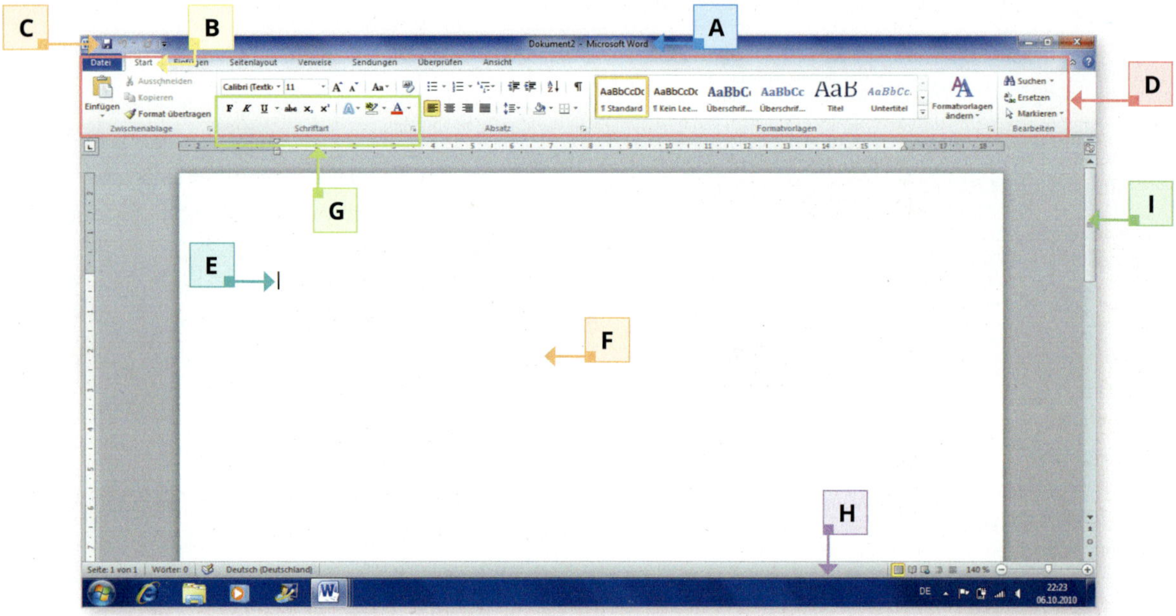


**1 Arbeitsfeld** (Dokument): Hier wird der Text eingegeben. Beim Starten des Programms wird automatisch ein leeres Dokument geöffnet.

**2 Fensterkopfzeile:** Sie enthält die Symbolleiste für den Schnellzugriff, den Titel des Dokuments und der Anwendung. Ganz rechts befinden sich die Schaltflächen zum Schließen und zum Verändern des Fensters.

**3 Symbolleiste für den Schnellzugriff**: Sie enthält Symbole, die man häufig benötigt, wie „Speichern", „Rückgängig machen" usw. Es können weitere Symbole hinzugefügt werden.

**4 Bildlaufleiste:** Mit ihr kann man den sichtbaren Bildschirmausschnitt bei längeren Textdokumenten verschieben.

**5 Statuszeile:** Hier werden verschiedene Informationen angezeigt, wie die Anzahl der Seiten. Auf der rechten Seite gibt es einen Schieberegler, mit dem man die Ansicht im Arbeitsfeld verkleinern bzw. vergrößern kann.

**6 Register:** Im Menüband sind mehrere Register vorhanden. In jedem Register sind zusammengehörende Funktionen gruppiert. Diese werden angezeigt, wenn man ein Register durch Anklicken öffnet.

**7 Cursor (Schreibmarke):** Ein blinkender Strich, der die Stelle kennzeichnet, an der die Eingabe z. B. von Buchstaben erfolgt.

**8 Menü:** Hier sind alle Funktionen zusammengefasst, die im Programm vorhanden sind. Die Funktionen sind in sogenannte „Register" unterteilt.

**9 Gruppen:** In einem Register sind zusammengehörende Funktionen in Gruppen eingeteilt. Rechts neben dem Namen der Gruppe haben viele an der rechten Ecke einen kleinen dreieckigen Pfeil. Damit kann man ein Dialogfenster öffnen, in dem die Funktionen der Gruppe und noch weitere Funktionen vorhanden sind.

1 Ordne die Beschreibungen den Buchstaben zu.

## Einen Text eingeben

Die Datei „Geburtstag.docx", die du dir von der Internetseite *www.westermann.de/nah-dran-rp* herunterladen kannst, besteht aus mehreren Feldern. In den linken Feldern siehst du drei Bilder der Bildergeschichte (vgl. S. 174 oben). In das Feld rechts neben dem ersten Bild schreibst du den Anfang der Geschichte, die zu den Bildern passt.
Erzähle die Geschichte weiter!

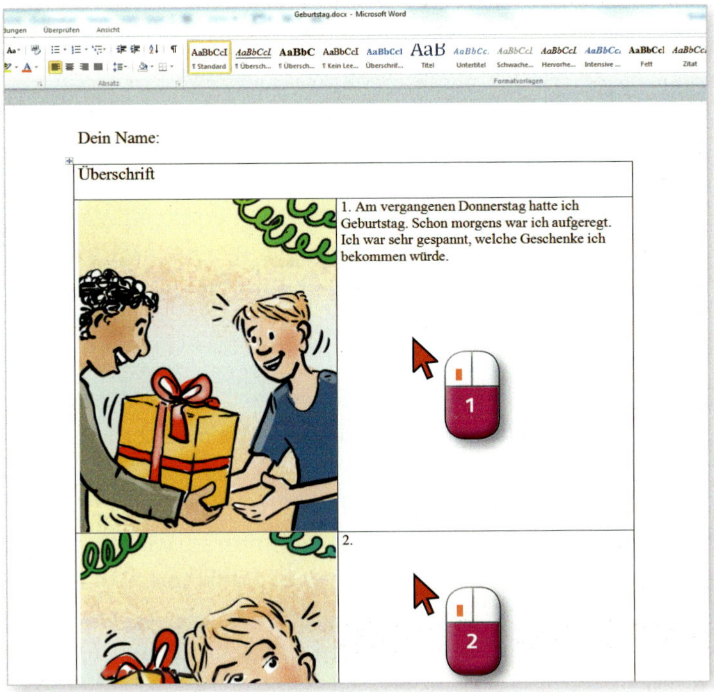


**1** Klicke in das Feld rechts neben dem ersten Bild.
Dadurch setzt du den Eingabecursor in dieses Feld.
Du kannst jetzt die Geschichte passend zum Bild weiterschreiben.

**2** Klicke anschließend auf die Felder neben den nächsten Bildern. Schreibe deine Geschichte dort weiter.

Fällt dir etwas auf? Wenn du mit dem Cursor am Ende einer Zeile angekommen bist, kannst du einfach weiterschreiben, ohne mit der Eingabe-Taste einen Absatz einzufügen.
Das Textverarbeitungsprogramm setzt die Eingabe automatisch auf der nächsten Zeile fort.

Der Text fließt also von selbst in die nächste Zeile. Deshalb nennt man ihn auch „Fließtext".

Jede Geschichte hat eine Überschrift.

**3** Klicke auf das Feld über den Bildern und gib dort die Überschrift ein.

Speichere nach jedem Arbeitsschritt immer mit der Funktion „Speichern" im Menü „Datei" ab.

## Textstellen markieren und die Schriftgröße ändern

Die Überschrift ist bei den meisten Texten etwas größer als der übrige Text. So fällt sie besser auf. Formatiere die Überschrift deiner Bildergeschichte in größerer Schrift. Dazu musst du zunächst die Überschrift markieren.

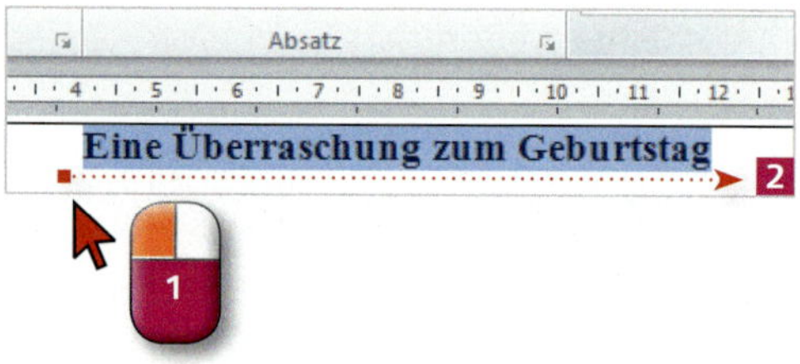


**1** Klicke mit der linken Maustaste auf das erste Zeichen der Überschrift und halte die Maustaste gedrückt.

**2** Ziehe den Mauszeiger mit gedrückter Maustaste über die Überschrift und lasse die Maustaste los.

Die Überschrift wird „markiert". Das erkennst du daran, dass sie blau unterlegt erscheint. Wenn du nun die Formatierung (z. B. die Schriftgröße) änderst, wirkt sich dies immer auf den gesamten markierten Text aus.

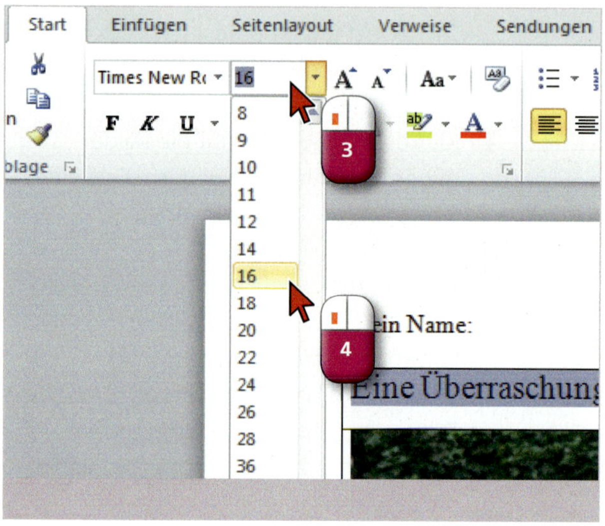


**3** Klicke in der Menüleiste „Start" auf den kleinen Pfeil neben den Zahlen, welche die Schriftgrößen angeben.
Es klappt ein Auswahlfeld mit Zahlen auf. Die Schriftgröße (oder der Schriftgrad) wird in Zahlen angegeben. Ihre Einheit ist Punkt (pt).

**4** Wähle durch Anklicken eine Schriftgröße aus, zum Beispiel „16".
Der markierte Textabschnitt erscheint jetzt in einer größeren Schrift. Je größer du die Punktgröße der Schrift wählst, desto größer wird auch die Schrift.

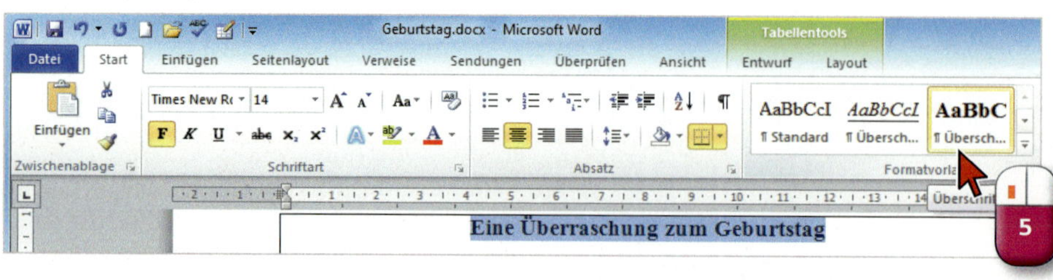


**5** Du kannst die Überschrift leicht verändern, wenn du im Menü „Start" bei den „Formatvorlagen" die Überschriften auswählst. Probiere aus, welche jeweils am besten passt.

**1** Schreibe in einem neuen Dokument ein Namensplakat: Schreibe dazu deinen Vor- und Nachnamen mehrmals untereinander. Gestalte nun deinen Namen in verschiedenen Schriftgrößen.
Speichere die Datei ab, damit du dein Namensplakat später weiterbearbeiten kannst.

Marcel Schmidt
Marcel Schmidt
Marcel Schmidt
Marcel Schmidt

## Die Schrift ändern: Schriftstil und Schriftfarbe

Wie die Schriftgröße kannst du auch den Schriftstil und die Schriftfarbe ändern.

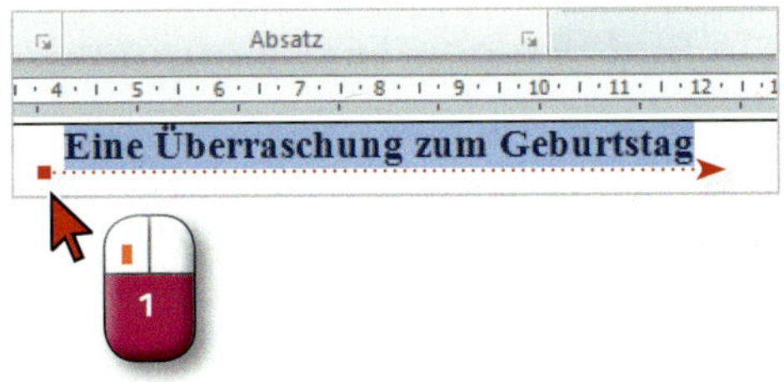


**1** Markiere zunächst wieder die Textstellen, die du formatieren (d. h. verändern) willst.

**2** Klicke in der Menüleiste „Start" nun auf die Schaltfläche „F" (wie „Fett")

Die Buchstaben sind jetzt dicker – sie sind **fett**.

**TIPP**

Klicke auch auf die Schaltfläche *K* (für kursiv = schräggestellt) und U (für „unterstrichen").
Was passiert, wenn du ein zweites Mal auf diese Schaltflächen klickst?

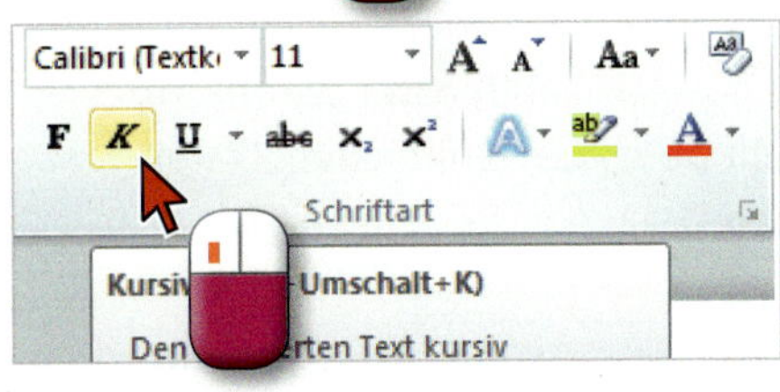


### Die Schriftfarbe ändern

Farbige Überschriften und Texte fallen immer ins Auge! Ähnlich wie die Schriftgröße und den Schriftstil kannst du auch die Farbe einer markierten Textstelle ändern. Markiere dazu wieder die Überschrift.

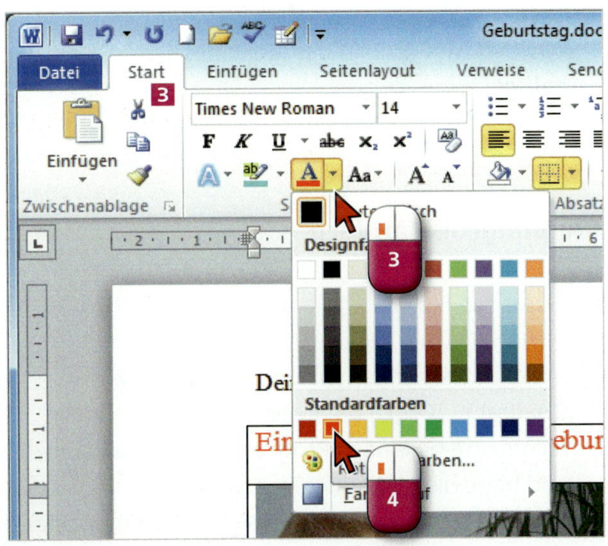


**3** Klicke auf den kleinen Pfeil rechts neben der Schaltfläche „Schriftfarbe" im Register „Start". Dadurch öffnest du die Farbauswahl.

**4** Wähle eine der Farben aus.
Der markierte Text erscheint nun in der gewählten Farbe.

❶ Gestalte die Überschrift in verschiedenen Farben. Achte darauf, dass sich die Schriftfarbe gut vom Hintergrund abhebt.

❷ Zentriere die Überschrift und speichere die Datei ab.

❸ Öffne die Datei mit deinem Namensplakat und arbeite daran weiter. Formatiere nun die einzelnen Zeilen abwechselnd linksbündig, zentriert und rechtsbündig.

❹ Speichere die Datei mit deinem Namensplakat ab und drucke das Plakat aus.

## Ein Bild in einen Text einfügen

In der Bildergeschichte (Datei „Geburtstag.docx“) fehlt noch das vierte Bild. Wenn Bilder als Dateien vorliegen, lassen sie sich sehr leicht in einen Text einfügen. Suche dazu aus dem Internet ein rechtefreies Bild, das zum Fortgang deiner Geschichte passt, kopiere oder lade es herunter und speichere es auf der Festplatte deines Rechners unter dem Dateinamen „Geburtstag_Bild_4.jpg“ ab.

**1** Setze den Eingabecursor in das linke untere Feld der Tabelle.

**2** Klicke auf das Register „Einfügen“.

**3** Wähle nun per Mausklick „Grafik“.

Es öffnet sich das Auswahlfenster „Grafik einfügen“. Es sieht dem Auswahlfenster „Datei öffnen“ ähnlich.

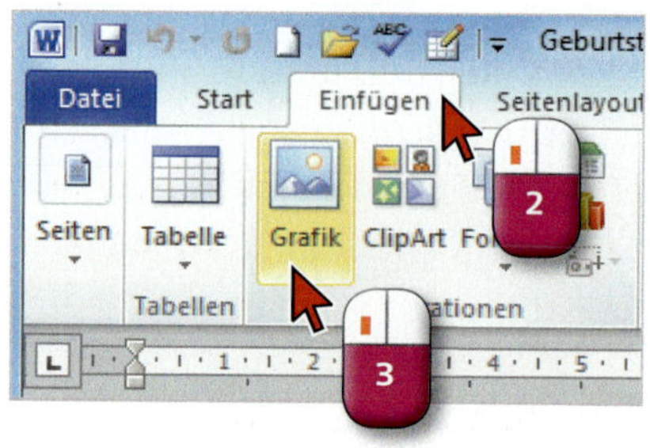


**4** Wähle die Datei „Geburtstag_Bild_4.jpg“ aus dem Verzeichnis, in das du es zuvor abgespeichert hast.
Das Bild wird nun an der Stelle des Cursors eingefügt.

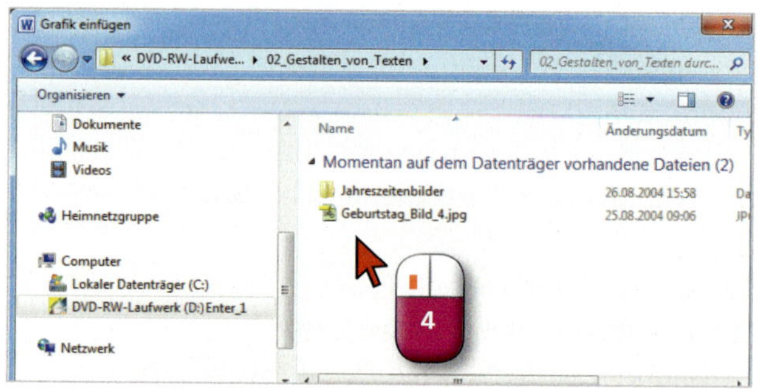


### Die Bildgröße ändern

**1** Klicke das Bild an.

**2** Klicke mit der linken Maustaste auf das kleine Quadrat (= „Griff“) oder den runden Eckpunkt rechts unten (je nach Programm verschieden) und halte die Maustaste gedrückt.
Der Mauszeiger verwandelt sich in einen Doppelpfeil.

**3** Ziehe das Bild größer bis es das gewünschte Maß hat. Lasse die Maustaste los. Das Bild nimmt die Größe des Rechtecks an.

## Formen in ein Dokument einfügen

Die wörtliche Rede der beiden Kinder soll wie in einem Comic in Sprechblasen dargestellt werden. Das kannst du mit den „Formen“ machen. Aus den Comics kennst du sicher auch Sprechblasen und „Geräuschewörter“. Überlege dir, welche zur Geschichte passen.

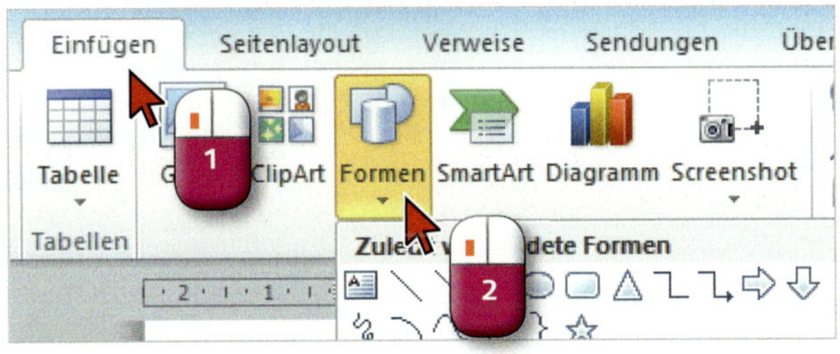


**1** Klicke im Menü „Einfügen“ auf

**2** „Formen“.

Es öffnet sich ein Auswahlfenster, das alle möglichen Formen zeigt.
(Hier sind nicht alle Formen abgebildet.)

Im Auswahlfenster findest du auch die Legenden.

**3** Dabei gibt es auch unterschiedliche Sprechblasen. Wähle durch Anklicken die „ovale Legende“ aus.

Jetzt musst du die Sprechblase nur noch auf das Bild bringen:

**4** Klicke mit der linken Maustaste auf die Stelle, an der du die Sprechblase einfügen willst. Halte die Maustaste gedrückt.

**5** Ziehe mit der gedrückten Maustaste die Sprechblase in der gewünschten Größe auf.

Löse die Maustaste dann. Die Sprechblase wird an dieser Stelle eingefügt und kann beschriftet werden.

**6** Oben im Menü „Formenarten“ kannst du die Rahmen- und Hintergrundfarbe festlegen.

## ClipArt-Grafiken in einen Text einfügen

Viele Textverarbeitungsprogramme bieten Sammlungen mit zahlreichen Grafiken und Symbolen („Clips") an, die du in deine Texte einbauen kannst: die „ClipArt"-Grafiken.

Um ein Bild aus der „ClipArt"-Sammlung in deinen Text einzufügen, setze den Cursor zunächst etwa an die Stelle, an der du den Clip einfügen willst.

**1** Klicke im Menü „Einfügen" auf
**2** ClipArt.

**TIPP**

Achte darauf, dass du das Bild nicht markiert hast, sonst kann es geschehen, dass es durch das ClipArt-Bild ersetzt wird.

Am rechten Fensterrand wird ein ClipArt-Fenster eingeblendet, in dem du nach einem bestimmten ClipArt-Bild suchen kannst.

**3** Gib einen geeigneten Suchbegriff ein und klicke auf „OK". Anschließend werden sämtliche verfügbaren ClipArts angezeigt, die zu diesem Suchbegriff passen.

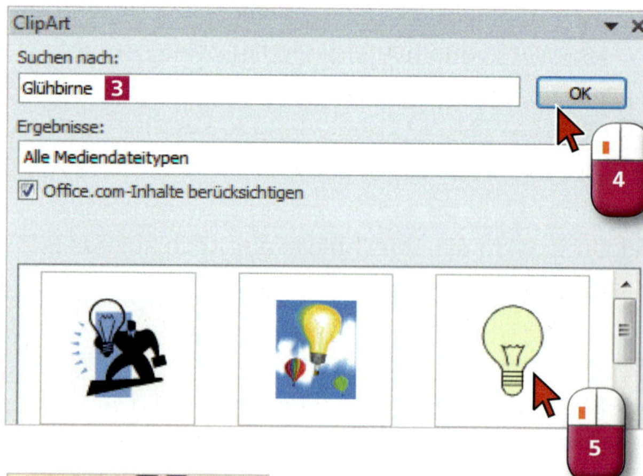


**INFO**

Es gibt auch ClipArt-Sounds und ClipArt-Filme.

**5** Wähle ein passendes ClipArt aus und bestätige die Auswahl mit einem Mausklick.
**6** Das ClipArt-Bild wird an der gewünschten Stelle eingefügt. Passe noch die Größe an.

**INFO**

ClipArts kannst du wie Bilder und Formen verschieben und ihre Größe verändern.

① Füge einige passende ClipArts in den Text deiner Bildergeschichte ein, die zur Geschichte passen, zum Beispiel ein Geschenk, Luftballons oder Kerzen usw.

# Was habe ich gelernt?

## Arbeiten mit Word

In der vergangenen Unterrichtseinheit hast du dich mit dem Textverarbeitungsprogramm Word beschäftigt. Du hast gelernt Bilder einzufügen, die Schrift zu verändern und vieles mehr.

### Daran arbeiten ...

1. Gestalte deinen Stundenplan mit Hilfe des Textverarbeitungsprogramms. Füge eine Tabelle ein und passe die Größe der Zeilen und Spalten an. Du kannst jedem Fach seine eigene Farbe und Schriftart geben und den Plan mit ClipArts weiter ausschmücken.
2. Gestalte ein Werbeplakat. Überlege dir, zu welchem Produkt du ein Werbeplakat gestalten kannst. Vielleicht möchtest du für ein Smartphone oder ein Fahrrad werben, vielleicht soll es auch ein Werkstück aus dem TuN-Unterricht sein. Denke dir einen passenden Namen für das Produkt aus und lass dir einen guten Werbeslogan einfallen.
   Gestalte das Plakat ansprechend und benutze Word-Art für eine Überschrift, die sofort ins Auge fällt.
   Weitere Tipps zum Thema Werbung findest du im WuV-Kapitel (siehe S. 143).
3. Steckbriefe kennst du vielleicht aus Western-Filmen oder aus Comics, ganz bestimmt hast du aber auch in der Schule schon einmal einen Steckbrief gesehen oder sogar selbst erstellt.
   Stelle dich deinen Mitschülerinnen und Mitschülern in einem Steckbrief vor. Füge ein Foto von dir ein und gestalte den Steckbrief so, dass er zu dir passt.
4. Gestalte für deine Kompetenzmappe ein Blatt, auf dem du beschreibst, was du Neues über deine Fertigkeiten erfahren hast. Vielleicht helfen dir folgende Satzanfänge:

> Ganz neu für mich war ...
> Zu Hause waren alle überrascht, ...
> Richtig schwierig war ...

| | Montag | Dienstag | Mittwoch | Donnerstag | Freitag |
|---|---|---|---|---|---|
| 1 | KL | Deutsch | WPF | Bildende Kunst | Englisch |
| 2 | Mathe | Deutsch | WPF | Bildende Kunst | Englisch |
| 3 | Sport | Nawi | Mathe | WPF | Religion |
| 4 | Deutsch | Nawi | Mathe | WPF | Musik |
| 5 | [illegible] | Mathe | Deutsch | Erdkunde | Sport |
| 6 | [illegible] | [illegible] | [illegible] | Englisch | Sport |

# **Surfen** im Internet

## Eine Internetseite öffnen

Jeder Internetauftritt (Website) besteht aus einer oder mehreren Seiten, die auf besonderen Computern, den Servern, verfügbar sind. Diese Server gehören zu einem weltweit verbundenen Netz, dem Internet. Jeder Internetauftritt hat eine weltweit eindeutige Adresse. Um eine Seite aufzurufen, musst du ihre Adresse im Adressfeld des Internet-Browsers eingeben.

**1** Setze den Eingabecursor mit einem Klick in das Adressfeld des Browsers.
Tippe hier die Adresse der Internetseite ein, die du aufrufen möchtest.
Trage *www.westermann.de/nah-dran-rp* ein.
Achte darauf, dass du die Adresse fehlerfrei eingibst.
Durch das Drücken der Enter-Taste wird die Eingabe übernommen und die Seite aufgerufen. Wenn dein Computer eine Verbindung zum Internet hat und du die Adresse richtig eingetragen hast, zeigt dir dein Browser nach kurzer Ladezeit die Startseite (Homepage) des gewünschten Internetangebots an. Hier landest du auf der Homepage deines Schulbuchs. Dort findest du unter den „Ergänzenden Materialien" den Link zur Internetseite Inlineskating.

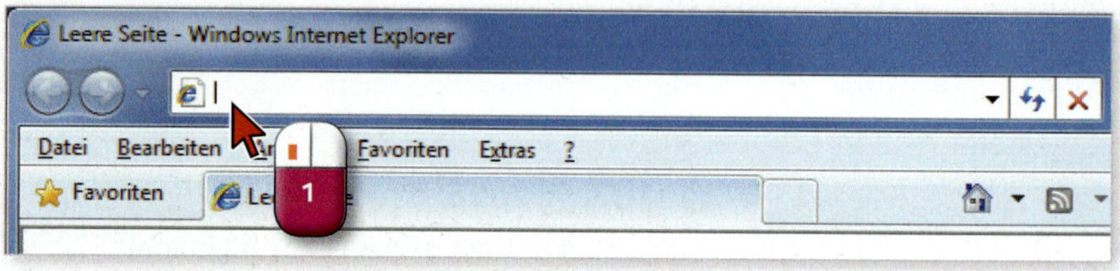


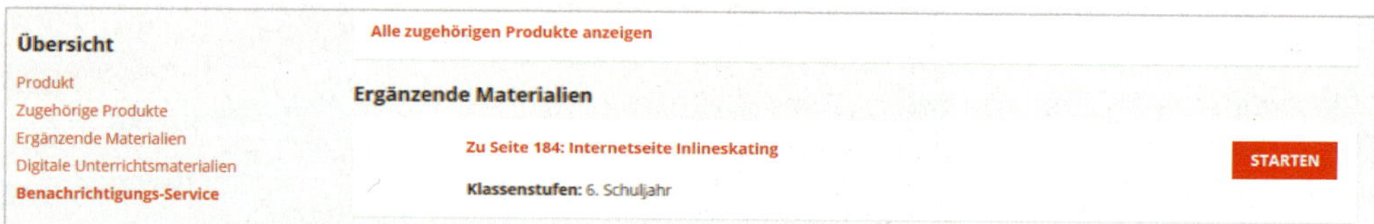


## Internetadressen

Wie eine Postadresse besteht eine Internetadresse (auch „URL" genannt) aus mehreren Bestandteilen. Internetadressen müssen ganz genau angegeben werden, z. B.:

***https://www.realschuleplus.bildung-rp.de/service.html***

| | | |
|---|---|---|
| **1** | *https://* | An diesem Kürzel (steht für „Hypertext Transfer Protocol Secure ") erkennt das Programm, dass die Daten als Internetseite angezeigt werden müssen. Das „https://" trägt der Browser selbst ein, du musst nur die folgenden Angaben schreiben. |
| **2** | *www.* | Damit beginnen die meisten Internetadressen. Das Kürzel zeigt an, dass eine Adresse aus dem „World Wide Web" (WWW) aufgerufen werden soll. |
| **3** | *realschuleplus. bildung-rp.de* | Die Internetadresse des Computers („Servers"), auf dem die Internetseite gespeichert ist. Die Endung hinter dem Punkt steht für die Art oder das Herkunftsland der Internetseite. Beispiele: „de" = Deutschland, „com" = „kommerziell" (= Seite eines Unternehmens), „org" = Organisation |
| **4** | */service.html* | Unterverzeichnis, in dem die Internetseite auf dem Server gespeichert ist, und Name der Datei, die vom Browser angezeigt werden soll. |

## Sich auf einer Internetseite zurechtfinden

Die meisten Inhalte eines Internetauftritts bestehen aus einer Startseite („Homepage“) und mehreren Unterseiten. Von der Startseite aus kann man die Unterseiten erreichen. Oft bestehen die Seiten aus ähnlichen Elementen, sodass du dich darin schnell zurechtfinden kannst. Allerdings ist ihre Anordnung nicht immer gleich.

Meistens wird in der Fenster-Kopfzeile **1** des Browsers der Titel der aktuellen Internetseite angezeigt.

Im Titel- oder Kopfteil **2** einer Internetseite kannst du das Gesamtthema erkennen.

Im Inhaltsbereich **3** stehen die Informationen der Internetseite.

Eine Navigationsleiste **4** hilft dir, rasch zu den einzelnen Inhalten zu gelangen. Sie befindet sich oft oben im Kopfteil oder wie hier im linken Bereich des Fensters.

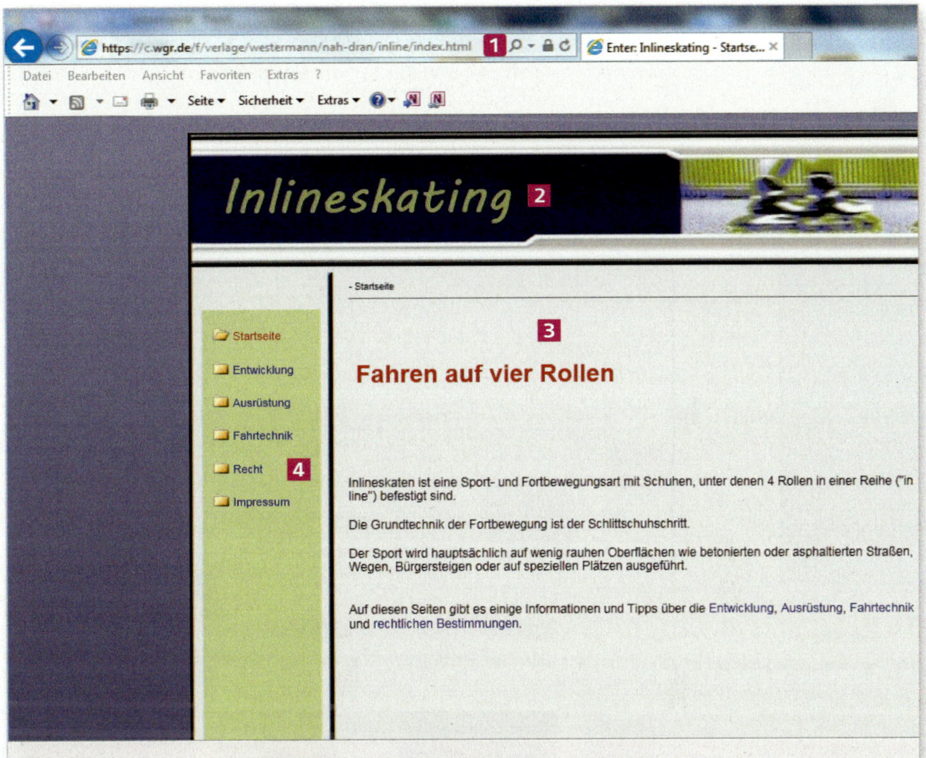


Eine Website ist in Unterseiten aufgeteilt. Die Struktur **5** ist als Beispiel unten dargestellt. Auf vielen Seiten wird in einer Leiste **6** angezeigt, wo man sich auf der Seite gerade befindet.

**INFO**

Wenn die Inhalte einzelner Seiten nicht mehr auf den Bildschirm passen, dann kannst du mit der Bildlaufleiste die Darstellung nach oben und unten scrollen.

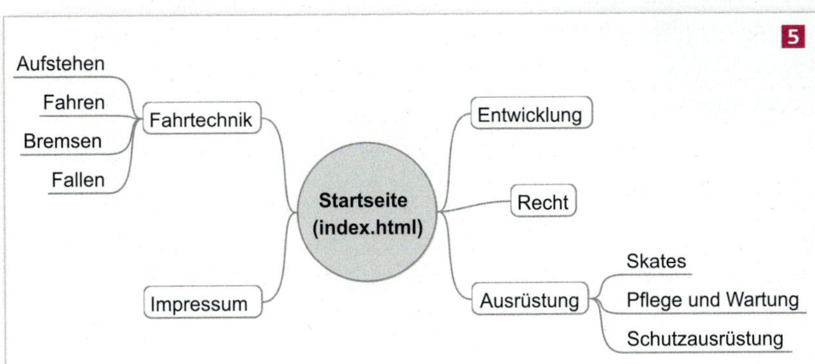

## Zwischen Internetseiten wechseln

Auf den meisten Internetseiten gibt es „Hyperlinks" (kurz: „Links") mit denen du schnell zu anderen Inhalten wechseln kannst. Das können neue Internetseiten, aber auch Text-, Bild-, Video- oder Audiodateien sein. Links werden häufig unterstrichen oder farbig hervorgehoben. Du erkennst sie meist daran, dass die Form des Mauszeigers in eine Hand wechselt, wenn man die Maus über den Hyperlink bewegt. Mit einem Klick auf den Link wird die aktuelle Seite verlassen. Der neue Inhalt wird entweder in der gleichen Registerkarte, in einer neuen Registerkarte oder in einem neuen Fenster geöffnet.

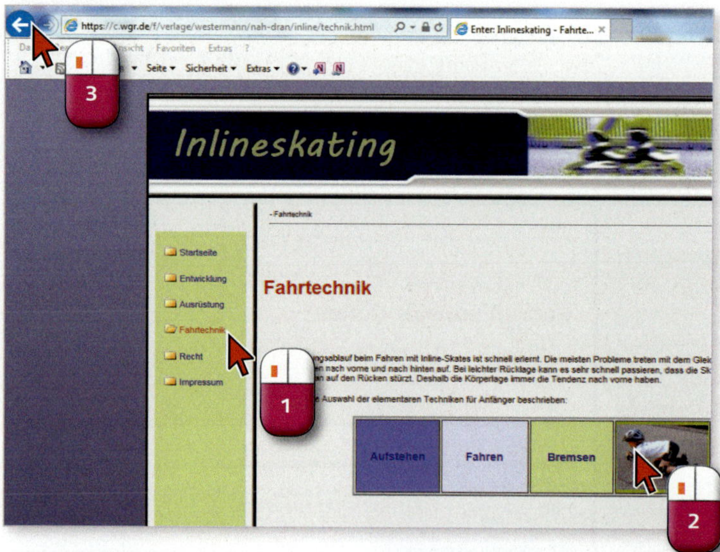


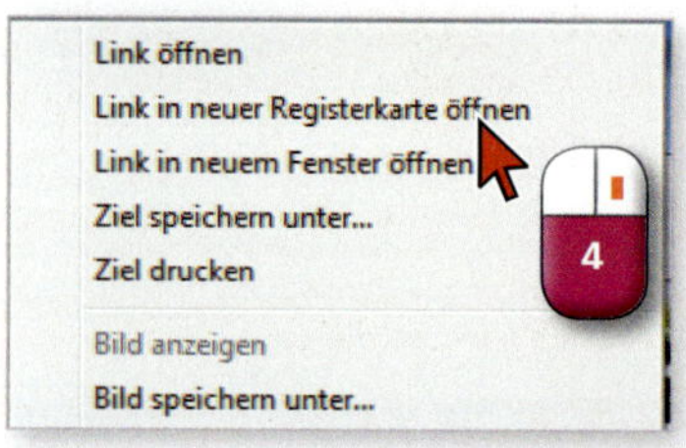


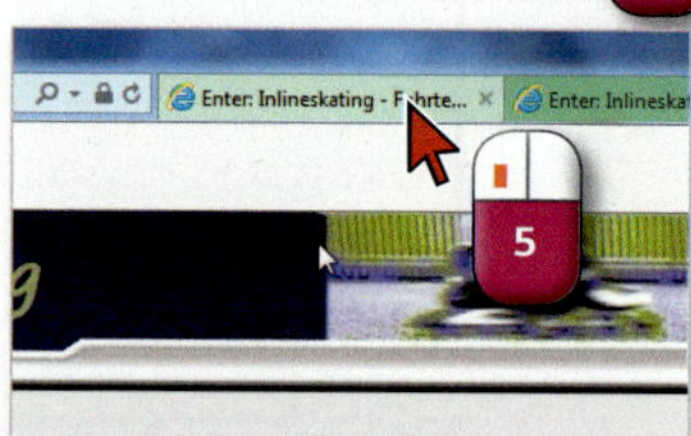


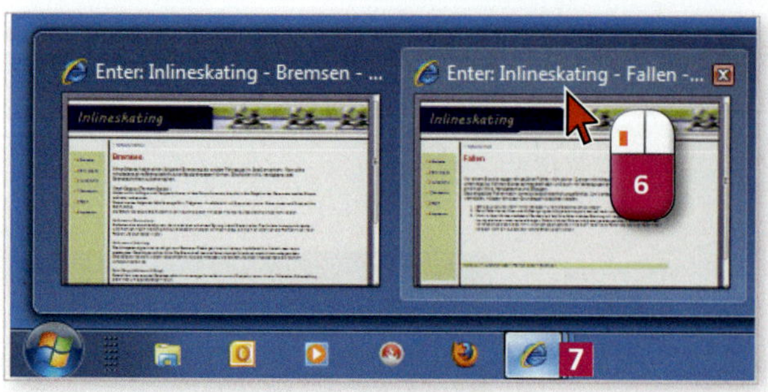


**1** Klicke in der Navigationsleiste mit der linken Maustaste auf „Fahrtechnik".

**2** Wähle die Unterseite „Fallen" aus, indem du auf das Foto klickst.

**3** Du gelangst auf die vorherige(n) Seite(n) zurück, wenn du jeweils einmal auf den „Zurück"-Button klickst.

Du kannst entscheiden, ob du den nächsten Inhalt in einem neuen Browserfenster oder in einer neuen Registerkarte öffnen möchtest:

**4** Klicke mit der rechten Maustaste auf den Link und wähle eine der Möglichkeiten aus (hier: „Link in neuer Registerkarte öffnen").

**5** Mit einem Klick auf die jeweilige Registerkarte kannst du zwischen den geöffneten Registerkarten wechseln.

In der Taskleiste kannst du mit Linksklick die geöffneten Browserfenster über die Vorschaufenster auswählen:

**6** Bewege dazu die Maus über das Symbol des Internet-Explorers.

**7** Klicke auf die gewünschte Vorschau, um das Fenster zu öffnen.

1. Blättere durch die Inhalte der Inlineskating-Website *(https://c.wgr.de/f/verlage/westermann/nah-dran/inline/index.html)*.
   An welchen Stellen findest du Links?
2. Öffne einige Links in einem neuen Fenster oder einer neuen Registerkarte.
3. Erkunde die Funktion des Links „nach oben" in der Unterseite „Ausrüstung" → „Schutzausrüstung".

## Texte aus dem Internet sammeln

Im Internet und anderen Informationsquellen findest du oft Texte, die du für deine Arbeit in ein eigenes Dokument übernehmen willst. So kannst du beispielsweise die Informationen über die rechtlichen Vorschriften für Inlineskater von der Internetseite in ein Textdokument übernehmen. Meist musst du die kopierten Texte noch für deine Zwecke bearbeiten. Die Materialien im Internet wurden von anderen Personen erstellt. Deshalb musst du die Regelungen des „Urheberrechts" beachten. Schaue dazu auf Seite 190 nach und erkundige dich bei deiner Lehrkraft.

**1** Öffne ein neues Dokument im Textverarbeitungsprogramm.

**2** Wähle auf der Inlineskating-Seite die Unterseite „Recht".

**3** Markiere mit gedrückter linker Maustaste die Textstelle, die du aus der Internetseite übernehmen willst.

**4** Klicke mit der rechten Maustaste auf den markierten Textteil.

**5** Wähle im Kontextmenü die Funktion „Kopieren". Damit kopierst du die markierte Textstelle in die Zwischenablage.

**6** Wechsle in dein Word-Dokument und klicke mit der rechten Maustaste an der passenden Stelle. Im geöffneten Kontextmenü gibt es verschiedene „Einfügeoptionen" zur Auswahl:

(T) Wenn du „Nur den Text übernehmen" wählst, wird für den einzufügenden Text z. B. die Schriftart und -größe des vorhandenen Absatzes deines Word-Dokuments übernommen.

(U) Wählst du „Ursprüngliche Formatierung beibehalten", dann werden mit dem Text auch z. B. die Schriftart, Schriftgröße und Tabellen aus der Internetseite in dein Textdokument übertragen.

**7** Klicke auf die Option (T).

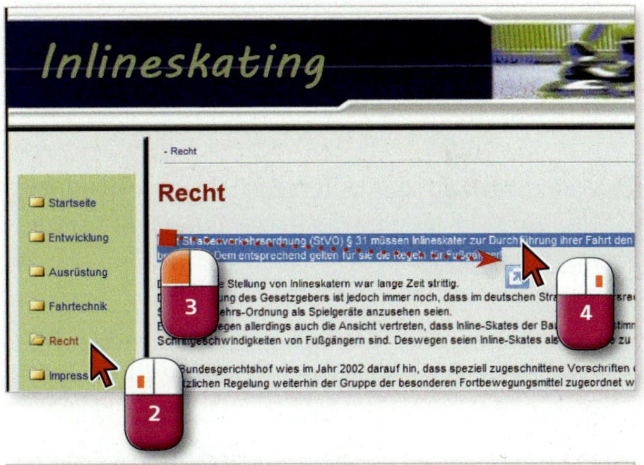

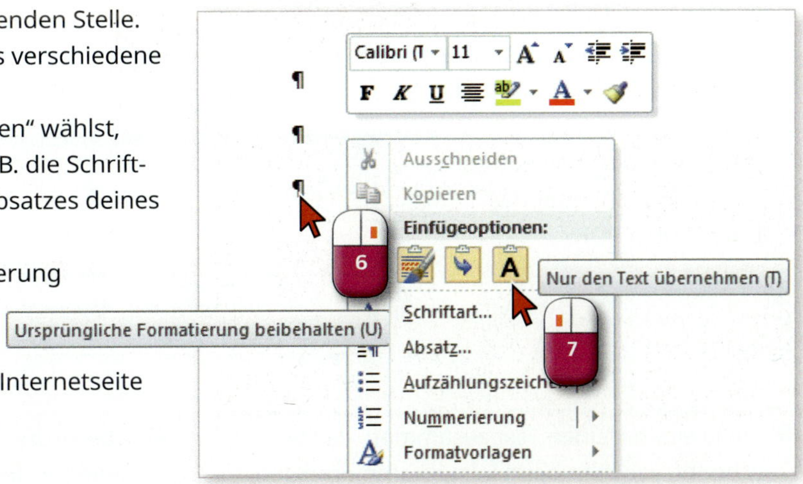


❶ Stelle in einem Textdokument einen kleinen Text über die Fahrtechnik beim Inlineskaten zusammen. Kopiere dazu Textstellen aus den Internetseiten und füge sie in dein Textdokument ein. Gestalte den Text übersichtlich. Speichere deine Arbeit regelmäßig!

## Dokumente aus dem Internet sammeln

Im Internet werden auf vielen Seiten die Informationen direkt im Inhaltsbereich auf der jeweiligen Seite angeboten. Es können aber auch weitere Informationen in zusätzlichen Dokumenten bereitgestellt werden. Auf Internetseiten verfügbare Dateien, z. B. Textdokumente oder PDF-Dokumente (PDF = Portable Document Format), kannst du herunterladen und direkt öffnen oder speichern. Einen Link zur näheren Beschreibung des PDF-Formats findest du auf der Inlineskating-Unterseite „Recht“.

Beschaffe dir weitere Informationen über die rechtlichen Vorschriften, die für Inlineskater im Straßenverkehr gelten.

**1** Wähle dazu auf der Unterseite „Recht“ der Inlineskating-Seite im unteren Bereich den Link „StVO-Auszüge (doc)“.

**2** Im sich öffnenden Dialog kannst du dich für „Öffnen“ oder „Speichern“ entscheiden. Klicke hier auf die Schaltfläche „Öffnen“.

Das Dokument wird damit in der Textverarbeitung geöffnet. Nun kannst du Teile oder den gesamten Text übernehmen und speichern **3**.

**4** Klicke auf den Link „Informationen zum PDF-Format (pdf)“. Wenn auf deinem Computer ein PDF-Reader installiert ist, öffnet sich das Dokument. Andernfalls bekommst du die Auswahl zum Speichern wie im Punkt 2.

Informiere dich im geöffneten PDF-Dokument über das Dateiformat PDF.

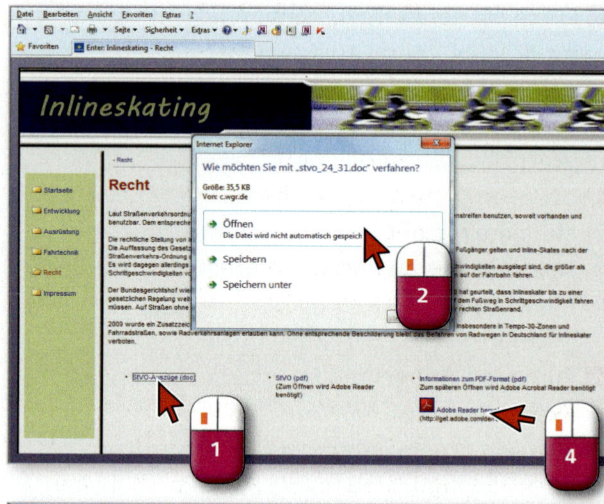


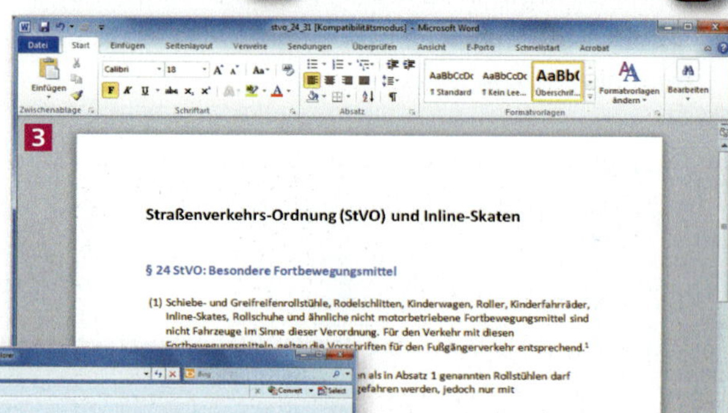


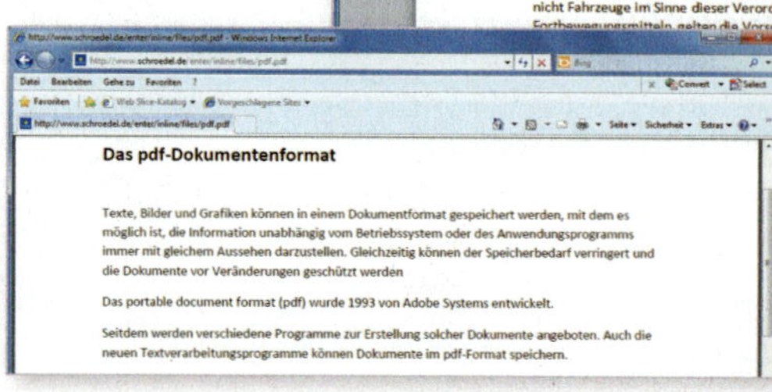


❶ Stelle einen kleinen Text zusammen, der beschreibt, wie man beim Inlineskaten bremsen kann. Kopiere dazu Textstellen aus den Internet-Seiten und füge sie in ein Textdokument ein. Gestalte den Text und ordne die Textteile übersichtlich an. Gib an, von welcher Internetseite diese Texte stammen.

❷ Überprüfe, ob die Informationen aus dieser Seite für deine Arbeit ausreichend sind? Befrage einen Inlineskater und ergänze die Texte auch mit eigenen Formulierungen.

## Bilder aus dem Internet übernehmen

Für die anschauliche Darstellung von Informationen benötigst du öfters auch ein Foto oder eine Grafik. Davon findet man viele auf den entsprechenden Internetseiten. Diese Bilder kannst du direkt in ein eigenes Textdokument einfügen oder abspeichern, um sie zu bearbeiten oder auszudrucken. Beachte auch hierbei unbedingt die Hinweise zum Urheberrecht auf Seite 190.

Für die Gestaltung deiner Textseite zur richtigen Falltechnik beim Inlineskaten benötigst du noch ein Foto. Du hast die Unterseite „Fallen“ auf der Inlineskating-Seite und dein Textdokument geöffnet.

1. Klicke auf der Internetseite mit der rechten Maustaste auf das untere Foto.
2. Mit einem Linksklick wählst du in der Liste den Befehl „Kopieren“.
3. Wechsle über die Taskleiste zum Textdokument.
4. An der gewünschten Textstelle klickst du mit der rechten Maustaste und
5. fügst das Bild ein.
   Gib an, woher du das Bild hast. Kopiere dazu die Internetadresse aus der Adressleiste des Browsers und füge diese unter dem Bild ein. Trage dahinter das aktuelle Datum ein. Dies bezeichnet man als „Quellennachweis“.

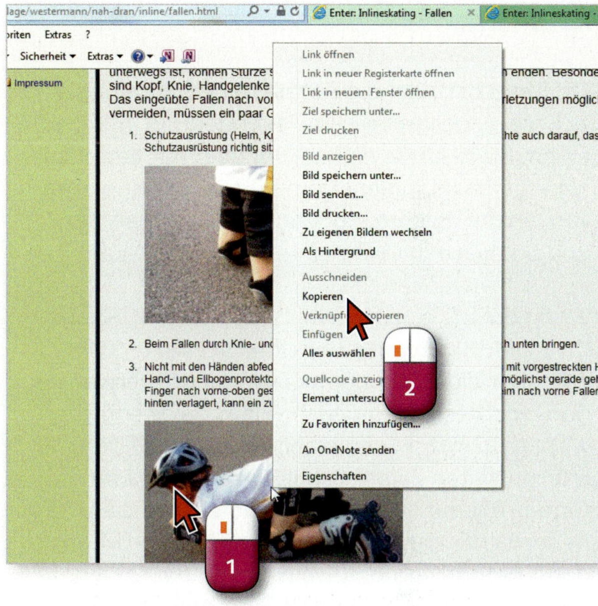


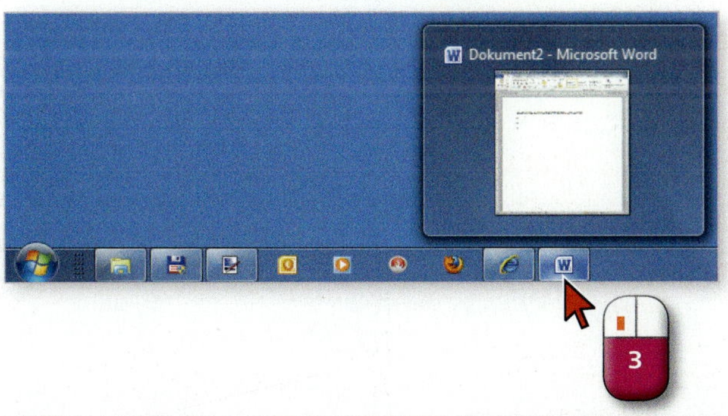


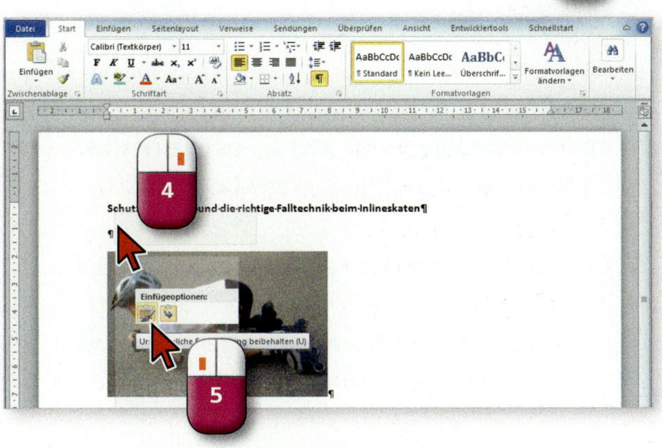


**INFO**

Im Kontextmenü (Bild oben) kannst du auch „Bild speichern unter...“ wählen. Dazu musst du dann das Ziel (den Speicherort) in deinem persönlichen Ordner angeben. Das Bild wird als Datei abgelegt und kann später weiterverwendet werden.

1. Ergänze dein Dokument in der Textverarbeitung mit weiteren Fotos und Texten.
2. Gestalte dein Dokument mit den Funktionen der Textverarbeitung.

## Das Urheberrecht beachten

Im Internet findest du viele Texte, Bilder, Grafiken, Audio- und Videodateien. Diese kannst du, genauso wie Inhalte aus Büchern, Zeitschriften, CDs und DVDs mit einem Computer technisch leicht verarbeiten. Mithilfe der passenden Anwendungen kannst du Informationen und Materialien, die in großem Umfang im Internet angeboten werden, scheinbar beliebig verarbeiten, vervielfältigen und auch veröffentlichen. Dabei musst du jedoch gesetzliche Vorschriften unbedingt beachten.

**Informationen zum Urheberrecht**

Ein Gesetz schützt die Rechte der Personen, die sich viel Arbeit mit einem Text oder Bild, mit einem Musikstück, einem Film oder mit einer Software gemacht haben. Demnach ist das Kopieren von Texten, Bildern, Ton- und Videoaufnahmen und Software nur sehr eingeschränkt erlaubt.

Wenn du aus einem Buch, Datenträger (Diskette, CD-ROM, ...) oder aus dem Internet Texte, Bilder, Ton oder Video für eigene Dokumente verwenden möchtest, die du auch selber veröffentlichen willst (z. B. in der Schülerzeitung oder auf den Internetseiten deiner Schule) dann musst du die Genehmigung desjenigen einholen, der die Urheberrechte daran besitzt oder der vom Urheber dafür befugt wurde. Auch wenn du die Genehmigung erhalten hast, musst du die Quelle (Autor und Fundstelle) genau angeben.

Der Urheber ist bei Texten und Bildern in der Regel der Autor, Künstler oder Fotograf. Die Rechte, die Inhalte zu verwenden (Verwertungsrechte), besitzen jedoch oft andere. Bei Ton und Bild ist das meist die Produktionsfirma.
Für deine Arbeit, die nur innerhalb der Schule benutzt wird, genügt je nach Regelung an der Schule meistens die genaue Angabe der Quelle.

❶ Du hast im Internet für ein Referat ein passendes Bild gefunden. Darfst du dieses in der Präsentation vor der Klasse verwenden? Begründe.

❷ Eine Präsentation deiner Gruppe mit einer passenden Hintergrundmusik ist so gut geworden, dass einige Mitschüler vorschlagen, diese auf der Internetseite der Schule für andere bereitzustellen. Benenne die rechtlichen Probleme.

❸ Bei einer Recherche hast du im Internet bei Wikipedia einen Text gefunden. Darfst du diesen in dein Textdokument, das du bei deiner Lehrkraft abgibst, hineinkopieren? Begründe.

❹ Bei einer Schulveranstaltung wird eine Musikaufführung mit einem Camcorder aufgenommen und auf der Internetseite der Schule veröffentlicht. Benenne die rechtlichen Probleme.

## Persönliche Daten schützen

In „sozialen Netzwerken" im Internet (z. B. Whatsapp, Instagram oder Facebook) können sich Menschen der ganzen Erde „treffen". Du kannst dort „Freunde" finden und mit diesen über verschiedene Themen diskutieren. Bestimmte Daten musst du angeben, wenn du dich dort anmelden willst. Zusätzliche persönliche Angaben und Fotos von dir sind aber meist freiwillig. Man neigt dazu, mehr über sich preiszugeben, als für die Anmeldung unbedingt notwendig ist! Du selbst entscheidest oft, welche persönlichen Informationen du weitergeben willst.

Dein Rat ist gefragt:

**Fall 1:**

Cemal sucht im Internet ein neues Spiel zum Herunterladen. Er bittet seinen Vater, auf einer Internetseite, die er gefunden hat, die notwendigen Angaben für den Zugang zum Downloadbereich zu machen. Abgefragt werden: Name, Vorname, Geburtsdatum, Geschlecht, Wohnort, Straße, Beruf und Bankverbindung mit Kontonummer.

**Fall 2:**

Jessicas Oma erhält eine E-Mail, in der sie aufgefordert wird, den Zugang zum Onlinebanking nach einer Umstellung der Internetseite der Bank erneut freizuschalten. Dazu soll sie ihren Vor- und Nachnamen, ihre Kontonummer und die Geheimnummern eingeben.

**Fall 3:**

Julian hat auf der letzten Klassenparty die tolle Stimmung in ein paar Fotos eingefangen. Diese stellt er in Facebook seinen Freunden bereit.

**Fall 4:**

Sonja hat im Chat ein nettes Mädchen kennengelernt. Sie schreiben sich einige Zeit lang regelmäßig über ihren Tagesablauf, ihre Hobbys, Lieblingsbücher und Musik. Dabei wurde auch erwähnt, wie alt Sonja ist und wo sie wohnt. Das Mädchen schlägt eines Tages ein Treffen vor.

❶ Bearbeite die Aufgaben im Dokument „Datenschutzregeln.docx".

❷ Diskutiere in deiner Klasse, wie du auf Belästigungen in sozialen Netzwerken am sinnvollsten reagierst.

❸ Bearbeite die Aufgaben im Dokument „Zeigen_persoenlicher_Daten.docx".

❹ Informiere dich über Sicherheitsrisiken, Schutzmaßnahmen und Verhalten im Chat auf der Internetseite: *www.bsi-fuer-buerger.de.* Sammle die Hinweise in einem Textverarbeitungsdokument.

## Vor Viren schützen

Dein gesamtes Computersystem und deine Daten können durch Computerviren bedroht werden. Das sind kleine Programme, die sich über das Internet, USB-Sticks, CD-ROMs oder andere Datenträger verbreiten und sich unbemerkt auf Computern installieren können.

Mit Viren wird der Zweck verfolgt, wichtige Funktionen eines Computers zu stören, Dateien unbrauchbar zu machen oder auch geheime Daten auszuspionieren. Zudem können mit Viren infizierte Computer dazu benutzt werden, diese Viren auf andere Computer weiter zu übertragen. Das kann dazu führen, dass ein Virus innerhalb eines Tages weltweit verbreitet werden kann.

### Regeln zum Schutz vor Viren

Es ist sehr wichtig, jeden Computer so gut es geht „virenfrei" zu halten. Nur durch die Befolgung einiger Maßnahmen kann dir das gelingen.

- → Gehe nur ins Internet, wenn auf deinem Computer ein Sicherheitsprogramm mit Virenschutz aktiv ist! Solche Programme untersuchen alle aufgerufenen Internetseiten, alle E-Mails und Dateien deines Computers auf Viren. Sie verhindern auch, dass Informationen auf deinem Computer ausgespäht werden.
- → Halte dein Betriebssystem und deine Schutzprogramme immer aktuell! Regelmäßig werden durch Updates des Betriebssystems Sicherheitslücken geschlossen. Eine Sicherheitslücke ist ein Fehler in der Software, durch die sogenannte „Malware" eingeschleust werden kann. Da immer neue solcher Schadprogramme programmiert werden, müssen die Schutzprogramme laufend aktualisiert werden.
- → Überprüfe Datenträger wie USB-Sticks und selbstgebrannte CD-ROMs oder DVDs, die du an deinem Computer benutzen möchtest, immer auf Viren.
- → Öffne niemals eine E-Mail von einem Absender, den du nicht kennst! Lösche solche E-Mails immer sofort, wenn sie nicht schon vorher vom Sicherheitsprogramm erkannt wurden.
- → Öffne niemals einen E-Mail-Dateianhang, den du nicht erwartet hast oder bei dem du nicht ganz sicher bist, dass er ungefährlich ist! Manche Viren verschicken sich in E-Mails, die sie durch bekannte Absender „tarnen".
- → Prüfe auch bei Office-Dateien (*.DOC, *.XLS, *.PPT, *.DOCX, *.XLSX, *.PPTX) in E-Mails, woher sie kommen. Auch Office-Dateien können Viren enthalten.
- → Öffne keine Dateianhänge in E-Mails mit den Endungen *.COM, *.EXE, *.VBS, *.PIF *.SCR oder *.BAT.

1. Schreibe aus der Checkliste „Virenschutz.docx" die deiner Meinung nach wichtigsten Maßnahmen heraus.
2. Erkundige dich nach kostenfreier und kostenpflichtiger Software, die deinen Computer vor Viren schützt.

## Verbindung ins Internet

Das Internet besteht aus vielen Millionen Computern, die über Datenleitungen miteinander verbunden sind. Um Internet-Seiten öffnen zu können, musst du deinen Computer mit dem Internet verbinden. Eine solche Verbindung wird über eine Datenleitung oder über eine Funkverbindung zu einem Gerät hergestellt (Modem oder Router), das meistens über eine Telefonleitung nach außen verbunden ist.

Den Verbindungsaufbau mit den Servern und Computern des Internets ermöglichen besondere Unternehmen, sogenannte „Provider", über Datenleitungen. Die Server dieser „Dienst-Anbieter" sind ständig mit dem Internet verbunden. Den Anschluss ins Internet bieten die Provider ihren Kunden gegen Bezahlung an.

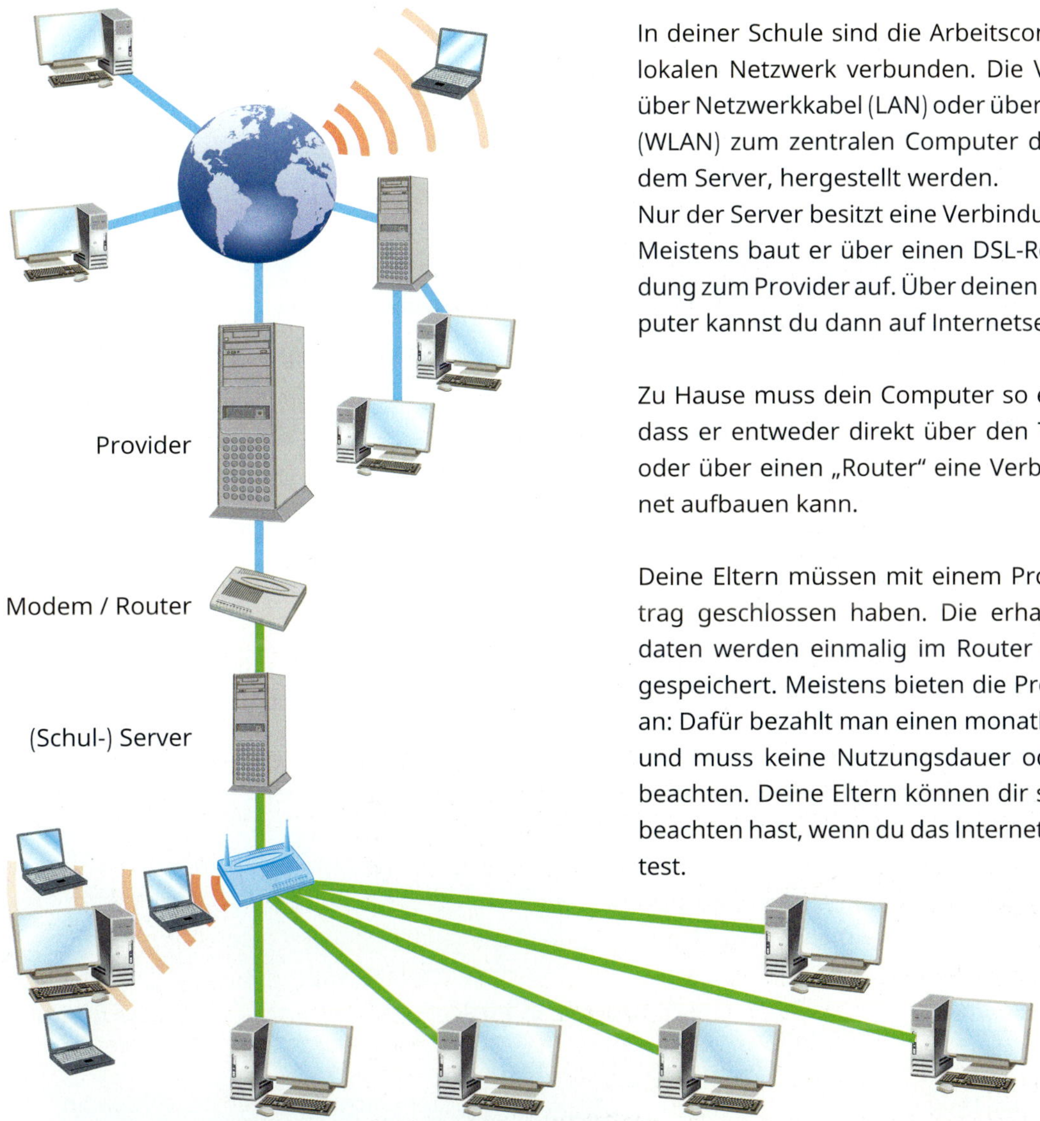


In deiner Schule sind die Arbeitscomputer zu einem lokalen Netzwerk verbunden. Die Verbindung kann über Netzwerkkabel (LAN) oder über Funkverbindung (WLAN) zum zentralen Computer dieses Netzwerks, dem Server, hergestellt werden.
Nur der Server besitzt eine Verbindung zum Internet: Meistens baut er über einen DSL-Router die Verbindung zum Provider auf. Über deinen Arbeitsplatzcomputer kannst du dann auf Internetseiten zugreifen.

Zu Hause muss dein Computer so eingerichtet sein, dass er entweder direkt über den Telefonanschluss oder über einen „Router" eine Verbindung ins Internet aufbauen kann.

Deine Eltern müssen mit einem Provider einen Vertrag geschlossen haben. Die erhaltenen Zugangsdaten werden einmalig im Router eingegeben und gespeichert. Meistens bieten die Provider „Flatrates" an: Dafür bezahlt man einen monatlichen Festbetrag und muss keine Nutzungsdauer oder Datenmenge beachten. Deine Eltern können dir sagen, was du zu beachten hast, wenn du das Internet benutzen möchtest.

**INFO**

Im Schulnetz kann es sein, dass deine Lehrkraft die Internetverbindung erst freigeben muss.

1 Suche nach einigen Providern und vergleiche deren Angebote in einer Tabelle.

# **E-Mail** schreiben und versenden

## Webmail-Dienste nutzen

Heute ist es genauso üblich eine E-Mail zu schreiben, wie früher eine Postkarte. Dazu benötigst du spezielle Programme, wovon manche schon beim Kauf eines Computers vorinstalliert sind (z. B. Microsoft Outlook). Im Internet werden „Webmail"-Dienste angeboten. Mit diesen Internetseiten kann man überall auf der Welt einen Zugang zur digitalen Postversendung erhalten. Du musst dich aber zuvor registrieren und bestimmte persönliche Daten übermitteln. Daraufhin wird ein Benutzerkonto angelegt. Nun kannst du diese Dienste – häufig kostenfrei – nutzen.

1 Öffne den Internet-Browser und gib *www.gmx.net* ein. Bestätige durch Drücken der [Enter]-Taste.

2 Klicke auf den Link „Kostenlos registrieren" und registriere dich.

**TIPP**

Weitere Webmail-Dienste kannst du z. B. bei Microsoft, Web.de, Google oder Yahoo nutzen.

## Angebot auswählen

Der Mailanbieter zeigt dir, zu welchen Bedingungen du bei ihm den Maildienst in Anspruch nehmen kannst.
Achte auf die Angebote im unteren Abschnitt. Hier kannst du auch erkennen, ob der Dienst kostenlos (FreeMail) oder kostenpflichtig ist.

**INFO**

Hole dir die Zustimmung deiner Eltern, bevor du das E-Mail-Konto anlegst. Beachte, dass du kein kostenpflichtiges Angebot auswählst.

1. Lies die GMX-Tipps rund um Postfach und Sicherheit aufmerksam durch.
2. Suche nach Gründen, weshalb kostenlose Dienste angeboten werden.
3. Welche kostenpflichtigen Dienste werden angeboten und wie unterscheiden sie sich vom kostenfreien Angebot?

## Ein Webmail-Konto anlegen

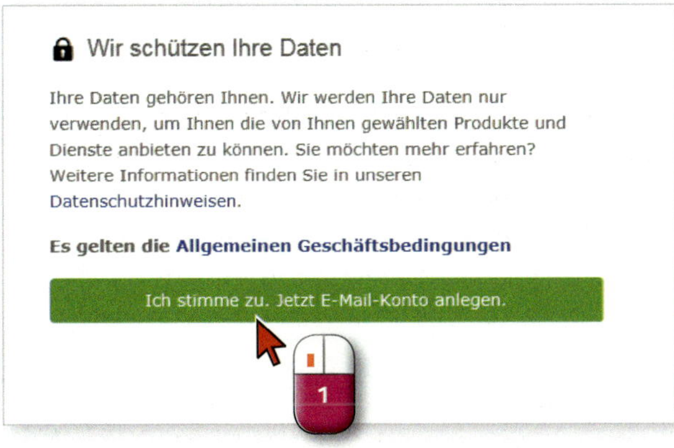


**INFO**

An vielen Stellen im Internet wirst du nach persönlichen Daten gefragt. Sprich mit deinen Eltern darüber, bevor du diese Daten eingibst (siehe auch S. 191).

siehe auch:

S. 191 „Persönliche Daten schützen“

**1** Wähle GMX FreeMail aus, dann lies die Datenschutzhinweise und die Allgemeinen Geschäftsbedingungen und stimme abschließend zu.
Es öffnet sich eine Eingabemaske mit mehreren Eingabezeilen. Fülle nur die Pflichtfelder aus.

Bei der Auswahl deiner E-Mail-Adresse musst du bestimmte Regeln beachten:

**2** Trage deine Wunsch-E-Mail-Adresse ein.

Du erhältst eine Hilfestellung als Auswahl von Regeln und Zeichen, die du für deine E-Mail-Adresse beachten und nutzen kannst.

**3** Klicke auf das blaue Feld „Prüfen“.
Damit stellst du fest, ob deine gewünschte E-Mail-Adresse noch frei ist.

**4** Wenn deine Adresse angenommen ist, erhältst du nebenstehende Meldung (Hinweis in grüner Schrift).
Für den Fall, dass es nicht geklappt hat, macht das Programm dir weitere Vorschläge.

**E-Mail-Adressen**

Beispiel: Max.Muster@gmx.de

E-Mail-Adressen müssen stets ganz genau eingegeben werden.

Sie bestehen immer aus folgenden Bestandteilen:

- Empfängername (zum Beispiel Vor- und/oder Zuname, Namenskürzel, Fantasienamen oder Ähnliches)
- @-Zeichen
- Name des Mail-Servers, auch „Domain“ genannt. Das ist meist der Anbieter deiner E-Mail-Adresse.

Selbstverständlich muss dein Zugang zum E-Mail-Konto mit einem Passwort geschützt werden, damit nicht Unbefugte deine Post lesen können.

**1** Klicke in das Eingabefeld „Passwort wählen". Gib unter Beachtung der genannten Regeln (blaues i-Zeichen) dein Passwort ein.

**2** Wiederhole die Eingabe.

Wie gut dein Passwort ist, kannst du an dem grünen Balken ablesen. Je weiter die Markierung nach rechts zeigt, desto besser und sicherer ist dein Passwort. Ein sicheres Passwort besteht aus mindestens acht verschiedenen Buchstaben, Zahlen und Zeichen (mit Groß- und Kleinschreibung), z. B. *Xmj3-5=0*

**3** Die Möglichkeiten zur Passwort-Wiederherstellung helfen dir, trotz vergessenem Passwort in dein E-Mail Konto zu gelangen. Als E-Mail-Kontaktadresse kannst du z. B. die E-Mail-Adresse deiner Eltern angeben.

**4** Trage die dargestellten Zeichen in das Eingabefeld der Sicherheitsabfrage ein.

**5** Stimme abschließend zu.

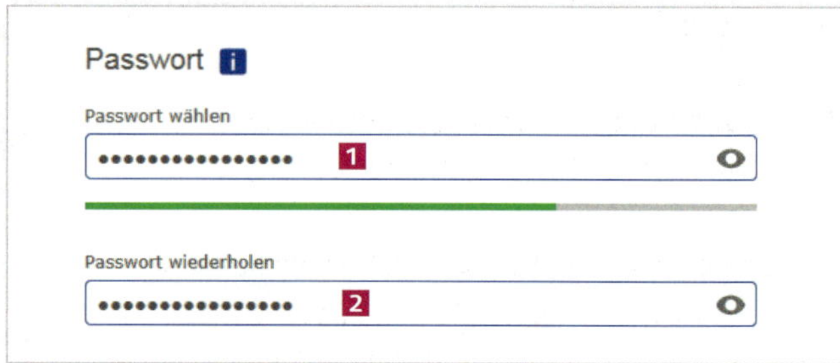

## INFO

Häufig werden vermeintlich kostenfreie Zusatzangebote gemacht. Überlege genau, ob du diese wirklich benötigst.

**1** Lies die kurze Anleitung und die Infos rund um die Einstellungen und die Bedienung des Postfachs durch. Du findest sie in der GMX-Hilfe.

## Die Webmail-Startseite

Wenn alles geklappt hat, erhältst du die nebenstehende Nachricht.

**1** Bestätige diese Nachricht durch einen Mausklick auf „Zum Postfach“.

Wenn du das nächste Mal den Webmail-Dienst nutzen möchtest, musst du dich unter *www.gmx.net* im Login-Bereich mit E-Mail-Adresse und Passwort anmelden.

**INFO**

Deine E-Mail-Adresse und dein Passwort solltest du dir notieren und sie sicher aufbewahren.

**2** Nun erscheint die Begrüßungs-Startseite, ähnlich wie hier gezeigt. Du schließt den Willkommensgruß und landest in deinem E-Mail-Postfach.

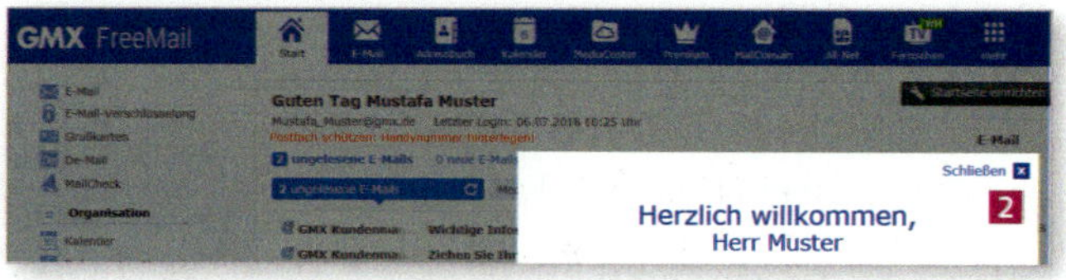


**3** Als erstes erhälst du wichtige Infos vom Anbieter und eine Hilfestellung (Erste Schritte) zum E-Mail-Postfach.

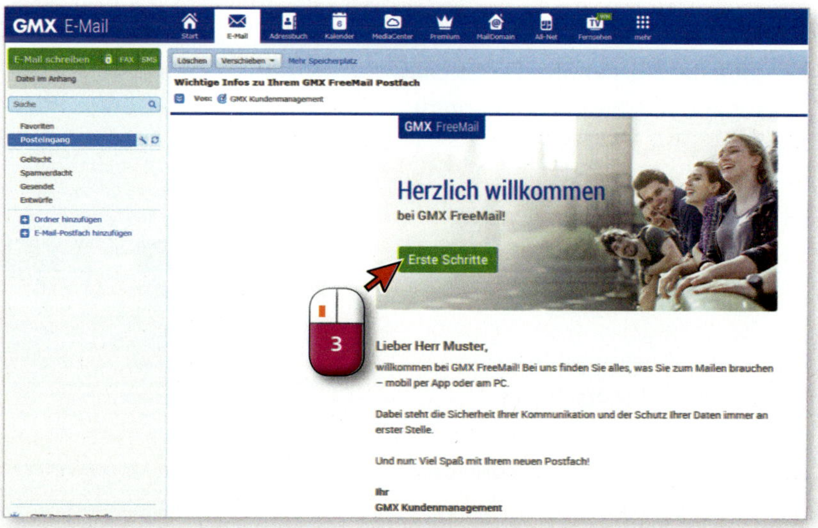


① Die Startseite zeigt dir sehr viele Informationen. Welche davon haben nichts mit E-Mail Nutzung (E-Mails lesen, schreiben, versenden, …) zu tun?

② Gibt es auch Funktionen, die doppelt vorhanden sind? Finde es durch Ausprobieren heraus.

## E-Mails lesen und schreiben

Um eine E-Mail lesen zu können, musst du zuerst den „Posteingang" öffnen. Viele E-Mail-Programme begrüßen ihre Nutzer mit einem Empfangsschreiben. Du hast jetzt schon eine E-Mail im Postfach.

Kontrolliere in der Nachricht, ob du das kostenlose Angebot gewählt hast:

**1** Klicke auf „Posteingang".
Im Posteingang werden deine E-Mails aufgelistet. Unterhalb der Kopfzeile kannst du den Absender und den „Betreff" erkennen.

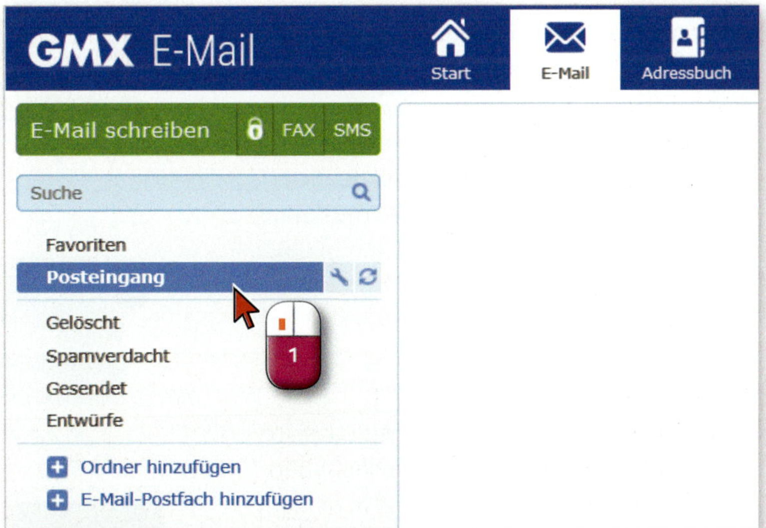


**2** Klicke auf die E-Mail, die du lesen möchtest, falls diese noch nicht ausgewählt ist.

Der Text der E-Mail erscheint im unteren Bereich der Internetseite.

**3** Um eine E-Mail zu erstellen, klicke auf auf „E-Mail schreiben".

**4** Trage die E-Mail-Adresse des Empfängers (z. B. die einer Freundin) ein.

**5** Unter „Betreff" gibst du in wenigen Worten ein, worum es in der E-Mail geht.

**6** Klicke in das Schreibfeld und schreibe deine Nachricht.

**7** Klicke auf „Senden", um die Nachricht zu verschicken.

**INFO**

Wenn du dem Absender einer E-Mail antworten möchtest, klicke auf „Antworten".
Es öffnet sich eine neue E-Mail als Antwort.

## Anhang versenden

Manchmal ist es notwendig, Dateien wie z. B. eine Einladung mit der E-Mail zu versenden. Für diesen Fall gibt es die Möglichkeit, einen Dateianhang mitzusenden.

**1** Klicke unterhalb der „Betreff"-Zeile auf die Schaltfläche mit dem Büroklammer-Symbol. Das Programm fragt, aus welchem Quell-Verzeichnis der gewünschte Anhang hinzugefügt werden soll.

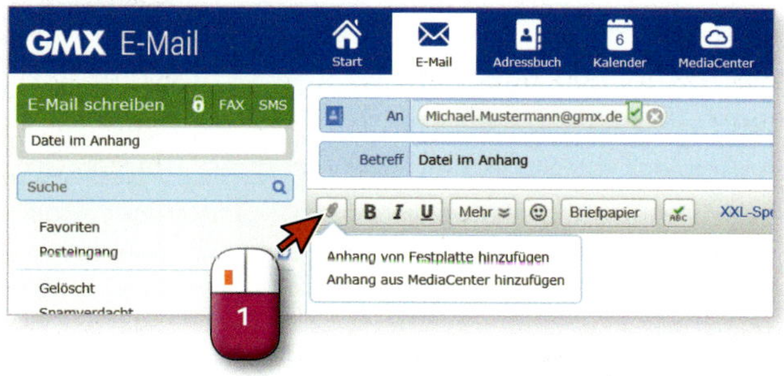


**2** Wähle das Verzeichnis aus, in dem sich die Datei befindet, die du verschicken willst

**3** und wähle die Datei aus.

**4** Bestätige mit „Öffnen". Die Datei wird nun hochgeladen. Wenn der Vorgang abgeschlossen ist, erscheint der Dateiname in den „Anlagen" unter der Betreffzeile.

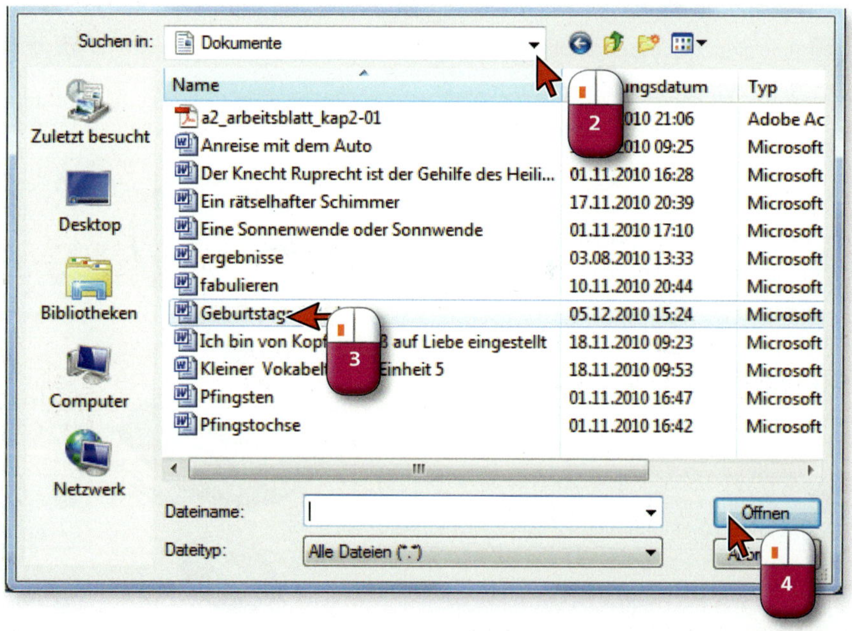


**5** Klicke auf „Senden", um die angehängte Datei zu verschicken.

### Webmail beenden

Melde dich über die „Logout"-Funktion ab. Du findest sie auf der Internetseite oben rechts. Danach kannst du das Browserfenster bis zur nächsten Anmeldung schließen.

## Regeln für den Umgang mit E-Mails

Bei E-Mails, in Chatrooms, Diskussionsforen, sozialen Netzwerken und im Internet allgemein gibt es Regeln für den Umgang miteinander. Man nennt diese Regeln „Netiquette“. Sie sind zwar nirgends verbindlich aufgeschrieben, aber du solltest sie dennoch beachten.
Außerdem ist Sicherheit ein wichtiges Thema. Du hast bestimmt schon von „Viren“, „Trojanern“ und „Würmern“ gehört, die über das Internet verbreitet werden und schon oft für großen Schaden gesorgt haben. Meist sind sie in E-Mail-Anhängen versteckt und werden beim Öffnen aktiv.

**TIPP**
Vor Viren schützen – siehe S. 192

**1** In E-Mails und anderen Beiträgen dürfen Absender und „Betreff“ nicht fehlen.

**2** Beleidigungen aller Art haben auch in E-Mails nichts zu suchen.

**3** Eine Antiviren-Software sollte im Hintergrund laufen.

**4** Bei der Antwort auf eine E-Mail muss der Originaltext nicht immer wieder mitgeschickt werden.

**5** Öffne keine Anlage ungeprüft, wenn du dir über die Herkunft nicht im Klaren bist.

**6** Gib deine E-Mail-Adresse niemals ohne genauen Grund weiter.

**7** Verschicke nie ungefragt Werbung an andere.

**8** E-Mail-Adressen dürfen ohne Einverständnis des Besitzers nicht einfach weitergegeben werden.

**9** Zur Sicherheit sollte Antiviren-Software von Zeit zu Zeit aktualisiert werden.

**A** Dadurch wird rechtzeitig vor einem möglichen Virus gewarnt.

**B** Die Anlage könnte einen Virus oder Wurm enthalten und deinen Computer beschädigen.

**C** Niemand freut sich über unnötig lange E-Mails in seinem Postfach.

**D** Der Empfänger oder Leser muss wissen, wer schreibt und worum es geht.

**E** Neu auftretende Viren werden sonst nicht erkannt.

**F** Ein freundlicher Umgang miteinander sollte selbstverständlich sein.

**G** Sonst läufst du Gefahr, dass deine Adresse in ungewollte Hände gerät (Werbung usw.).

**H** Dadurch werden die Antworten nicht immer noch länger.

**I** Schließlich will jeder selbst entscheiden, wer seine E-Mail-Adresse kennt.

1. Lies die vorstehenden Regeln 1 – 9 gut durch und suche die entsprechende Begründung aus A – I dazu.

Rückspiegel

# Was habe ich gelernt?

## Soziale Netzwerke: Pro und Kontra

Die Nutzung sozialer Netzwerke im Internet ist sehr beliebt. Auf speziellen, meist kostenlosen Internetseiten können Personen und Personengruppe für private oder berufliche Zwecke ihre Interessen und Informationen austauschen und Kontakte pflegen. Es gibt jedoch auch einige Risiken, die bei der Nutzung zu beachten sind. Man kann viele Argumente für aber auch gegen die Nutzung solcher Internet-Plattformen finden.

**Mia**

„Ich finde, dass man in einem sozialen Netzwerk sehr gut alte Freunde oder frühere Klassenkameraden wiederfinden kann. Man kann über weite Entfernungen die Interessen und Aktivitäten von Freunden und Verwandten verfolgen. So können Freundschaften durch regelmäßigen Austausch gepflegt werden und neue Freundschaften entstehen. Durch die Vernetzung der Kontakte durch Freunde von Freunden kann ich am Leben anderer teilhaben und andere können über mich etwas erfahren. Menschen, die gerade im Ausland sind, können den Kontakt zu ihrer Heimat halten. Man entscheidet immer selbst, wer zu den Freunden oder bestimmten Gruppen gehört und welche Informationen diese oder alle anderen erhalten. Mit einer Gruppe kann ich mich einfach zu einem Treffen verabreden. Bei solchen Verabredungen werden aus virtuellen reale Kontakte."

**Simon**

„Das Risiko der Preisgabe privater Daten wie Geburtsdatum, Adresse, Telefonnummer, E-Mail-Adresse usw. im Gesamten an Fremde ist gerade in sozialen Netzwerken sehr hoch. Alle freigegebenen Daten und Vernetzungen werden sofort weltweit sichtbar. Die Folgen der Profileinstellungen sind schwer einzuschätzen und die Handhabung ist nicht einfach. So kann man sich kaum sicher sein, dass nicht doch etwas öffentlich wird, was man selbst eigentlich nicht veröffentlichen würde. Die virtuellen Beziehungen in den sozialen Netzwerken im Internet können echte Beziehungen nicht ersetzen. Außerdem können Freundschaftsanträge Kinder und Jugendliche sehr unter Druck setzen, da es als schick gilt, möglichst viele Freunde zu haben. In der virtuellen Welt ist es noch schwieriger, unterscheiden zu können, welches „echte" Freunde sind und wer sich möglicherweise als jemand anderes ausgibt."

1. Welche Argumente in den oben genannten Texten sind für dich am überzeugendsten?

2. Sammelt gemeinsam weitere mögliche Argumente für die beiden Positionen.

3. Welche positiven und negativen Folgen könnte die Angabe folgender Daten haben? „Vorname: Maxine, Nachname: Muster, Geschlecht: weiblich, geboren: 15.05.2006, Wohnort: Trier, Schule: XYZ, Interessen: Fußball, Kino, Musik, Fan von: 1. FCK, gehe gern ins XYZ." Diskutiert in kleinen Gruppen darüber.

4. Finde Gründe, warum Jugendliche eher freizügiger mit ihren persönlichen Daten umgehen als Erwachsene.

# Eine **Präsentation** gestalten

## Das Präsentationsprogramm

Ein Präsentationsprogramm ist ein Programm, mit dem du auf einfache Weise Texte, Bilder, Toneinspielungen und sogar kleinere Videos auf dem Bildschirm oder mit einem Beamer darstellen kannst. Diese Inhalte lassen sich übersichtlich auf mehreren Seiten, den „Folien", anordnen, die dann wie in einem Diavortrag nacheinander eingeblendet werden.

In diesem Kapitel legst du als Beispiel eine Präsentation über den „Lebensraum Wald" an. Aus mehreren Bildern soll je eine Folie erstellt werden. Die Präsentation benötigt eine Titelfolie. Jede weitere Folie erhält als Überschrift das Thema und auf der linken Seitenhälfte ein Bild von Tieren, Pflanzen, Menschen aus den Wäldern. Daneben stehen wichtige Informationen zu den Abbildungen.

1 Öffne zunächst das Präsentationsprogramm „Microsoft PowerPoint 2010". Du findest es im Startmenü unter „Alle Programme" und „Microsoft Office".

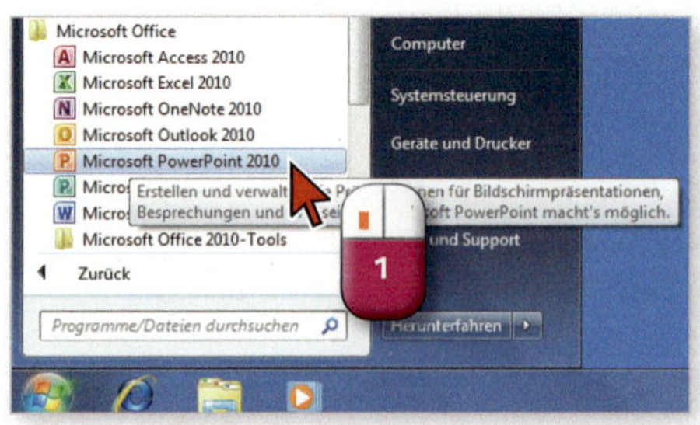


Nun erhältst du den Startbildschirm des Programms mit einem Folienvorschlag.

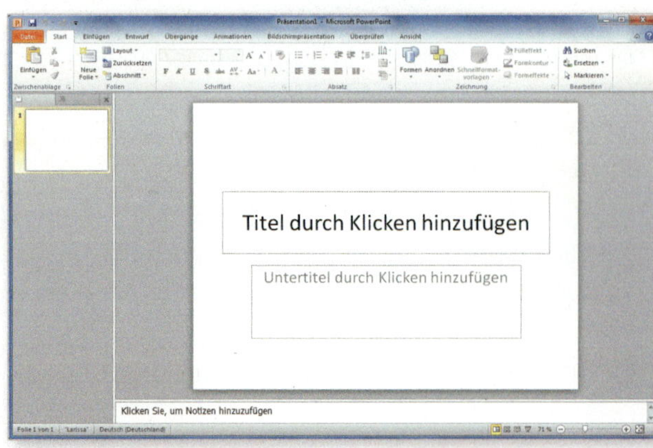


## INFO

Weitere Präsentationsprogramme sind z. B. „OpenOffice.org Impress", „Apple Keynote" oder „Google Präsentationen".
Ganz ähnlich wie Präsentationsprogramme funktionieren auch die Programme von elektronischen Wandtafeln (Whiteboards).

## Ein Folienlayout auswählen

In einer Präsentation werden Texte, Bilder usw. auf einzelnen Bildschirmseiten, den „Folien“, dargestellt. Damit diese Folien in einer Präsentation ein einheitliches Aussehen („Layout“) haben, kannst du für sie jeweils ein „Folienlayout“ auswählen. Je nach Layout werden vom Programm an bestimmten Positionen automatisch leere Textfelder, Bildfelder und Flächen für Videos auf der Folie eingefügt, die du mit Inhalt füllen kannst.

Für die Präsentation „Lebensraum Wald“ benötigst du eine Überschrift. Benutze dafür einen Tier- oder Pflanzennamen aus den gezeigten Abbildungen auf der linken Seite.

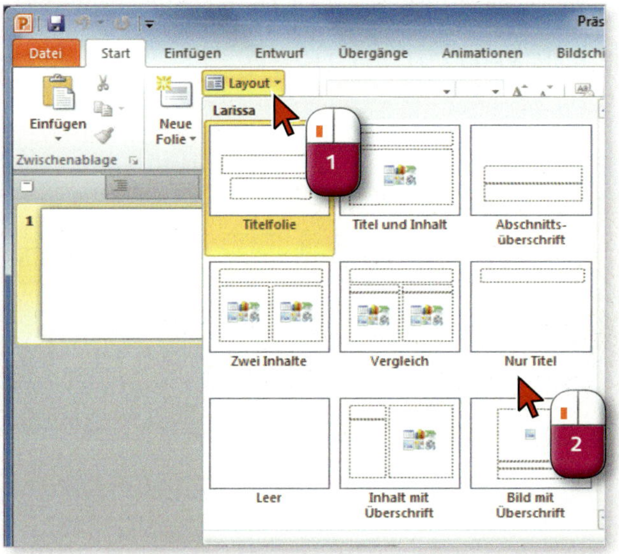


**1** Wähle im Register Start den Befehl „Folienlayout“ bzw. „Layout“.

**2** Klicke das Folienlayout „Nur Titel“ an. Danach erzeugt das Programm eine neue Folie mit diesem Folienlayout.

> **TIPP**
>
> Wenn du mit der rechten Maustaste auf eine leere Stelle klickst, kannst du auch eine Folienauswahl treffen.

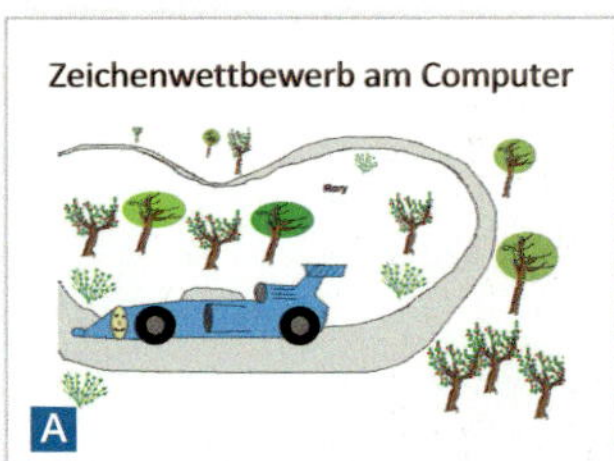

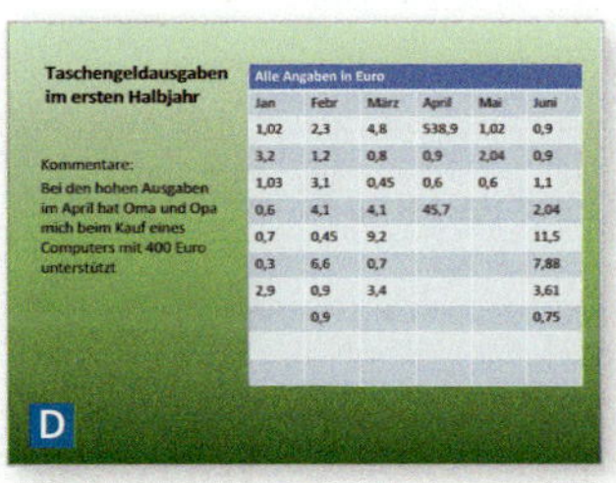


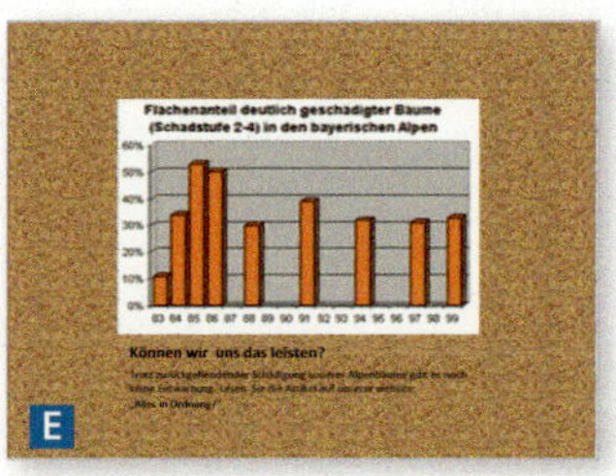


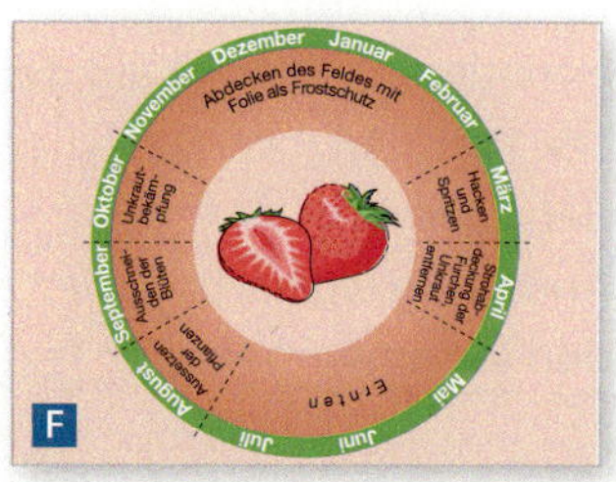


❶ Sieh dir die dargestellten Folien aus verschiedenen Präsentationen an. Welche Folienlayouts wurden für die Folien verwendet?

## Einen Text einfügen und formatieren

Wenn du eine neue Folie mit einem Folienlayout erstellt hast, enthält die Folie bereits vorbereitete Felder für Texte und Bilder.

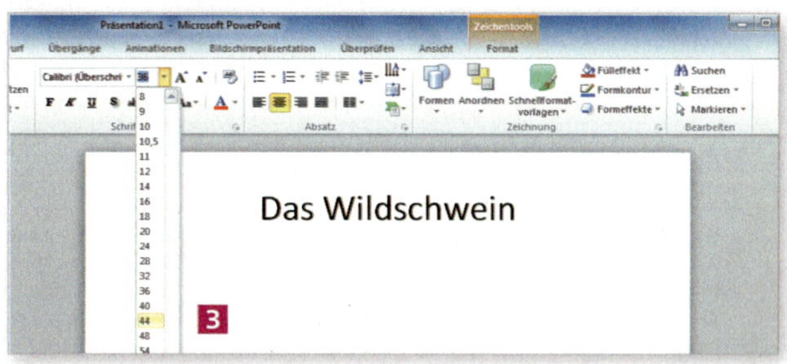


1 Klicke in das Textfeld und gib den Text ein. Anschließend kannst du den Text noch gestalten. Das geht so ähnlich wie in einem Textverarbeitungsprogramm (siehe S. 176–179).

2 Markiere einen Textabschnitt mit der Maus. Der Texthintergrund wird blau dargestellt.

3 Weise dem Textausschnitt mit Hilfe der Menüleiste eine andere Schriftart und eine andere Schriftgröße zu. Formatiere auch den Absatz zentriert oder als Blocksatz und verändere die Farbe des Textausschnitts.

**TIPP**

Mit der rechten Maustaste kannst du die Schriftgröße auch verändern.

Um den gesamten Text eines Textfelds einheitlich zu formatieren, 4 klicke auf den blauen gestrichelten Rand. Jetzt verändert er sich zur durchgehenden Linie.
Die Änderung einer Formatierung wirkt sich nun auf den gesamten Text des Textfeldes aus.

**TIPP**

Bewege die Maus über die verschiedenen Schriftgrößen. Das Programm zeigt dir das Ergebnis an.

## Ein neues Textfeld einfügen

Manchmal musst du Text an Stellen darstellen, die nicht vom Folienlayout vorgesehen waren. Dazu musst du neue Textfelder einfügen.

Um ein neues Textfeld einzufügen,

**1** wähle das Register „Einfügen“ und

**2** klicke auf „Textfeld“.

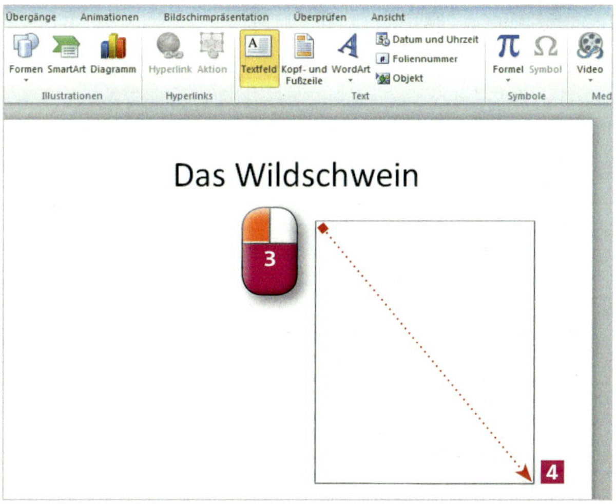


**3** Klicke dann auf die Stelle in der Folie, an der du das neue Textfeld einfügen willst, und halte die Maustaste gedrückt.

**4** Ziehe mit gedrückter Maustaste den Mauszeiger über die Folie.

Damit ziehst du das Textfeld „auf“. Ein Rahmen zeigt dir die Größe des Textfeldes, das du gerade anlegst.

Lasse die Maustaste los, um das Textfeld zu erzeugen.

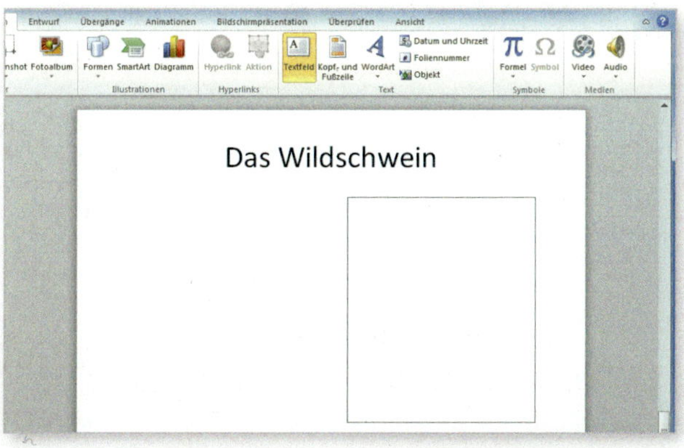


Jetzt kannst du in das Feld die Beschreibung der Tiere oder der Pflanzen eingeben, die du auf dieser Folie vorstellen willst.

❶ Bewege den Mauszeiger auf das Textfeld oder eines der acht „Anfasser“ am Rahmen. Je nach Position verschiebt sich der Mauszeiger. Verschiebe mit gedrückter linker Maustaste die „Anfasser“.

❷ Beschreibe, was geschieht.

## Ein Bild einfügen

Für deine Präsentation musst du noch ein passendes Bild einfügen.

**1** Klicke im Menü „Einfügen" auf „Grafik".

**2** Öffne den Ordner, indem sich deine Bildauswahl befindet.

**3** Wähle ein Bild aus und klicke auf „Öffnen".

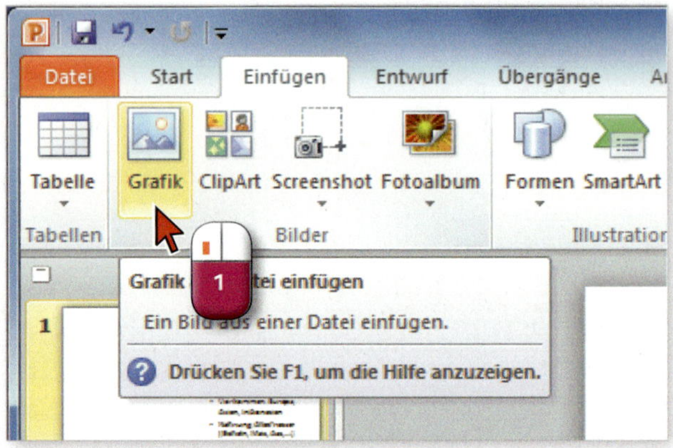

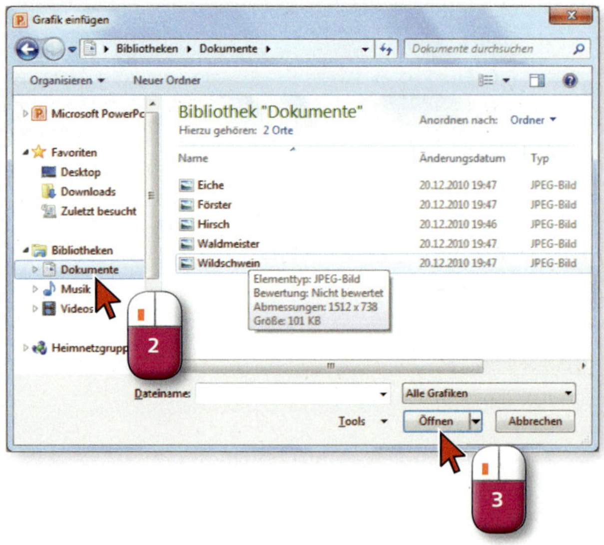


Das Bild wird zunächst in der Mitte der Folie eingefügt. Ziehe es mit der Maus an die gewünschte Stelle.

**4** Klicke das Bild an.
Das Bild wird von einem blauen Rechteck umrahmt.

**5** Klicke in das Bild und ziehe es mit gedrückter Maustaste auf die gewünschte Position.

**6** Lasse die Maustaste los.
Das Bild wird an die gewählte Stelle auf der Folie verschoben.

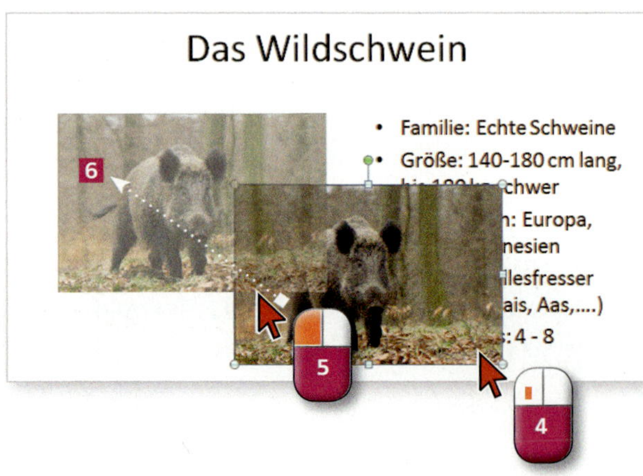

## Die Größe von Bildern verändern

Wenn du dein Bild eingefügt hast, stimmt oft die Größe des Bildes noch nicht. Verändere dann die Größe:

**1** Klicke auf das Bild.

**2** Klicke auf einen der (runden) Anfasser an den Ecken des Bildrechtecks. Halte die Maustaste gedrückt.

**3** Verändere die Größe durch Ziehen der Maus. Die neue Größe erkennst du an der Vorschau des Bildes.

**4** Lasse die Maustaste los.

**TIPP**

Was passiert, wenn du die eckigen Anfasser an den Seiten des Bildrechtecks verschiebst? Probiere es aus!

Weitere Änderungen am Bild nimmst du über das Register „Format“ vor.

Das Bild soll mit einem Rahmen versehen werden:

**5** Markiere das Bild durch Anklicken,

**6** klicke auf „Format“,

**7** wähle „Grafikrahmen“ und

**8** klicke unter „Stärke“ auf die gewünschte Linienstärke.

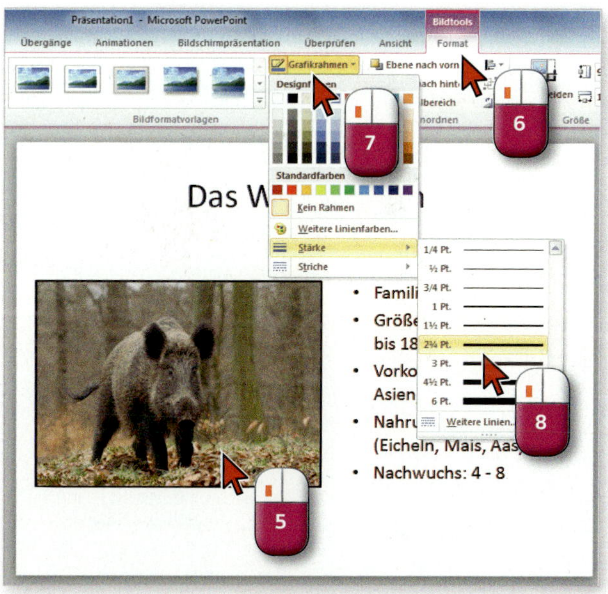


**TIPP**

Wie schon bei der Schriftgröße kannst du auch hier in der Vorschau sehen, wie dein Bild später aussehen wird.

1. Umrahme das Bild mit einem gelben, 3 Punkte („Pt.“) breiten Rahmen.

2. Gib dem Rahmen noch einen Schatten nach rechts unten. Die Funktion findest du unter „Stärke – Weitere Linien – Schatten“.

3. Überlege dir ein sinnvolles Beispiel für die Anwendung des Drehpfeils am Textfeld.

## Die Hintergrundfarbe von Folien festlegen

Mit einer Hintergrundfarbe für die gesamte Folie oder auch für einzelne Textfelder kannst du ein Folienlayout ansprechender gestalten.

**1** Klicke mit der rechten Maustaste auf einen leeren Bereich deiner Folie. Es öffnet sich das Kontextmenü.

**2** Klicke auf „Hintergrund formatieren".

**3** Öffne unter „Farbe" das Auswahlfenster.

**4** Wähle eine Farbe aus.
Wenn du eine Farbe gewählt hast, zeigt dir eine Vorschau, wie sich der Hintergrund deiner Präsentation verändern wird.

**5** Wenn dir die Farbe gefällt, klicke auf „Schließen".

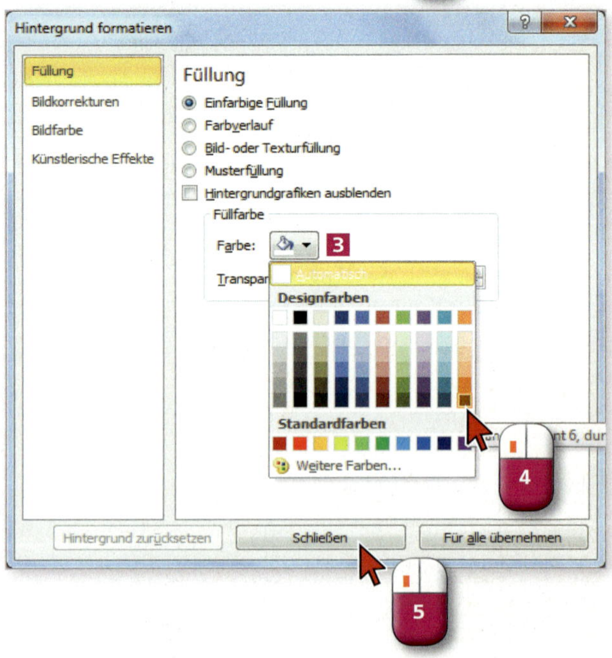


### TIPP

Wenn du im Auswahlfenster „Für alle übernehmen" klickst, haben alle Folien denselben Hintergrund.

**1** Im Untermenü „Füllungen" des Auswahlfensters „Hintergrund formatieren" findest du weitere Möglichkeiten, den Hintergrund zu ändern. Probiere sie aus!
Welche dieser Möglichkeiten sind gute Kombinationen zwischen interessanter Gestaltung und guter Lesbarkeit?

## Die Hintergrundfarbe von Feldern festlegen

Für die Auswahl der Hintergrundfarbe von Feldern kannst du das Kontextmenü benutzen:

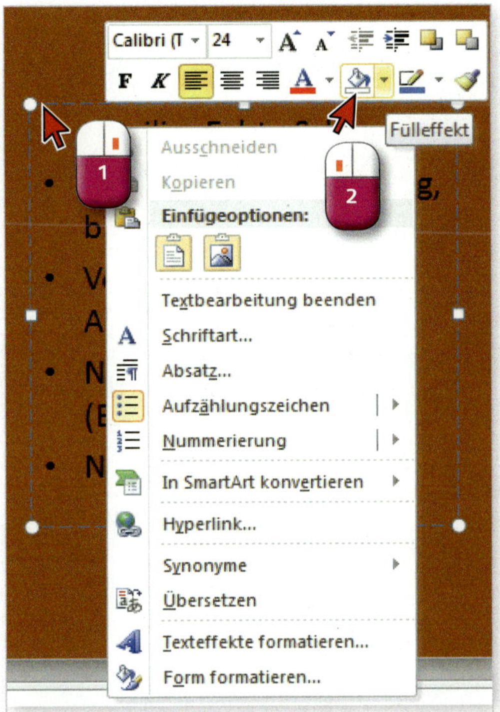


1 Klicke mit der rechten Maustaste auf das Textfeld.

2 Klicke im oberen Teil des Kontextmenüs auf das Dreieck zu „Fülleffekt“.

3 Wähle im Auswahlfenster eine Farbe aus und bestätige mit einem weiteren Mausklick.

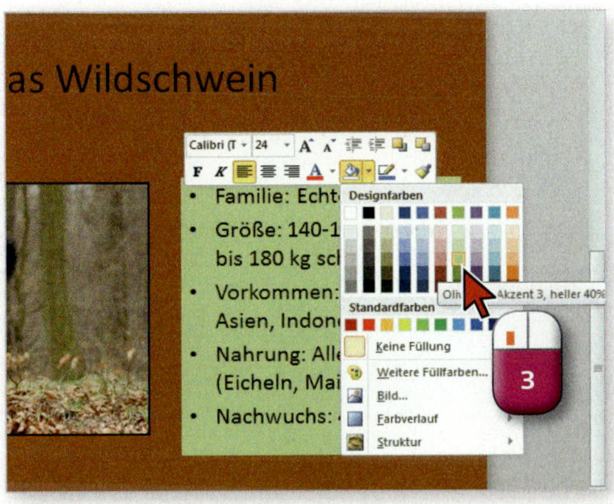


❶ Umrahme das Textfeld mit einem 3 Punkte dicken, gelben Rahmen.

❷ Probiere im Kontextmenü „Form formatieren“ und „Farbverlauf“ aus.

❸ Wähle ein Textfeld aus. Erkunde unter dem Register „Format“ die Möglichkeiten „Fülleffekte“, „Formkontur“ und „Formeffekte“.

## Neue Folien einfügen, Folienübergänge festlegen

Eine Präsentation besteht meist aus mehreren Folien, die nacheinander gezeigt werden. Auch die Präsentation über den Lebensraum Wald soll mehrere Folien umfassen. Dazu musst du der Präsentation weitere Folien hinzufügen, auf denen die jeweiligen Inhalte dargestellt werden:

**1** Klicke im Register „Start" auf das Foliensymbol.

Die neue Folie wird nun angezeigt.

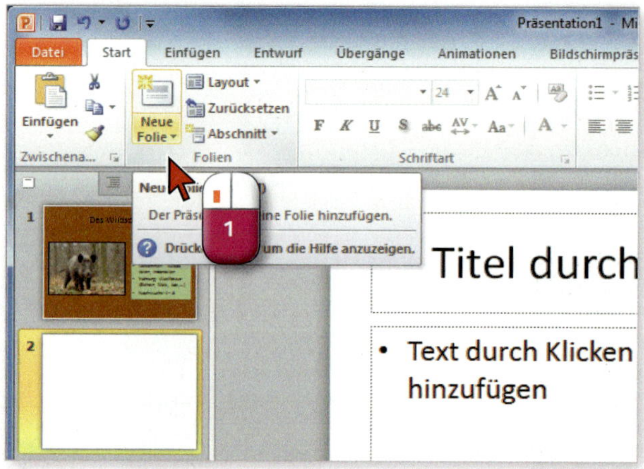


**INFO**
Neue Folien können auch mit einem anderen Folienlayout erstellt werden. Klicke dazu unter dem Foliensymbol auf die Wörter „Neue Folie" und wähle ein Layout aus.

### Folienübergänge

Ein einfaches Mittel, eine Präsentation wirkungsvoller zu gestalten, sind „animierte" (= bewegte) Übergänge von einer Folie zur nächsten.

**2** Klicke auf das Register „Übergänge".

**3** Blättere mit den Pfeil-Buttons durch die verfügbaren Animationen.

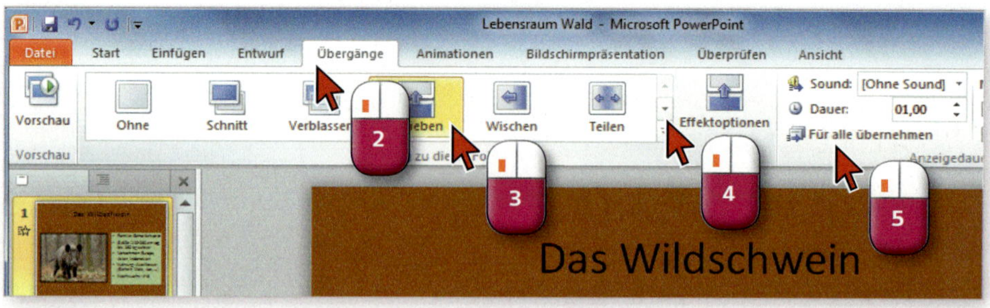


**4** Wähle durch einen Klick einen Folienübergang.

Beim Anklicken zeigt dir das Programm, wie der Folienübergang aussieht.

**5** Bestätige mit „Für alle übernehmen".

**TIPP**
Probiere auch die Einstellungen unter „Nächste Folie" und „Sound" aus.

① Erweitere deine Präsentation mit weiteren Folien und lege die Folienübergänge fest. Füge anschließend weitere Texte und Bilder hinzu. Ändere die Hintergrundfarbe und nimm weitere Formatierungen vor, bis du eine fertige Präsentation über den „Lebensraum Wald" zusammengestellt hast.

② Fertige ein Deckblatt für die Präsentation an. Welche Inhalte sollte ein Deckblatt haben?

③ Verändere die „Übergangsgeschwindigkeit" der Folienübergänge. Wie wirkt sich das auf deine Präsentation aus?

# Eine Präsentation vorführen

Um deine Präsentation zu testen und vorzuführen, musst du sie starten. Sie wird dann vergrößert auf ganzer Bildschirmgröße gezeigt, ohne Menüleisten und Schaltflächen. Von Folie zu Folie wechselst du je nach Auswahl durch Mausklick.

Um eine Präsentation zu starten,

**1** Klicke im Menü unter Bildschirmpräsentation „Von Beginn an“.

Viel Spaß!

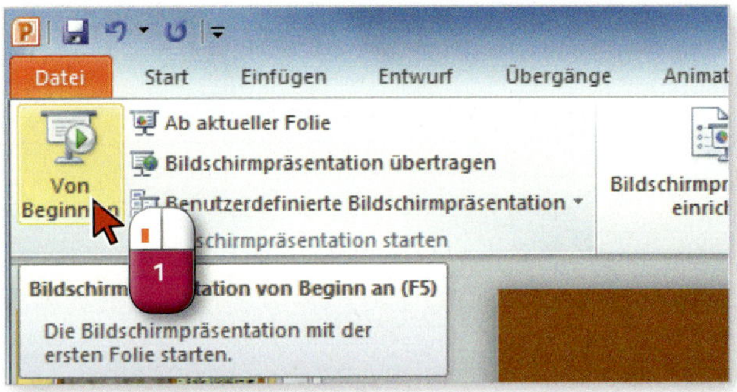


Mit einem Präsentationsprogramm umgehen zu können, heißt noch nicht, dass du eine gute Präsentation machen kannst. Dazu gehört noch viel mehr! Das fängt bei der Auswahl dessen an, was du präsentieren willst, und geht bis zur Vorführung selbst und zu dem, was du dazu sagst und wie du es vorträgst.

Das gilt nicht nur für eine Präsentation mit dem Computer, sondern auch dann, wenn du zum Beispiel einen Tageslichtprojektor, die Tafel oder Dias verwendest: Das Wichtigste ist immer der Inhalt!

## „Präsentieren“ will gelernt sein!

**Vorbereitung**

- Überlege dir, wie auch bei einem Aufsatz, immer gut die Gliederung und den Aufbau deiner Präsentation.
- Überlege dir im Voraus, was du zu den einzelnen Folien sagen möchtest. Notiere dir Stichpunkte.
- Farben und Muster im Hintergrund oder im Textfeld sollen deine Information unterstützen, nicht verdecken oder unleserlich machen.
- Achte darauf, dass deine Farben zusammenpassen. Wende an, was du in „Musik – Sport – Gestalten“ oder in „Bildende Kunst“ über Farben gelernt hast.
- Auch Schriftartenwechsel solltest du nicht zu oft vornehmen.
- Zeige die interessantesten Beiträge gegen Ende deiner Präsentation.

**Durchführung**

- Wende dich beim Vortragen deinen Mitschülerinnen und Mitschülern zu. Sprich nicht zum Computer oder zur Präsentationsfläche.
- Sprich deutlich und in vollständigen Sätzen.
- Sprich nicht zu schnell oder zu langsam.
- Achte auf eine aufrechte Körperhaltung und stecke die Hände nicht in die Hosentasche.
- Achte auf die Lesbarkeit deiner Folien auch aus größerer Entfernung.
- Zeige die Folien nicht zu schnell hintereinander. Lasse deinem Publikum Zeit, die Inhalte der Folien wahrzunehmen.

# Tabellenkalkulation

## Das Programmfenster

Nach dem Programmstart von Excel über eine Verknüpfung auf deinem Desktop oder über das „Start"-Menü öffnet sich eine leere Arbeitsmappe, die in der Grundeinstellung aus drei Tabellenblättern besteht. Diese beinhalten viele einzelne Zellen, die in Zeilen und Spalten geordnet sind.

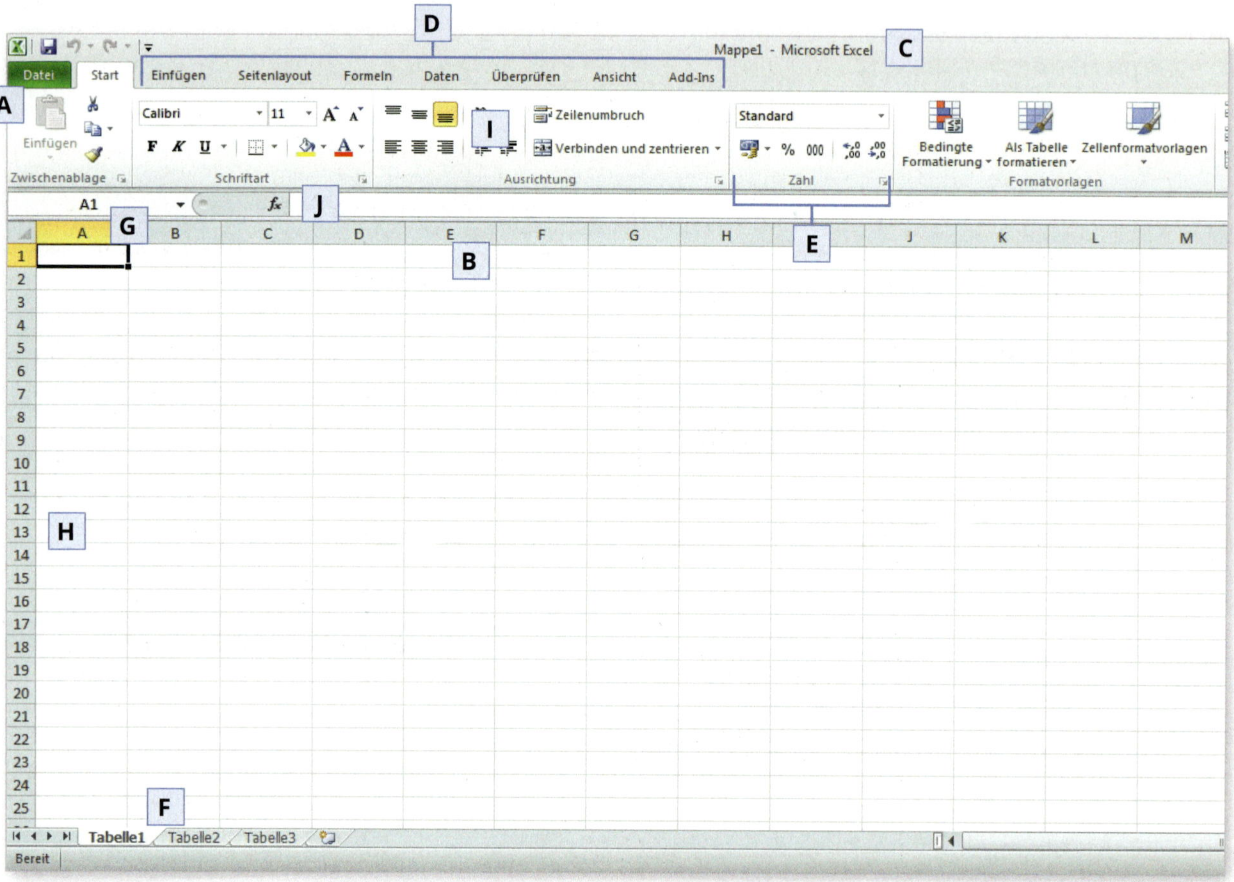


**Register:** Öffnet die zugehörigen Gruppen und deren Befehle.

**Aktive Zelle:** Die Zelle, die gerade bearbeitet werden kann.

**Titelleiste:** Hier steht der Programm- und der Dateiname.

**Gruppe:** Beinhaltet Befehle für ähnliche Aufgaben.

**Bearbeitungsleiste:** Hier steht der ganze Inhalt einer Zelle und kann durch Anklicken direkt wie normaler Text bearbeitet werden.

**Blattanzeige:** Hier steht der Name des aktiven Tabellenblattes (zudem Blattwechselmöglichkeit).

**Datei:** Öffnet spezielle Befehle und bietet Einstellmöglichkeiten *(„Backstage")*.

**Zeile:** Eine waagrechte Reihe von Zellen. Bezeichnet mit Zahlen.

**Spalte:** Eine senkrechte Reihe von Zellen. Bezeichnet mit Buchstaben.

**Symbolleiste:** Häufig gebrauchte Befehle durch Symbole dargestellt.

1 Ordne die Beschreibungen den Buchstaben zu.

## Zellbezeichnung und einfache Formatierungen

Mit dem Aufbau eines Tabellenblattes einer Tabellenkalkulations-Arbeitsmappe lassen sich einfache Spiele gestalten. Dabei nutzt man den Aufbau des Tabellenblattes mit Spalten und Zeilen. Jede einzelne Zelle des Blattes ist eindeutig durch die Angabe des Spaltenbuchstabens und der Zeilennummer festgelegt, also A4 oder H19 oder Q342.

Beim Spiel „Schatzsuche“ gewinnt derjenige, der zuerst alle Schätze des Mitspielers gefunden hat.

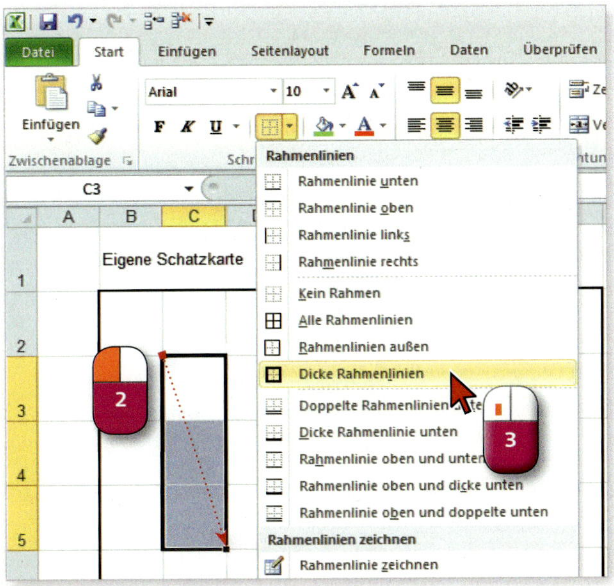


1 Lade dir die Datei „Schatzsuche.xlsx“ aus dem Internet *(www.westermann.de/nah-dran-rp)* herunter.

Den Ablauf des Spiels kennst du wahrscheinlich. Wenn nicht, schaue im Tabellenblatt „Regeln“ nach. Wenn du die Regeln kennst, wechsle zu „Eigene Schatzkarte“.

2 Markiere mit gedrückter linker Maustaste die Zellen, die einen Schatz darstellen sollen.

3 Formatiere aus der Gruppe „Schriftart“ diese „Schatz-Zellen“ durch die Auswahl des entsprechenden Rahmensymbols.

Hat jeder seine Schatzkisten eingezeichnet, geht es los! Durch Nennen der Zellbezeichnung versuchen beide die Lage der Schatzkisten des Mitspielers zu erraten.

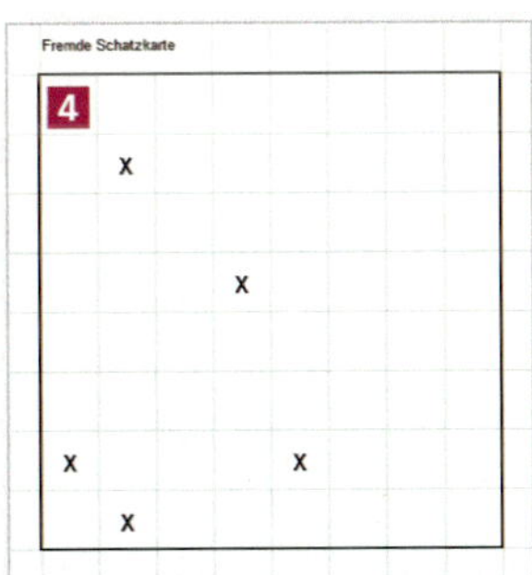


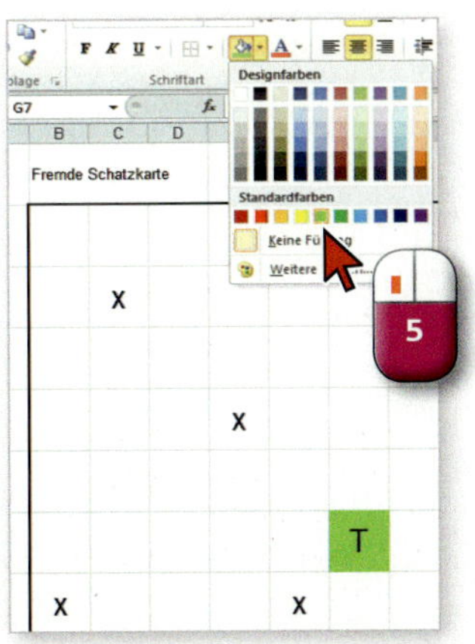


4 Trage auf „Fremde Schatzkarte“ dort ein „X“ ein, wo du gesucht, aber nichts gefunden hast.

5 Trage in die Zelle, in der du einen Schatz gefunden hast ein „T“ ein, klicke dann auf das Symbol „Füllfarbe“ und wähle eine Farbe aus (z. B. grün).

Hast du eine Schatzkiste ganz erraten, rahme sie wieder ein.

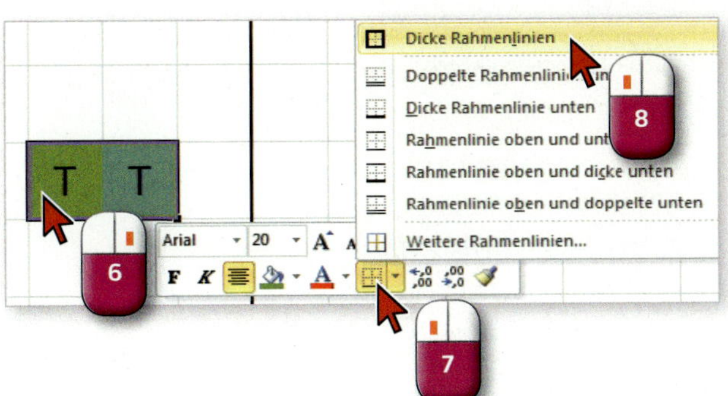


6 Klicke dazu rechts in deine Markierung.

7 Öffne die Rahmenauswahl.

8 Wähle „Dicke Rahmenlinien“.

## Inhalte eingeben und formatieren

Natürlich ist die Tabellenkalkulation nicht zum Spielen entwickelt worden, sondern in erster Linie zum Rechnen und zur Darstellung der Rechenergebnisse. Du kannst selbst einen Rechenautomaten für die Grundrechenarten entwickeln, der immer das richtige Ergebnis liefert.

**1** Öffne eine leere Arbeitsmappe.

**2** Trage die Inhalte wie abgebildet in das leere Tabellenblatt ein. Achte auf Leerzeilen und -spalten.

Die Bezeichnung der Rechenoperation soll durch Formatieren hervorgehoben werden.

**3** Markiere die Zelle,

**4** klicke auf „Fett“

**5** und wähle den Schriftgrad 12. Die gewählte Änderung wird in der Tabelle sofort angezeigt. Manche Zellinhalte ragen etwas über die Zellen hinaus.

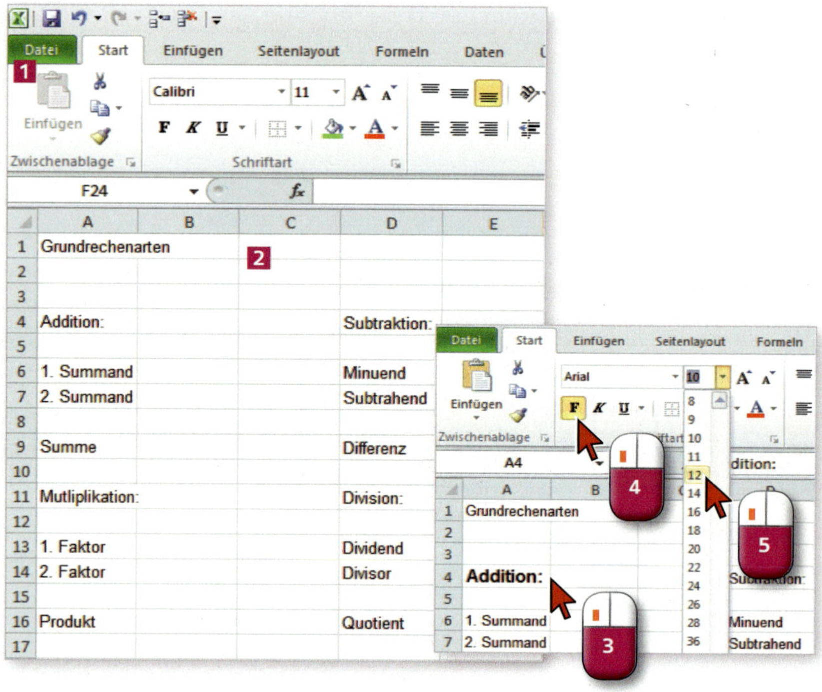


### Spaltenbreite ändern

**6** Fahre langsam mit der Maus über den Trennstrich zwischen A und B. Der Mauszeiger verändert sich und du kannst mit gedrückter linker Maustaste die Spaltenbreite ändern. Die Breite der Spalte wird in mm und in Pixel gleich angezeigt.

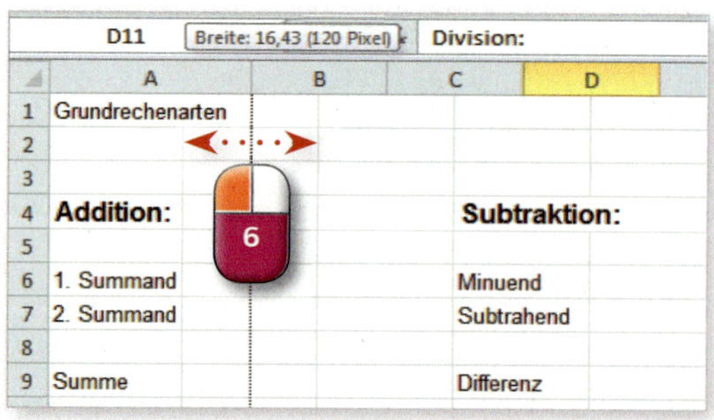


**TIPP**
Ein Doppelklick auf den Spaltentrennstrich stellt „Optimale Breite“ ein.

### Zahlenformat einstellen

Die meisten Zahlen werden mit zwei Kommastellen dargestellt.

**7** Öffne das Dialogfeld „Zellen formatieren“ der Gruppe „Schriftart“ durch Klick auf den kleinen Pfeil rechts unten.

**8** Wähle im Register „Zahlen“ in der Kategorie „Zahl“ 2 Dezimalstellen.

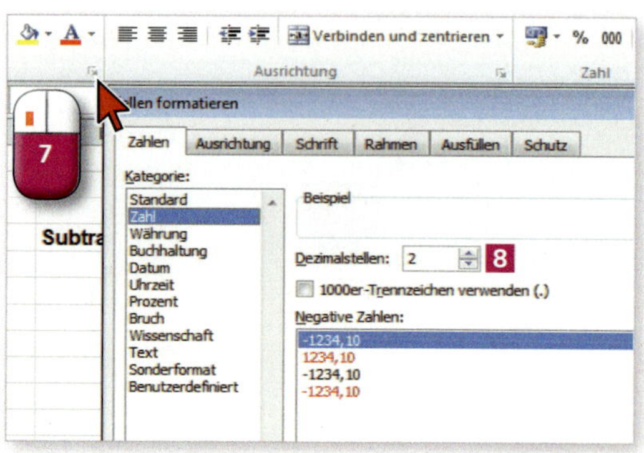

## Formeln eingeben

Der „Rechenautomat“ kann nun mit Zahlenwerten ausgefüllt werden. Um die Ergebnisse zu berechnen, werden in die Zellen, in denen Rechenergebnisse stehen sollen, Formeln eingetragen.

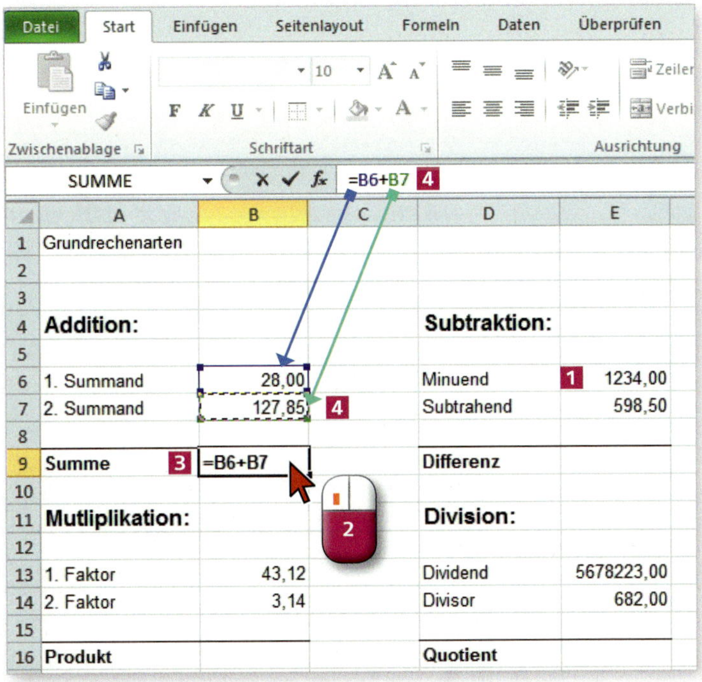


**1** Fülle zunächst die Zellen (B6, B7, E6, E7 usw.) für die vorgegebenen Werte aus.

**2** Markiere zuerst die Zelle, in der eine Berechnung erfolgen soll (B9).

**3** Beginne die Formel mit einem „=“. Dies bewirkt, dass die darauffolgende Rechenoperation ausgeführt wird.

Nun folgen nicht die echten Zahlenwerte, die in den Zellen stehen, sondern deren Zellbezeichnungen.

**4** Tippe die Zellbezeichnungen und den Rechenoperator ein. Die Zellen werden dabei zu deiner Kontrolle farbig eingerahmt.
Zur Bestätigung drücke die [Eingabe]-Taste und das Ergebnis wird angezeigt.

Verfahre mit allen Berechnungen so.

| | |
|---|---|
| Addition: | Pluszeichen + |
| Subtraktion: | Bindestrich – |
| Multiplikation: | Sternchen * |
| Division: | Schrägstrich / |

Speichere deine Arbeit ab.

**TIPP**

Anstatt die Zellbezeichnung einzutippen, kannst du die betreffende Zelle auch anklicken.

❶ Formatiere wie abgebildet die Begriffe „Summe“, „Differenz“, „Produkt“, „Quotient“ sowie die Rechenergebnisse „Fett“.

❷ Füge wie abgebildet die Linien über den Rechenergebnissen mit Hilfe von „Rahmenlinie“ ein.

❸ Erkunde in der erweiterten Gruppe „Schriftart“ zusätzliche Möglichkeiten der Formatierung. (Symbol: )

❹ Formeln können mehrere Rechenoperatoren enthalten. Erstelle ein Tabellenblatt, das den Flächeninhalt von Dreiecken berechnet.

❺ Verschiedene Formeln können sich auch auf dieselben Zellen beziehen. Erstelle ein Tabellenblatt, das nach Eingabe von Höhe und Breite eines Rechtecks sowohl den Flächeninhalt als auch den Umfang berechnet.

❻ Formeln können sich auch auf mehr als 2 Zellen beziehen. Erweitere dein Tabellenblatt für das Rechteck durch weitere geometrische Formen (Trapez, Parallelogramm ...).

## Ein Diagramm erstellen und beschriften

Zahlenreihen sind oft sehr unübersichtlich. Um Größenverhältnisse, Entwicklungen oder Ähnliches schneller erfassen und vergleichen zu können, werden diese häufig in Form von Diagrammen dargestellt.

**1** Öffne die Datei „Urlaubslaender.xlsx" *(www.westermann.de/nah-dran-rp)*. Markiere die Zellen mit den Werten und Beschriftungen, die im Diagramm dargestellt werden sollen (B2 bis C12).

**2** Wechsle ins Register „Einfügen" und öffne das Auswahlfenster „Diagramm erstellen".

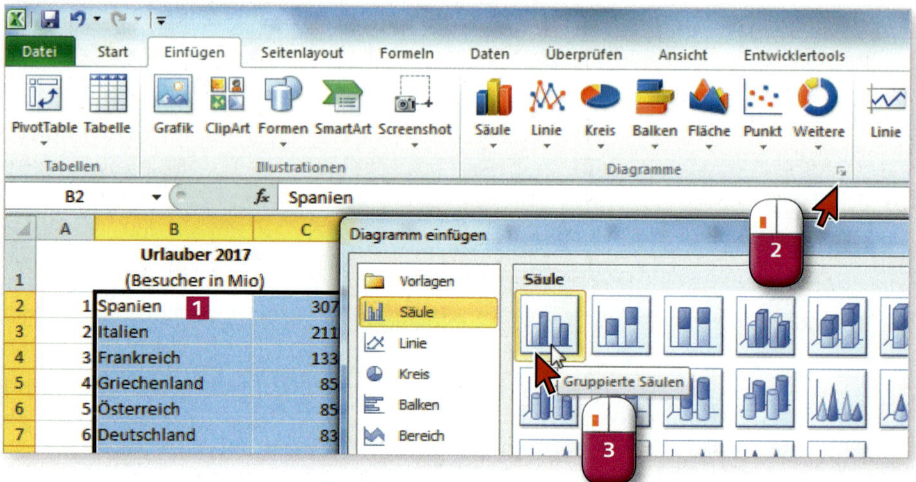


**3** Wähle „Säule" und anschließend „Gruppierte Säulen".

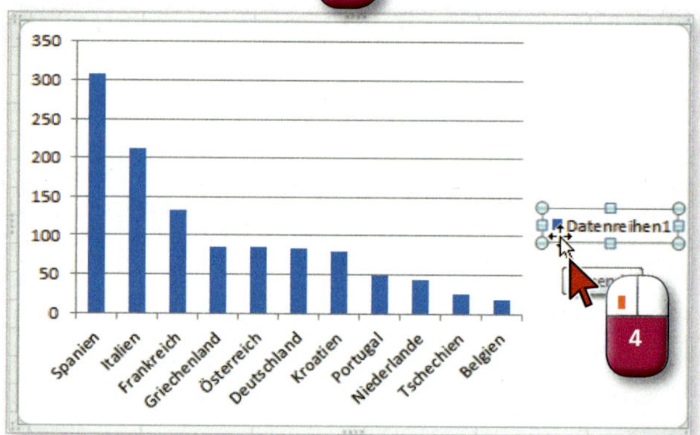


Das Diagramm wird direkt neben der Tabelle platziert und es erscheinen weitere Registerkarten mit „Diagrammtools". Klickst du außerhalb des Diagramms, verschwinden diese wieder.

Die Standardlegende „Datenreihen1" ist nicht sehr aussagekräftig und wird in diesem Fall gar nicht gebraucht.

**4** Klicke einmal auf das Feld und lösche es mit der [Entf]-Taste.

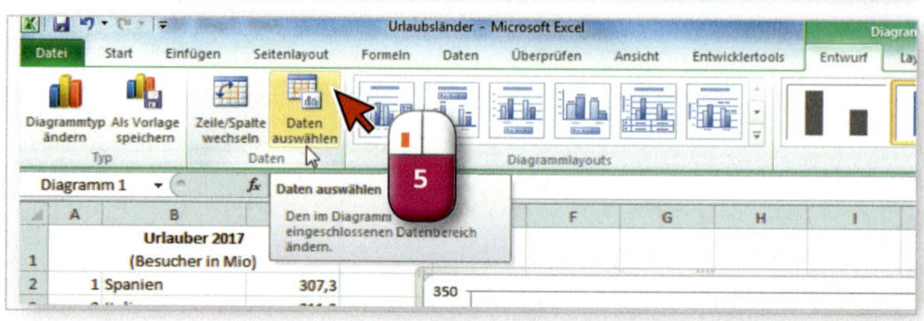


### Datenreihen beschriften

Um eine neue Legende anzulegen,

**5** klicke auf „Daten auswählen"

**6** und im nächsten Dialogfeld auf „Bearbeiten".

**7** Wähle einen aussagekräftigen Reihennamen und bestätige mit „OK".

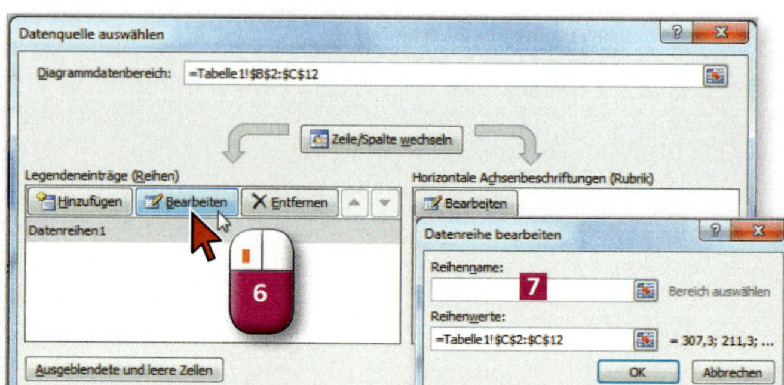

## Diagrammtitel hinzufügen

Zum besseren Verständnis sollte ein Diagramm immer einen Titel (eine Überschrift) haben.

**8** Wechsle ins Register „Layout".

**9** Klicke auf „Diagrammtitel"

**10** und auf die letzte Option „Über Diagramm".

**11** Gib ein: „Urlaubsländer 2017".

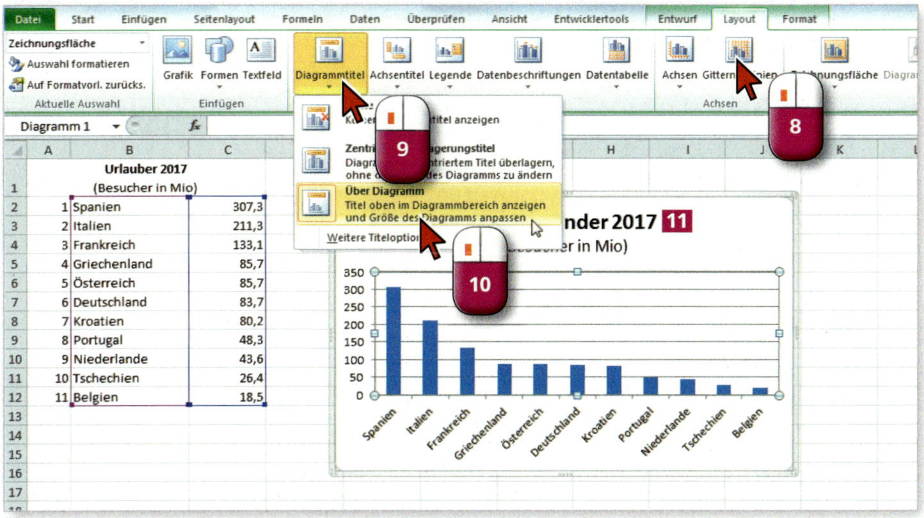

## Achsen beschriften

**12** Klicke erst auf „Achsentitel".

Die horizontale Achse (X-Achse) ist mit den Ländern ausreichend beschriftet.
Um die vertikale Achse zu beschriften,

**13** klicke auf „Titel der vertikalen Primärachse" und

**14** anschließend auf „Vertikaler Titel" (Titel von oben nach unten geschrieben)

**15** Beschrifte nun mit „in Prozent" und platziere den Titel richtig.

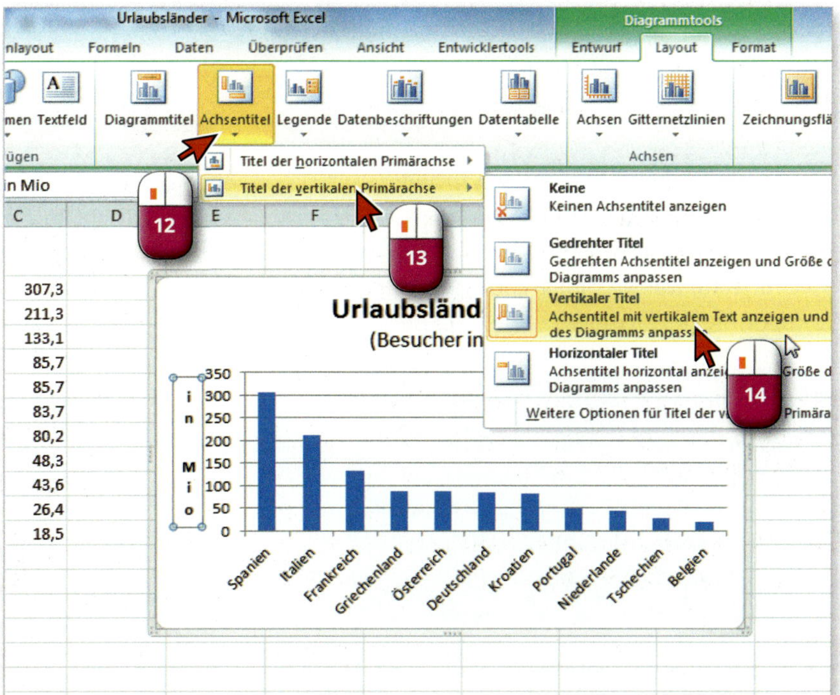

❶ Ändere die Größe des Diagramms so, dass die Säulen länger werden.

❷ Ändere den Schriftgrad des Diagrammtitels so, dass er einzeilig wird.

❸ Ändere die Schriftgröße des Achsentitels auf Schriftgrad 9.

❹ Ergänze die Tabelle durch „Großbritannien" mit einem Wert von 2 %. Aktualisiere dabei so, dass die Änderung gleich an der richtigen Stelle im Diagramm erscheint.

## Achsen im Diagramm formatieren

Bei der Erstellung eines Diagramms verwendet das Programm Grundeinstellungen für Farbe, Schriftart usw. Du kannst die Darstellung nach deinen Bedürfnissen anpassen.

### Achsen formatieren

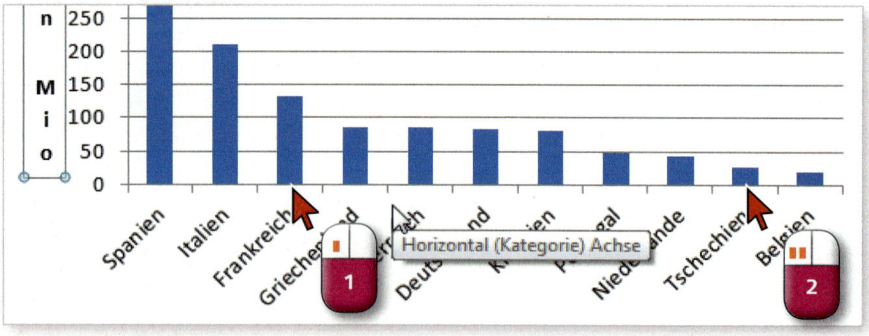


**1** Führe den Mauszeiger langsam über die X-Achse und klicke links, wenn die Info „Horizontal (Kategorie) Achse“ erscheint.

Die gesamte Achse und ihre Beschriftung sind nun markiert.

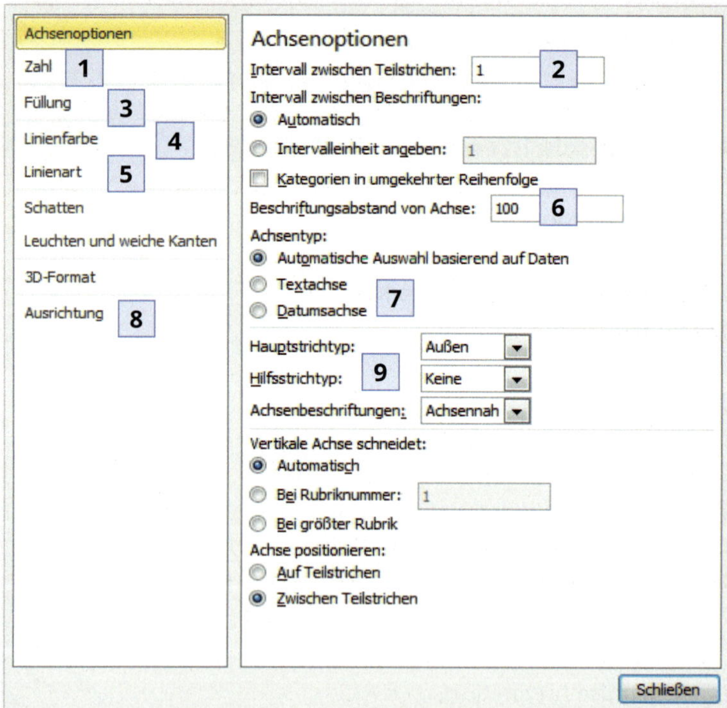


**2** Klicke mit der linken Maustaste noch einmal doppelt auf die markierte Achse.

Es öffnet sich ein Fenster, das vielfältige Einstellmöglichkeiten bietet.

Ordne zu, was an den entsprechenden Optionen einzustellen ist.

**INFO**

Das Diagramm kannst du nach Anklicken am doppelten Rahmen frei verschieben. Über die „Anfasser“ kannst du auch die Größe verändern.

| | | |
|---|---|---|
| **A:** Winkel und Anordnung der Achsenbeschriftung | **B:** Hintergrundfarbe des gesamten Bereichs | **C:** Abstand der Beschriftung von der X-Achse |
| **D:** Farbe der X-Achse | **E:** Kommastellen | **F:** Teilstriche der X-Achse |
| **G:** Linienstärke der X-Achse | **H:** Intervalle der X-Achse | **I:** Achsentyp |

❶ Gestalte den Diagrammhintergrund zweifarbig mit einem Farbverlauf.

❷ Lege die Hauptteilstriche nach innen und erzeuge zusätzliche Hilfsteilstriche außen.

# Was habe ich gelernt?

## Arbeiten mit Präsentationsprogrammen

### Daran arbeiten ...

1. Wenn du in der Küche oder im Werkraum arbeitest benutzt du dabei oft Werkzeuge. Welches Werkzeug wird wofür benutzt?
   Stelle die Werkzeuge der Küche oder des Werkraums in einer Präsentation dar. Gestalte für jedes Werkzeug eine Folie, füge ein Bild des Werkzeugs ein und beschreibe wie in einem Steckbrief seine Verwendung.

2. Erstelle eine Präsentation in der du beschreibst, woran du in der letzten Unterrichtseinheit im Fach IB gearbeitet hast. Welche neuen Fähigkeiten hast du bei dir entdeckt? Was ist dir gut gelungen? Wobei hattest du vielleicht noch Schwierigkeiten? Gestalte die Folie so, dass du sie auch ausdrucken und in deine Kompetenzmappe heften kannst.

## Arbeiten mit Tabellenkalkulationsprogrammen

### Daran arbeiten ...

1. Klimadiagramme veranschaulichen die durchschnittlichen Temperaturen und die Niederschlagsmenge eines Ortes. Du kennst diese Darstellung vielleicht aus dem Erdkundeunterricht. In der Regel werden die Durchschnittstemperaturen als Säulendiagramm und die Niederschlagsmenge als Liniendiagramm dargestellt. Für die Stadt Landau in der Pfalz sind diese Werte in der Tabelle rechts zusammengestellt.
   Übernimm die Daten in ein Tabellenkalkulationsprogramm (z. B. Excel) und erstelle ein Niederschlags- bzw. Temperaturdiagramm.
   Lass dir von dem Programm die die Durchschnittstemperatur, die gesamte Niederschlagsmenge und die durchschnittliche Niederschlagsmenge berechnen.

2. Recherchiere im Internet nach einer Klimatabelle für deine Region und erstelle ein entsprechendes Diagramm.

| Monat | Niederschlag (in mm) | ø Temperatur (in °C) |
|---|---|---|
| Jan. | 0,7 | 48 |
| Feb. | 2,1 | 46 |
| März | 5,7 | 42 |
| April | 9,6 | 50 |
| Mai | 13,7 | 64 |
| Juni | 17 | 75 |
| Juli | 18,8 | 64 |
| Aug. | 18,2 | 70 |
| Sept. | 15,3 | 56 |
| Okt. | 10,3 | 48 |
| Nov. | 5,2 | 57 |
| Dez. | 2,1 | 55 |

# Glossar

**Abschmecken:**
probieren, ob eine Speise richtig gewürzt ist, und eventuell nachwürzen

**Abtropfgewicht:**
Das Gewicht eines Lebensmittels, das in einer Flüssigkeit angeboten wird – ohne Flüssigkeit gewogen.

**Adressfeld:**
Der Bereich eines Internetbrowsers, in dem du die Adresse der Internetseite eingibst, die du öffnen willst.

**Anreißen**
Das genaue Übertragen von Formen und Maßen auf ein Werkstück nennt man anreißen.

**Anrichten:**
Speisen auf einem Teller appetitlich zurechtlegen.

**Bedingung:**
Voraussetzung

**Begabung:**
etwas gut beherrschen

**Befragung:**
Wenn man verschiedenen Personen die gleichen Fragen stellt, führt man eine Befragung durch.

**Bewertungskriterien:**
Sie reichen von der Festlegung, welche Antworten als richtig, teilrichtig oder falsch gewertet werden, bis hin zu genauen Regeln für die Punktevergabe. Die Objektivität, Zuverlässigkeit und Gültigkeit der Leistungseinschätzung kann durch gute und transparente Bewertungskriterien deutlich erhöht werden.

**Branchenverzeichnis:**
Liste mit allen Betrieben und Geschäften.

**Chat:**
(engl. = Plaudern) Internetbenutzer treffen sich gleichzeitig in einem „Chatroom", um dort schriftlich miteinander zu plaudern.

**Checkliste:**
Kontrollliste

**Cliparts:**
Sammlung von einfachen Bildern und Grafiken, die du leicht in einen Text einbauen kannst.

**Collage:**
Bild, das aus vielen verschiedenen Texten und Bildern gestaltet ist.

**Datei:**
In Dateien werden Informationen gespeichert, z. B. Texte, Bilder, Töne oder Programme. Dazu gehören auch die von dir erstellten Dokumente.

**Desktop:**
(engl.: desk = Schreibtisch, top = Oberfläche) Auf dem Windows-Desktop werden wichtige Programme und Dateien über Symbole dargestellt. Du kannst sie mit einem Doppelklick starten oder öffnen.

**Desktop-Publishing (DTP):**
(engl. = „Publizieren vom Schreibtisch aus") Rechnergestützter Satz von Dokumenten, die aus Texten und Bildern bestehen und später als Publikationen (Zeitschriften, Bücher usw.) erscheinen.

**Dienstleistung:**
Arbeit, die direkt auf die Befriedigung von Bedürfnissen ausgerichtet ist. Es wird kein Produkt hergestellt.

**Diskussion:**
Meinungen werden ausgetauscht.

**Dünsten:**
Garen mit wenig Wasser.

**Ecolabel:**
Das Ecolabel ist das in allen Mitgliedstaaten der Europäischen Union, aber auch von Norwegen, Liechtenstein und Island anerkannte EU-Umweltzeichen. Das 1992 durch eine EU-Verordnung eingeführte freiwillige Zeichen hat sich zu einer Referenz für Verbraucher entwickelt, die mit dem Kauf von umweltfreundlicheren Produkten und Dienstleistungen zu einer Verringerung der Umweltverschmutzung beitragen wollen.

**Entwicklungsland:**
Ein wirtschaftlich unterentwickeltes Land.

**Entwurf:**
Zeichnung in groben Umrissen.

**Ernährung:**
Der Körper braucht zum Leben und zum Aufbau bestimmte Stoffe, mit denen er regelmäßig versorgt werden muss. Gesunde Ernährung hält fit.

**Erosion:**
Die zerstörende Wirkung von fließendem Wasser, auch von Eis und Wind an der Erdoberfläche.

**Esskultur:**
Traditionen/Regeln einer Gesellschaft oder Gruppe zum Essen mit dem Ziel, dass sich alle wohlfühlen.

**Fair:**
gerecht

**Faktoren:**
Gegebenheiten, die etwas beeinflussen.

**FSC®:**
(engl.) Forest Stewardship Council®; ein internationales Zertifizierungssystem für Waldwirtschaft. Zehn weltweit gültige Prinzipien garantieren, dass Holz- und Papierprodukte mit dem FSC-Siegel aus verantwortungsvoll

bewirtschafteten Wäldern stammen. Der FSC-Standard schreibt vor, dass die ökologischen Funktionen eines Waldes erhalten bleiben müssen, er schützt vom Aussterben bedrohte Tier- und Pflanzenarten und sichert die Rechte der Ureinwohner und der Arbeitnehmer. Die Vorstellung, ein FSC-zertifizierter Wald sei völlig unberührte Natur, trifft aber nicht zu.

**Garen:**
fertig kochen oder braten

**Hierarchie:**
Rangordnung in einer Gruppe, Familie.

**Hygiene:**
Maßnahmen zur Verhütung von Krankheiten und Gesundheitsschäden.

**Internetbrowser:**
Um Dokumente aus dem World Wide Web (siehe www) darzustellen, benötigt man einen Internetbrowser (engl. to browse = blättern, durchblättern); auch als Web-, u. HTML-Browser oder kurz Browser bezeichnet.

**Industriestaaten:**
Länder mit viel Industrie und entwickelter Wirtschaft.

**Internet:**
Weltweites Computernetzwerk, über das man schnell Informationen austauschen kann.

**Jugendarbeitsschutzgesetz:**
Gesetzliche Regelungen, die die besonderen Rechte und Pflichten von Kindern und Jugendlichen im Praktikum, in der Ausbildung und bei der Arbeit betreffen.

**Keime:**
gesundheitsschädliche Mikroorganismen (Kleinstlebewesen)

**Kriterien:**
Punkte zur Bewertung; Merkmale, die bei einer Auswahl zwischen Personen oder Gegenständen relevant für die Entscheidung sind.

**LED**
Eine Leuchtdiode, aus englisch: **l**ight-**e**mitting **d**iode. Eine Diode ist ein elektronisches Bauelement, das Strom in einer Richtung passieren lässt und in der anderen Richtung isoliert.

**Lehrgang:**
Anleitung, bei der eine bestimmte Arbeit genau erklärt und vorgemacht wird

**Material:**
Ein Stoff (Roh-, Hilfs-, Betriebsstoff) der bearbeitet wird.

**Markt:**
Ein Ort, wo sich Verkäufer (Angebot) und Käufer (Nachfrage) treffen; es gibt viele verschiedene Märkte und Marktformen.

**Markterkundung:**
Gezielte Beschaffung von Informationen über das Angebot bei einem bestimmten Produkt.

**Menü:**
festgelegte Speisenfolge, z. B. Vorspeise, Hauptspeise und Nachspeise

**Methode:**
Ein planmäßiges Vorgehen, um zu Ergebnissen zu gelangen.

**Mindmap:**
Gedankenlandkarte, Übersicht, in der Ideen und Begriffe zu einem Thema geordnet werden.

**Netiquette:**
Regeln für den gegenseitigen respektvollen Umgang im Internet.

**PEFC:**
(engl.) Programme for the Endorsement of Forest Certification Schemes. Zertifizierungssystem für nachhaltige Waldbewirtschaftung. PEFC basiert inhaltlich auf internationalen Beschlüssen der Umweltkonferenzen von Rio, Helsinki, Lissabon und Wien. Der dort erstellte Anforderungskatalog wurde 2010 um wichtige Punkte ergänzt und ist Bestandteil des PEFC.

**Peripheriegeräte:**
Geräte, die sich außerhalb der Zentraleinheit eines Computers befinden (kurz: Zubehör).

**Portfolio:**
Sammelmappe, z. B. Kompetenzmappe

**Präsentation:**
anderen etwas zeigen, etwas vorführen

**Projekt:**
Arbeitsweise im Unterricht, bei der die Schülerinnen und Schüler bei der Planung und Auswertung beteiligt sind und überwiegend selbstständig arbeiten.

**Produkt:**
Erzeugnis, Ergebnis; in der Wirtschaft bezeichnet man mit Produkt die hergestellten Waren, die gehandelt werden.

**pt:**
Der Desktop-Publishing-Punkt, abgekürzt „pt", auch PostScript-Punkt genannt, wurde als der 864. Teil des englischen foot von 1959 definiert. Er misst exakt 1/72 Zoll, d. h. 0,0138 Zoll oder 0,3527 mm. Er ist das einzig verlässliche Schriftgrößenmaß in den meisten Anwendungsprogrammen.

**Pürieren:**
Etwas so zerkleinern (sieben, passieren), dass eine feine breiartige Masse (Püree) entsteht. Die gründlichste Methode ist das Passieren (durch ein Sieb streichen, um gröbere Anteile des Lebensmittels zurückzuhalten).

**Recherchieren:**
In verschiedenen Quellen nach Informationen zu einem Thema suchen.

**Regel:**
Vorschrift, wie man etwas zu tun oder zu lassen hat.

**Regionales Produkt:**
Ein regionales Produkt ist „aus der Region für die Region". Es wird innerhalb einer abgegrenzten Region (z. B. Großraum, Landkreis, Bundesland) erzeugt, verarbeitet und vermarktet.

**Reflexion:**
Rückblick/Bewertung

**Rettungskette:**
Sie beschreibt das Verhalten bei einem Unfall und besteht aus Sofortmaßnahmen und weiteren Maßnahmen.

**Rezept:**
Ein Vorschlag zum Zubereiten von Speisen.

**Safety first**
Die wichtigste Verhaltensregel im Fachraum: Sicherheit zuerst!

**Saisonkalender:**
Übersicht, aus der ersichtlich wird, wann welche Obst- und Gemüsesorten in einer Region reif sind.

**Scanner:**
Gerät zur Digitalisierung von Bildern. Mit einem Scanner kannst du Bilder in einen Computer einlesen und weiterverarbeiten.

**Schmoren:**
Garmethode, bei der das Lebensmittel zunächst angebraten wird und dann nach Zugabe von Wasser fertig gegart wird.

**Stand-by-Funktion:**
Elektrogeräte werden nicht benutzt, brauchen aber durch Bereitschaftshaltung Energie.

**Stiftung Warentest:**
Eine staatliche geförderte Einrichtung, die Käufer über die Qualität von Produkten informiert; dazu werden Warentests durchgeführt und die Ergebnisse in der Zeitschrift „test" veröffentlicht.

**Stress:**
Anspannung, die ein Mensch durch viele Termine und Anforderungen empfindet.

**Strom:**
Die gerichtete Bewegung von elektrischen Ladungsträgern (z. B. von Elektronen oder von Ionen) in einem Leiter (Stoff oder Vakuum) nennt man elektrischen Strom. Strom ist nur an seinen Wirkungen (Licht, Wärme, magnetische Wirkung, chemische Wirkung) erkennbar.

**Stückliste:**
Tabelle, in der Anzahl und Beschaffenheit von Bauteilen für einen herzustellenden Gegenstand aufgeführt sind.

**Synonyme:**
(altgriech.) Sprachliche Ausdrücke, die den gleichen oder einen sehr ähnlichen Bedeutungsumfang haben.

**Team:**
Gruppe, die gemeinsam an einer Aufgabe arbeitet.

**Tischdekoration:**
Gestaltung des Esstisches durch Tischdecken, Servietten, Kerzen oder Blumen.

**Tropen:**
(altgriech.) die Sonnenwendgebiete; die Gebiete zwischen den Wendekreisen, also zwischen je 23,5° nördlicher und südlicher Breite. Sie sind klimatisch gesehen die heißeste Klimazone der Erde.

**URL:**
(Abkürzung für „uniform ressource locator") Bezeichnung für Internetadressen.

**WHO:**
Die Weltgesundheitsorganisation (engl. World Health Organization, WHO) ist die Koordinationsbehörde der Vereinten Nationen für das internationale öffentliche Gesundheitswesen. Die WHO ist eine Sonderorganisation der UNO mit Sitz in Genf. Sie wurde am 7. April 1948 gegründet und zählt heute 194 Mitgliedsstaaten.

**WWW:**
(Abkürzung für „World Wide Web") Der beliebteste Dienst im Internet. Im www werden Internetseiten im HTML-Format verbreitet, die mit einem Browser dargestellt werden können.

**Zubereitung:**
Alle Verfahren zur Herstellung von Nahrung, bei der keine Hitze genutzt wird.

# Bildquellenverzeichnis

||A1PIX - Your Photo Today, Ottobrunn: PHA 128.1. |adpic Bildagentur, Köln: 5.2, 137.1. |akg-images GmbH, Berlin: 140.1. |Alamy Stock Photo (RMB), Abingdon/Oxfordshire: Diomede, Barry 82.1; Juice Images 16.2. |alimdi.net, Deisenhofen: m3 170.1. |Anton, T., St. Goar: 49.1, 49.2, 49.3, 54.2, 54.3, 54.5, 54.6, 57.2, 68.2, 68.3, 68.4, 68.5, 68.6, 69.2, 71.2, 71.3, 72.1, 72.4, 73.3, 73.4, 73.5, 73.7, 73.8; Deckel drauf e.V., SHUUZ ist ein Projekt der s-coll Service GmbH - www.shuuz.de 48.1. |Baaske Cartoons, Müllheim: Hürlimann, Ernst 147.2; Plassmann, Thomas 51.3; Stauber, Jules 40.1. |Bauer, Costa, Winden: 183.1. |Bengen, Harm, Norden: 155.1. |Berg, Anke am, Bernau bei Berlin: 131.3, 131.6, 131.10, 131.11, 139.5. |Berghahn, Matthias, Bielefeld: 120.3. |Blickwinkel, Witten: 202.2, 206.7, 207.1, 207.2, 208.1, 208.3, 209.3; Kaufung, R. 206.2, 207.3, 208.4. |Braun, Thomas, Offenbach/Queich: 164.1, 165.1, 166.1, 166.2, 166.3, 167.2, 168.1. |Brenner, Sandra, Stuttgart: 22.1. |Brot für die Welt, Berlin: 147.1. |Caro Fotoagentur, Berlin: Klemmer 148.2. |Coenen, Sebastian, Mönchengladbach: 160.2. |Colourbox.com, Odense: 62.16, 62.18, 98.2. |Deutsche Gesetzliche Unfallversicherung e.V. / DGUV e.V., Sankt Augustin: DGUV Test – Prüf und Zertifizierungssystem der Deutschen Gesetzlichen Unfallversicherung 65.1. |DIGITALstock, Wangen: Benik 50.2. |Doering, Svenja, Köln: 131.8. |Druckerei Wolf, Asperg: 27.1. |Druwe & Polastri, Cremlingen/Weddel: 34.2, 47.2, 83.3, 106.3, 123.4, 134.1, 152.2, 157.1, 157.2, 162.2. |Europäische Kommission, Berlin: © Europäische Union, 1995-2018 65.2. |European Commission - Directorate-General for Agriculture and Rural Development -, Brüssel: 80.4. |Fairtrade Deutschland e.V., Köln: 80.3. |Feldhaus, Hans-Jürgen, Münster: 4.2, 12.1, 13.1, 19.1, 19.2, 19.3, 19.4, 19.5, 19.6, 20.1, 24.1, 30.1, 30.2, 30.3, 30.4, 30.5, 30.6, 30.8, 30.9, 30.10, 30.11, 30.12, 30.13, 30.14, 30.15, 30.16, 30.17, 31.1, 31.2, 31.3, 31.4, 33.1, 37.1, 38.1, 39.1, 39.2, 39.3, 39.4, 41.1, 42.1, 52.1, 52.2, 52.3, 52.4, 52.5, 52.6, 52.7, 56.1, 57.1, 59.1, 59.2, 59.3, 59.4, 63.1, 63.2, 76.1, 77.3, 77.5, 77.7, 77.8, 78.1, 80.5, 80.6, 80.7, 80.8, 80.9, 80.10, 85.1, 89.1, 90.1, 95.1, 100.1, 105.1, 112.1, 112.2, 117.1, 124.1, 129.1, 133.1, 133.2, 133.3, 133.4, 133.5, 133.6, 133.7, 135.1, 138.1, 138.2, 143.1, 143.2, 143.3, 144.1, 145.1, 146.1, 146.2, 149.1, 153.2, 154.1, 154.2, 154.3, 154.4, 154.5, 154.6, 159.1, 174.1, 191.1, 192.1, 200.1, 209.2. |fotolia.com, New York: 3star 83.2; Alexander Rochau 190.2; autofocus67 134.3; bilderzwerg 86.5; BildPix.de/R.-Andreas Klein 108.4; Brunsch, S. 62.27; ChristArt 46.1; Coloures-pic 51.1; Dark Vectorangel 86.6; efufoto 62.10; ehrenberg-bilder 5.3, 158.1; Eppele, Klaus 151.1; euthymia 62.20; exopixel 62.5; Food 62.9; Gradin, A. 62.7; grafikplusfoto 35.2, 127.1, 150.1; GYNEX 62.21; Herrndorff 23.2; ibreakstock 6.1, 171.1; IrisArt 62.4; Jürgen Fälchle 46.2; karandaev 62.2; kasinv 62.11; klickerminth 3.1, 50.1; Landgraf, U. 62.8; mitifoto 152.1; P. Hermes Furian 62.6; panptys 120.1; Pixelot 62.1; pololia 18.3; Popcorn, Meddy 201.2; Reitz-Hofmann, Birgit 62.19; Sanders, Gina 18.1; Schwier, Christian 119.1; shootingankauf 96.1; Swadzba, M.R. 62.26; Torsten Schon 36.1; VRD 62.24, 62.25; Wandruschka, O. 62.23; Zai Aragon 108.2; Zerbor 87.4. |Fotostudio Henke, Paderborn: 127.3. |Frambach, Timo, Braunschweig: 18.4. |Franz, Renata, Essen: 119.2, 119.3. |FSC® Deutschland Gutes Holz Service GmbH, Freiburg i. Br.: 124.3. |Getty Images, München: Gorton, S. 87.1. |gmx.net: 194.1, 195.1, 195.2, 196.1, 196.2, 196.3, 197.1, 197.2, 197.3, 198.1, 198.2, 198.3, 199.1, 199.3, 199.4. |Gollon, J., Landau: 98.1, 123.2. |Griese, Dietmar, Laatzen: 26.1, 56.2, 120.2, 120.4, 153.1, 160.1. |Haas, Dieter, Ludwigsburg: 212.1, 213.1, 213.2, 213.3, 213.4, 214.1, 214.2, 214.3, 214.4, 215.1, 215.2, 218.2. |Heindl, Cornelia, Ebersberg: 119.4. |Henzler, J., Nürtingen: 116.5, 116.6, 116.7, 116.8. |Hild, Claudia, Angelburg: 183.2. |Hoffmann, Klaus, Hannover: 88.3. |Image & Design - Agentur für Kommunikation, Braunschweig: 47.1, 132.1; Kumpe 58.1, 58.2, 58.3, 58.4. |Interfoto, München: imagebroker/Florian Kopp 82.2. |iStockphoto.com, Calgary: alashi 127.2; ARICAN 62.17; Digital Vision Vectors 77.6; FlairImages 34.1; Getty Images/-slav- 45.1; Getty Images/4kodiak 67.1; Getty Images/Wavebreakmedia 6.2, 170.2; Getty Images/wir0man 171.2; KatarzynaBialasiewicz 75.2; lisafx 93.1, 123.1; mixetto 7.1, 171.3; Sentavio, ojogabonitoo Titel. |Jochen Tack Fotografie, Essen: 18.5. |Karto-Grafik Heidolph, Dachau: 203.6. |Keis, Heike, Rödental: 183.3. |Keystone Pressedienst, Hamburg: tranquillium 152.3. |Klüppel, Ulrike, Gechingen: 61.9. |Köcher, Ulrike, Hannover: 60.1, 60.2, 60.3, 60.4, 60.5, 60.6, 60.7, 60.8, 60.9, 60.10, 61.1, 61.2, 61.3, 61.4, 61.5, 61.6, 61.7, 61.8. |Kracke, Burkhard, Hannover: 131.5. |Kranenberg, Hendrik, Drolshagen: 131.4, 131.7, 139.1, 139.3, 139.7, 139.9, 139.10, 139.11. |Langner & Partner Werbeagentur GmbH, Hemmingen: 116.1, 116.2, 116.3, 116.4, 193.1. |Lantelmé, Jörg, Kassel: 202.4, 206.6. |Lauxen, L., München: 5.1, 90.2, 92.1, 92.2, 99.1, 102.1, 102.2, 103.1, 103.2, 106.1, 106.2, 107.1, 107.2, 107.3, 108.1, 109.1, 109.2, 111.1, 113.1, 113.2, 113.3, 113.4, 114.1, 114.2, 114.3, 114.4, 114.5, 114.6, 115.1, 115.2, 115.3, 115.4, 118.1, 123.3. |Marckwort, Ulf, Kassel: 44.1, 44.3, 130.1, 130.2, 138.3, 139.2, 139.4. |Marine Stewardship Council (MSC), Berlin: 80.2. |mauritius images GmbH, Mittenwald: AGE 203.4; age fotostock 203.5; Vidler 108.3. |Meier, Hartmut, Ditzingen: 201.1. |Mester, Gerhard, Wiesbaden: 81.2. |Microsoft Deutschland GmbH, München: 172.1, 173.1, 173.2, 174.2, 174.3, 174.4, 175.1, 175.2, 175.3, 175.4, 175.5, 175.6, 176.1, 178.1, 178.2, 178.3, 179.1, 179.2, 179.3, 179.4, 180.1, 180.2, 180.3, 181.1, 181.2, 181.3, 182.1, 182.2, 182.3, 184.1, 185.1, 186.1, 186.2, 186.3, 187.1, 187.2, 187.3, 187.4, 188.1, 188.2, 188.3, 188.4, 189.1, 189.2, 189.3, 199.2, 202.1, 202.5, 202.6, 203.1, 203.2, 203.3, 204.1, 204.2, 204.3, 204.4, 205.1, 205.2, 205.3, 205.4, 205.5, 205.6, 205.7, 205.8, 206.1, 206.4, 208.2, 209.1, 210.1, 210.2, 211.1, 216.1, 216.2, 216.3, 216.4, 216.5, 217.1, 217.2, 218.1, 219.1, 219.2, 219.3, 219.4; Feldhaus, Hans-Jürgen 177.1, 181.4. |Miller, Carla, Düsseldorf: 131.1, 139.8, 139.12, 160.3. |Minkus Images Fotodesignagentur, Isernhagen: 70.3, 128.3, 157.3. |Naturland - Verband für ökologischen Landbau e.V., Gräfelfing: 80.1. |Naumann, Andrea, Aachen: 44.2, 120.5, 131.9, 131.12, 139.6. |Objektiv Press, Bochum: Joachim Haenisch 10.2. |OKAPIA KG - Michael Grzimek & Co., Frankfurt/M.: Markmann, Hans-Jürgen 206.3. |PantherMedia GmbH (panthermedia.net), München: Barndt 62.22, 64.4; egal 43.1; Lammeyer, T. 62.13, 62.14, 62.15; Voigt, Simone 45.3. |PEFC Deutschland e.V., Stuttgart: 124.2. |PER Medien+Marketing GmbH, Braunschweig: 142.1. |photothek, Radevormwald: Imo, Thomas 23.1, 158.2. |Picture-Alliance GmbH, Frankfurt a.M.: 36.3; B. Wüsteneck 169.1; Baumgarten, Ulrich 11.3; Becker&Bredel 17.3; Claus Felix 128.2; dpa 102.3, 167.1; dpa-infografik 91.1, 141.1, 153.3; dpa/ ZDF 190.4; dpa/dpaweb/Scheidemann, Achim 83.1; dpa/Felber, Tobias 126.2; dpa/R. Jensen 74.1; Eventpress Hoensch 190.3; Frank May 86.3; M. Latz 29.1; Maelsa, Tom 81.1; Okapia/Manfred Uselmann 36.2; Tittel, H. 66.1; ZB 88.1; ZB/Burgi, Arno 18.6, 87.3; ZB/Büttner, Jens 79.1; ZB/Jens Kalaene 30.7; ZB/Pleul, Patrick 17.1; ZB/Schmidt, Hendrik 2.2, 16.1. |Pieper, Andrea, Hamburg: 148.1. |Pitopia, Karlsruhe: Wickert, Katja 2008 62.12. |RAL gGmbH, Bonn: 77.4, 124.4. |Reinhard-Tierfoto, Heiligkreuzsteinach: 202.3, 206.5. |Roos, Ulrich, Landau: 104.1, 123.5. |Schäfer, Jutta, Euskirchen: 136.2. |Schmidt, Marianne, Teningen: 162.1. |Schwarz, Thies, Hannover: 131.2. |Shutterstock.com, New York: Foodpictures 69.4; Monkey Business Images 17.2; Tyler Olson 170.3. |Stiftung Warentest, Berlin: test 06/2017, www.test.de 136.1. |stock.adobe.com, Dublin: alexkich 2.3, 64.3; DOC RABE Media 2.1, 11.2; Dolgikh, George 152.4; F. Boston 18.2; Gelpi 126.1; Hanslicek, Sandra 51.2; industrieblick 27.2; k2photoprojects 64.1; markus_marb 86.4; Ott, D. 3.2, 45.2; PhotoSG 69.5; Popov, Andrey 47.3; Steiner, Carmen 45.4; sunt 53.1, 53.2, 53.3. |StockFood, München: Zabert Sandmann Verlag 62.3. |Studio Schmidt-Lohmann, Gießen: 77.1, 134.2. |Tegen, Hans, Hambühren: 75.1, 87.2. |Thienemann-Esslinger Verlag GmbH, München: 190.1. |ullstein bild, Berlin: AISA 28.1. |vario images, Bonn: 88.2, 93.2; Image Source 64.2; Rainer Unkel 77.2. |VDE Prüf- und Zertifizierungsinstitut GmbH, Offenbach: 65.3. |Visum Foto GmbH, München: Reegn, Andreas 11.1. |Warmuth, Torsten, Berlin: 100.2. |WEBA Schulausstattung GmbH, Eberbach: 4.1, 10.1, 86.1, 86.2. |Weber, C., St. Goar: 54.1, 54.4, 68.1, 69.1, 69.3, 70.1, 70.2, 71.1, 71.4, 71.5, 71.6, 72.2, 72.3, 73.1, 73.2, 73.6. |Weidner, Walter, Altlußheim: 35.1. |Woessner, Freimut, Berlin: 161.1.